江苏省教育科学“十三五”规划课题“新时代农村数学教师专业核心素养培养研究”研究成果

江苏省高校青蓝工程“数学教育教学团队”“数学课程思政教学团队”研究成果

江苏省高等教育教改研究课题“应用型本科高校‘核心素养导向’课程建设研究”研究成果

江苏省基础教育前瞻性教学改革实验培育项目“初中‘数学活动’育人的教学实践”研究成果

泰州学院教改重中之重课题“应用型本科高校‘能力本位’课程建设研究”研究成果

Yiwu Jiaoyu
Shuxue Jiaoshi Zhuanye Xuexi Lun

义务教育
数学教师专业学习论

潘小明 著

中国矿业大学出版社
·徐州·

内容提要

本书基于义务教育数学教师专业学习的应然性考察和实践性反思，探讨了义务教育阶段数学教师专业学习的理论逻辑与实践逻辑，审视了作为教师专业学习重要维度的知识因素，剖析了义务教育数学教师在专业学习过程中的知识特质和现实问题，讨论了义务教育数学教师专业学习的实践内涵、实践属性。本书基于义务教育阶段数学课堂教学的观摩与数学教师专业学习的实践，建构了义务教育数学教师基于"课例分析""同济互助""问题解决"的专业学习模式。义务教育数学教师专业学习是一个多元主体高质量发展理念深度融合的过程，本书结合《义务教育数学课程标准(2022年版)》的文件要求和义务教育阶段的教研工作，分析了义务教育数学教师专业学习的制度，叙述了义务教育阶段数学教师"以教研引领专业学习和团队发展""以改进数学教育教学实践为宗旨""以主动释惑纾困为专业学习指引"三个具有特色的专业学习案例。

本书可作为师范院校本科生、研究生的相关教材，也可作为数学教师培训、进修或教学研究的参考书目。

图书在版编目(CIP)数据

义务教育数学教师专业学习论 / 潘小明著. —徐州：中国矿业大学出版社，2022.10

ISBN 978-7-5646-5467-2

Ⅰ. ①义… Ⅱ. ①潘… Ⅲ. ①数学教学—师资培养—研究—中小学 Ⅳ. ①G633.602

中国版本图书馆CIP数据核字(2022)第117425号

书　　名 义务教育数学教师专业学习论

著　　者 潘小明

责任编辑 史凤萍

出版发行 中国矿业大学出版社有限责任公司

(江苏省徐州市解放南路　邮编221008)

营销热线 (0516)83885105　83884103

出版服务 (0516)83995789　83884920

网　　址 http://www.cumtp.com　**E-mail**:cumtpvip@cumtp.com

印　　刷 徐州中矿大印发科技有限公司

开　　本 710 mm×1000 mm　1/16　**印张** 17.5　**字数** 314千字

版次印次 2022年10月第1版　2022年10月第1次印刷

定　　价 50.00元

(图书出现印装质量问题，本社负责调换)

序 言

教师是新时代各级各类学校高质量发展的基石。我国倡导并努力实践为学生提供良好的数学教育，这一数学教育理念能否取得成功的一个关键点就是能否真正建立一支有理想信念、有道德情操、有扎实学识、有仁爱之心的数学教师队伍。为了建立“四有”数学教师队伍，需要重视义务教育数学教师专业学习的先行。在“双减”的背景下，这一点显得尤为重要。这是因为，为了落实数学教育教学中的“双减”目标与任务，义务教育的数学教师需要拥有并珍视自己专业学习的权利，通过有深度、有广度、有厚度、有效度的专业学习提升自身的专业素养，更好发挥作为数学教育教学专业人员在减负中的主体性，全面提升数学教育教学的质量与水平。

在义务教育阶段，数学教师的专业学习作为数学教师可持续成长的一种存在方式、一种专业实践，首先体现在与所在环境进行的互动中，体现在学习如何教学、如何教会学生进行数学学习、如何用数学文化育人、如何落实核心素养目标的过程中。通过持续的专业学习，数学教师更新了数学教学观念，拓展了数学课程与教学资源，获取了数学教育教学的专业经验，促进了学术性知识向教学性知识的转化，形成了自身作为数学教育教学人员的专业化身份。由此，义务教育数学教师专业学习不仅是义务教育阶段数学教师专业发展的一种重要途径、重要方式，也是以核心素养为导向高质量数学育人目标得以有效实现的重要前提、重要保障。

义务教育数学教师的专业学习是一种主体主动、自我自觉或自我导向的学习，它因数学学科的抽象结构性、学习主体的自发自主性、学习活动的日常情境性、学习评价的目标导向性等特点而呈现了其应有的实践性特点。从数学教师专业学习中行动化的过程特征来分析，义务教育数学教师专业学习是一个以实践发动、融入、实现、改进、提升为导向的行动，该行动的实践内蕴了义务教育数学教师作为专业学习者的主体性、反身性、具身性、理解性、反思性、致用性与创造性等方面更有价值的特征。比如，由于意识到以核心素养为导向的数学课堂教学需要关注学生对于数学知识本质的理解，所以教师本人就需要更加自觉地关注相关数学知识的来龙去脉，更深入地把握不同数学知识在内涵与外延上本真的差异性及不同知识在结构上内在的联系性，并据此在备课过程中更主动地挖掘相关蕴含、隐藏于数学知识背后的数学思想、数学方法与数学策略，既从横向角度观照、建构数学知识的数学化，探析不同数学知识的内在结构，观照不同数学知识之间各种可能的联结，又从纵向角度进行数学思想、数学方法与数学策略的剖析，通过数学知识之术、数学思想之道、数学方法之器三者的融合实现数学核心素养的构建。更一般地，为了更好地落实核心素养的数学教育教学目标，义务教育阶段的数学教师需要勇敢地面对义务教育阶段学生在数学学习及其发展上多元化、多样化的需求，需要勇敢地面对现代信息技术不断进步、数学活动情境更加丰富复杂的数学教育现实，需要通过数学课例研究、教学问题分析聚焦数学课程与教学的深化改革，需要更加全面地发展自己的专业知识，需要结合以核心素养为导向的数学教育教学目标实现的系统需求更理性、更主动地落实自己的专业学习选择，需要持之以恒地将有目标的专业学习付诸具体的行动。由此可见，义务教育数学教师的专业学习必然决定了义务教育数学教师经由实践与外部相关联的客体意义，从而更好地构建核心素养教育时代的社会秩序，规范以立德树人为根本任务的数学课堂教育教学行动，维系义务教育数学教师专业素养的可持续发展。

教师专业学习是一个包含了问题、目标、认知、情绪、实践的复杂性活动，不仅具有多重的本质，而且具有多元的层次。作为具体的实践活动，教师专业学习更为关注教师基于真实学习体验的学习，强调教师要针对教育教学工作中的具体问题，与同事、同行、校外专家、学者等共同建构知识。作为特殊的学科实践活动，义务教育数学教师的专业学习虽与其他学科教师专业学习有着许多共同性，但也更具自身的复杂性、特殊性。比如，由于数学教师个体、数学教师群体、数学学习活动、数学教学活动、数学教师培养机构或组织等不同系统间存在着复杂的互动关系，所以需要以个体、群体、活动和组织的协作作为数学教师专业学习的支撑。由于数学学科在知识上具有抽象、严谨和广泛应用等特性，所以不仅要考虑数学教师在推进数学课程与教学工作时的特殊性，而且要关注对与此相伴的专业学习有哪些影响，分析数学教师专业学习在宏观上的整体样态。由于数学学科有着更强的系统性、逻辑性，所以要求数学教师在专业学习中高度重视本体的数学知识以及基本的数学概念、数学方法、解题训练等内容的学习。由于数学教师专业学习在复杂性上往往与数学知识的高深性、数学思维的抽象性、教学实践的创造性和教学思维的科学性相关联，甚至相互交织融合在一起，所以数学教师的专业学习是数学知识、数学思维、教学实践、教学思维和发展学生思维等维度不断完善的过程，是对书本上的教育教学理论知识进行实践性解读的过程，是对数学教育教学实践的问题、困惑与现象进行理论性省思的过程，是数学教师在数学教育教学实践中进行实践锻炼、思维训练、反思体悟、自主成长的过程。这种过程是“学以育己”“教以育人”的过程，是对传统数学教学教研活动精致化的过程，是自觉加强思维方法训练、提升数学教育教学思维品质的过程，是数学教师超越传统的知识与技能学习、数学过程与方法学习，追求数学教学思维生成和数学教育价值实现的自觉化过程。

本研究并非单纯性的资料收集，也不是一种以理论演绎、文字编辑见长的书斋式研究，而是为了努力弥合数学教师专业学习理论与数学教师专业实践之间差距的质化研究。为了实现预设的质化研究目的，近五年来，研究者定期深入中小学，与广大数学教师进行交流、互动，既有对数学教师备课、说课、上课等活动的深度参与和对个别数学教师数学教研的成果分析，又有对数学教研组、数学名师工作室等教师学习活动的实地观察和数学教师专业成长的案例透视。由此，最终呈现的书稿更多地体现了研究者基于义务教育数学教师专业学习的应然性分析、现实性审视和实践性反思。

就具体的研究内容而言，本研究探讨了义务教育阶段数学教师专业学习的理论逻辑与实践逻辑，审视了作为教师专业学习重要维度的知识因素，剖析了义务教育数学教师在专业学习过程中的知识特质和现实问题，讨论了义务教育数学教师专业学习的实践内涵、实践属性。考虑到好的专业学习模式不仅有利于数学教师尽快掌握自身专业学习中可能性的不足，通过更有效的专业学习方法对专业学习过程进行调整与优化，促进个人专业学习的目标达成，而且有利于数学教师将个人专业学习的知识、能力和素养转化为良好数学教育的具体实践，不断提升数学教育教学的质量和水平，研究者又基于义务教育阶段数学课堂教学的观摩与数学教师专业学习的实践，尝试建构了义务教育数学教师基于“课例分析”“同济互助”“问题解决”的专业学习模式。在一个制度化的社会中，制度对于义务教育数学教师专业学习有着特殊意义，研究者结合《义务教育数学课程标准(2022 年版)》等文件要求和义务教育阶段的教研工作，分析了义务教育数学教师专业学习的制度。考虑到义务教育数学教学专业学习的案例分析可以揭示深藏于教师专业学习活动中的各种关系和实践形态的具体特征，本研究试图通过原汁原味的方式叙述义务教育阶段数学教师“以教研引领专业学习和团队发展”“以改进数学教育教学实践为宗旨”“以主动释惑纾困为专业学习指引”三个具有特色的专业学习案例，目的是给更多的数学教师以启发和借鉴。

本书是江苏省教育科学“十三五”规划课题“新时代农村数学教师专业核心素养培养研究”、江苏省高校青蓝工程“数学教育教学团队”“数学课程思政教学团队”、江苏省高等教育教改研究课题“应用型本科高校‘核心素养导向’课程建设研究”、江苏省基础教育前瞻性教学改革实验培育项目“初中‘数学活动’育人的教学实践”、泰州学院教改重中之重课题“应用型本科高校‘能力本位’课程建设研究”等项目的阶段性成果之一,是研究者继《义务教育数学课程与教学论》《义务教育数学核心素养教学论》《义务教育数学活动教学设计论》这三本小书之后就“义务教育数学教师专业发展”这一专题进行的初步探索。由于研究者水平有限,不当之处还请方家批评、指正。

本书的出版,凝聚了很多人的心血。借此机会,请让我表达对江苏省数学教育教学团队全体成员、泰州学院各级领导、广大数学教育专家和我家人、师友们的谢意,正是你们的关心、指导、支持和帮助,这本书才得以顺利出版。作为研究者,本人也真诚地希望本书能给义务教育阶段一线的数学教师、准备从事数学教师教育的各类人员提供一定的帮助或借鉴。数学教师教育及其研究是一个创新的共同体,让我们不忘以核心素养为导向的数学教育教学的初心,加强“四有”数学好教师队伍建设,勇于担当,求实创新,携手前行!

潘小明

2022年6月

目 录

第一章　义务教育数学教师专业学习引论

本书中的义务教育数学教师专业学习是指小学或初中在职的数学教师通过积极参与各种专业发展的实践活动，主动与所在的环境进行相互作用，有目的、有计划地积累数学教学活动经验，获取数学教育教学专业知识，提升数学教育教学专业技能，涵养专业核心素养，推动个人专业成长的过程。数学教师专业学习体现了数学教师与特定的专业环境、丰富的实践活动所进行的多向交往与实时互动，不仅是数学教师提高学力、涵养专业核心素养的方法与手段，而且是数学教师丰富专业经验、更新专业知识、优化专业结构、改善专业品质、获得专业成长的过程与机制。

第一节　专业学习与数学教师的专业学习

伴随着课程与教学改革在世界各地的风起云涌，全球的教师教育改革也成为一个浪潮在许多国家被应时有序、层层深入地推进。在此背景下，教师的专业学习（professional learning）也逐渐成为许多国家教师教育政策关注的一个焦点。与此相关，“教师技能培训”“教师专业发展”“教师教学发展”“教师科研发展”“教师专业学习”等就成为与教师学习领域密切相关的学术语言或实践着的教师教育概念。包括中国在内的许多国家都非常理性地认识到教师乃是教育与教学的一个根本或关键，为了提高教育教学质量、优化学校课程设计、促进学生发展，需要高度重视各级各类学校教师的业务学习与持续发展。不过，教师的教育与培养也很容易被一种偏向工具理性的思想所掌控或实际地主导，并因此使负责教师教育工作的相关主体不知不觉地走向一些片面化甚至包含诸多极端性的实践理性。比如，在高度肯定教师培训者作为专家在学科专业知识、教育专业知识等方面合法性的同时，通常会简单、主观地预设一些先入为主或想当然的教学思维，在实际工作的推进过程中，会不分条件或场合地将包括教师学习者在内的诸多被教育对象视为“无知者”“缺陷者”“经验空白者”。由此，教师教育的相关实践虽然重视了教师教学技能的强化训练以及通过教师学习实现对学生考试成绩的暂时提升，但也实质性地固化了与学习、培养密切相关的两个相对既传统又权威的教育理性的存在。有研究曾指出，对诸多教师教育主体而言，其潜意识中是把教师培养的行政部门或研究机构视为一种绝对性、高高在上的组织权威，把一些职称或学历较高的培训专家视为相关专业知识、相关专业技能的绝对权威，在实践中过度强调教师的教学业务需要由这些特定的组织或专家权威来主导，理念的固化与实践的推进会实际导致并不断强化教师教育中"教"的主导地位和"学"的被动地位①。

教师专业学习不是对教师职业或专业的外在规范与人为的标准化，不是基于一次性动手操作或工作坊的活动体验，不是静待高学历、高职称、高职务的他者的知识授受、条例规训或其他定时定点的输入性培训等被动化的过程，不是简单地掌握一些事先规定了所谓必备性的专业知识与基本性的教学技能。弗尔克尔等曾经从共同体的不同维度对教师专业学习进行了分析，指出教师专业学习融合了共同体的共享性目标、集体性行动以及不同成员对教学结果的关注，教师作为一个集体在专业学习上存在着诸如教学任务分析、团队能力评估等不同的效能感维度。② 教师专业学习不是狭隘的知识认知或技能训练，而是一个包容了价值引导、理念内化、知识创建、实践改进的整体性、理解性学习，是一个宏观与微观并重的实践活动，讨论教师的专业学习既要关注教师个体诸如学习意志、学习动机等因素，也不能完全拘泥于教师个体的意义或相关知识的认知。从教师个体的学习意志来分析，由于教师在实际的专业学习活动过程中会面临来自外在或内部的诸多挑战，比如，社会公众有可能对不同类别教师在职业上有所偏见，教师本人在专业学习中不仅有着诸如环境或条件等方面的不足，而且可能存在学习的惰性，学习能力和知识结构不适应时代的变化。正视这些，教师就需要用坚强的意志去克服困难和阻力，勇于迎接各种挑战，通过意志调节自己学习的目标与过程，及时判断各种可能的专业学习机会，积极与所在的环境进行互动，充分利用各种学习资料，努力提高专业学习的效率。从教师的学习动机来说，学习动机建立在教师专业学习需要基础之上，是直接推动教师专业学习的动力源。不同的教师有不同的学习需要，并因此表现为不同的

---

① 何菊玲.教师教育范式研究[M].北京：教育科学出版社，2009：146.

② VOKLKCL R H，CHRISPCCLS J H. Understanding the link between professional learning communities and teacher collective efficacy[J]. School effectiveness and school improvement，2017(4)：505-526.

学习动机，并引起不同的学习行为或者导向不同的学习目标。从不同教师个体的相互作用来分析，在专业学习过程中，教师彼此相互影响，个体的教师是构成教师学习社群或教育教学共同体的成员①。美国教师教育知名专家舒尔曼(Shulman)教授等人在讨论教师的学习时曾提出过“教师学习者社群培育”的概念(fostering communities of teachers as learners)，认为教师学习者社群培育是教师专业成长的重要机制与有效策略，创设多元化的社群结构、多种类的社群课程、多维度的社群联结，有利于通过学习共有性的强调实现教师专业学习更有力的支持②。从教师专业成长的机制来分析，不仅需要学习者自身持续性的专业学习动力，而且需要教师所在的外部组织或环境对于教师发展有效的营养供给；多机制共同推进、相互作用，才能使教师专业学习中的共有因素与愿景因素、动机因素、能力因素、反思机制实现更好的协调③。此外，教师也不仅是指一个以特定知识与能力为指向的专业人，也指称着一个充满情感、胸有情怀和追求意义的完整人。在复杂的教育与教学生活中，不同的教师个体或群体都有自己的独特价值或行动存在。根据美国社会学家米德(George Herbert Mead)的观点，作为行动者的教师在学习上不仅有着各自不同的需求，有着一定的自由性，而且也会在诸如具体行动与实际行为等方面有着特定的目的性，并富有相应的意义。这是因为，教师的学习更多的属于一种主体主动、自我自觉或自我导向的学习，而不是任由外部硬性规定、无原则给予或人为强加的。作为一个主动的行动者，教师并不是机械地对一些外部刺激做出简单性、被动化、无意义建构的反应，即使学习中会涉及一些课程，但无论是具体的教学内容还是预设的教学标准，也都不是完全来自外部的规范要求。对大多数教师来说，学习本身需要根据各自工作情境的具体变化和特定时代的现实要求而动态变化，需要不断地与时俱进。从教师专业学习中行动化的过程特征来分析，教师专业学习是一个以实践发动、融入、实现、改进、提升为导向的行动，该行动的实践内蕴了专业学习者的主体性、反身性、具身性、理解性、反思性、致用性与创造性等方面更有价值的特征。作为专业学习的主体，教师不仅要理解自己所任教的学科，而且要理解自己的学生。学生作为一个需要引导的学习主体，并非被动的主

① HORD S M. Professional learning communities: communities of continuous inquiry and improvement[M]. Austin, Texas: Southwest Educational Development Laboratory, 1997: 3-8.

② SHULMAN L S, SHULMAN J H. How and what teachers learn: a shifting perspective[J]. Journal of curriculum studies, 2004, 36(2): 257-271.

③ 宋萑. 新教师专业发展：从师徒带教走向专业学习社群[J]. 外国教育研究，2012，39(4)：77-84.

体，而是有着知识基础和学习需要的能动主体。为了更好地教好具有主体性的学生，作为教学主导主体的教师需要有足够的知识、经验和能力，需要结合学生的专业学习需求更理性、更主动落实自己的专业学习选择，并持之以恒地付诸具体的行动。这样的专业学习必然决定了教师经由实践与外部相关联的客体意义，从而更好地构建特定社会的秩序，规范特定社会的行动，维系特定类型、阶层或学段所需教育教学的延续①。如果说对教师教育中“学”的主动性追求事实上导致了20世纪80年代从概念或理论层面由“教师专业发展”(teacher professional development)向“教师专业学习”(teacher professional learning)的转向，那么，从当下教师培养的实践角度分析，这种转向在实践层面只是提供了一种思路和可能，它并非完全是相关主体在活动中自觉的转向，也不是教师专业学习作为一个新的学术名词对原有“教师专业发展”在概念上的简单替换。这是因为，教师不仅具有主动性学习的愿望和动力，而且拥有个人独特性的实践知识②。教师向专业学习的转向毕竟要从实践层面深入到教师学习的主体性、主动性、能动性、行动性，毕竟要从具体学科教学的特质层面对教师教育内涵进行必要的深化，并对教师学习的互动方式和核心内容等维度进行合理的延伸、拓展。某种意义上，教师的专业学习不仅强调了教师原有计划内、正式的业务培训，而且进一步强调了基于有深度互动和有现实影响的实践性学习、非正式性学习。比如，较之于单一的静听、传统的讲授与线下听课，教师更希望“为了自己和学生的实践”“在实践中”进行更加专业的学习以及“向丰富、多样、复杂的实践进行学习”，既可以是线下学习，也可以是线上学习，或者是线上线下混合学习。从人与人的相互影响来说，许多教师更愿意借助于个人与同事、团队成员或其他同行等共同体进行更深入的专业交流、更多维的对话和更及时的分享。调研表明，课程课例研究、教学片段分析、课堂教学观摩、说课说题以及现场的“我做给你看”等就是许多教师非常关注的教研方式。在中国，充满智慧和有着责任担当、仁爱之心的广大教师在教育教学及教研中积累了许多宝贵的经验。以数学学科为例，“师班互动”“问题引导”“精讲多练”“思维训练”“变式练习”“四基四能”“熟能生巧”等都在实际教育教学中有着广泛的运用。尽管从总体上说，我国不同学科的教师在具体的教研方式上是参差多态、样式多维、色彩缤纷的，并且也在国内外产生了广泛的影响，但是，由于相关教研活动并未激

---

① 方文.社会行动者[M].北京：中国社会科学出版社，2002：138-139.

② 陈向明.实践性知识：教师专业发展的知识基础[J].北京大学教育评论，2003(1)：104-112.

发教师的专业学习意识，特别是活动组织者自身研究意识不强，以及在活动中缺少必要的“实践感”“现场性”，所以就教研活动的实际效果而言，还有许多值得改进的地方，尤其是有不少欠缺或者遗憾值得关注和研究。以中小学普遍实施的公开课为例，大多数公开课是以一种结果性、成品化的方式向参与活动的教师展示“精彩纷呈”的课堂活动，由于参与活动的教师觉得公开课与自己的教学思维、教学经验“对接不够”，对所学习的公开课产生“高不可攀”的心态。这种情况下，许多教师就不会理性地反思所授公开课有哪些不尽如人意地方，也意识不到如何改进相关的教学内容或教学方式，即使参与了一些发言或讨论，也只是应景式地表达一些“浅见”，而不是有着现场感和深度的分析。对授课者而言，相关分析与研究也不能助推自己在教学中持续的改进。对听课者而言，听课之后既不能从所授课的“今生”进一步去洞察所授课的“前世”及教学者本人的理解、理论，也不能将“此课”的经验与自己今后“彼课”的经验对接，更不能非常有效地移植到自己日常的教学实践中。笔者进一步了解发现，大多数教师认为，为了改进自己的专业学习，可以通过更接地气的教研方式聚焦实践中的课程与教学改革，可以更好地解决真正存在的复杂性实际问题，可以更好地发展自己作为一名教师应有的学科教学知识。教师关于教研方式的期待、希望如果得到了一定程度的满足，不仅会在一种非常多维、动态、整合、及时或实然状态的学习过程中合理地表征自己专业学习在过程上的复杂性、多样性、及时性、实践性，而且会在专业学习内容上体现应有的针对性、丰富性、拓展性、生成性。访谈发现，深受教师欢迎的专业学习离不开典型案例的剖析、实践经验的激活、教学思维的碰撞、本真需求的挖掘，学习者需要将相关理论更有针对性地嵌入教育与教学生活，更合理地进行借鉴与运用，并因此自觉、持续地改善自己的专业实践。

数学教师的专业学习是较其他学科教师专业学习更具复杂性的专业学习。一方面，数学教师个体、数学教师群体、数学学习活动、数学教学活动、数学教师培养机构或组织等不同系统间存在着复杂的互动关系，需要以个体、群体、活动和组织的协作作为数学教师专业学习的支撑，使数学教师经由专业学习获得数学专业知识、数学活动经验、教学思维能力和专业核心素养的发展。由于数学学科在知识上具有抽象、严谨和广泛应用等特性，所以不仅要考虑数学教师在推进数学课程与教学工作时的特殊性，而且要关注对与此相伴的专业学习有哪些影响，并因此分析数学教师专业学习在宏观上的整体样态。比如，对大多数数学教师而言，专业学习需要以特定的知识底蕴为基础，需要外部的引导、促进和内部的驱动、自觉。和其他学科教师的专业学习类似，数学教师的专业学习也离不开诸多重要他人的帮助，特别离不开与一些个体和群体在思维上的互动。数学教师的专业学习有其自身的个性，因为数学教师的专业学习需要个体的独立思考、勤奋自强，需要基于教育教学实践实现数学教师个体学习和数学教师团队学习的有效互动。就专业学习的内容与方式而言，不仅要关注大多数数学教师在日常数学教与学活动中所秉持的观念、所拥有的资源，而且要关注其所在组织、环境对其专业发展的实际介入和真实影响；不仅要重视数学教师究竟学习了哪些具体的专业知识，而且要重视数学教师所学的专业知识中有哪些得到了真正有效的转化。另一方面，较之于其他学科，数学学科有着更强的系统性、逻辑性，数学教师对本体的数学知识以及基本的数学概念、数学方法、解题训练等内容的学习具有特别的重要性，如果不能真正地掌握到位，那么数学教师本人的问题探究、数学思考、思维发展和知识应用就会成问题。这种情况下，当然既谈不上什么有效的教学，也谈不上对学生进行什么有益的指导。相反，更有可能看到如下一些令人担心的教学景象，即所见的数学课堂中又多了一些“以其昏昏，使人昭昭”的教学存在。由此，数学教师的专业学习需要从数学知识的系统学习及数学知识有效教学的角度进行更深入的考虑，需要不断完善、丰富与拓展个人关于数学的专业性知识和关于教学的经验系统。简单地强调动手操作或片面偏向“实践优先”的专业学习立场，其实并不利于数学教师专业学习的真正发生。如果说数学学科的发展需要“概念思维”，数学教学的提升需要“反省思维”，那么数学教师的专业学习就需要在基于理论的“概念思维”与基于实践的“反省思维”两者之间进行有效的综合、平衡与贯通，需要借助学习者在理论与实践层面的融合不断提升学习主体专业学习的内涵与品质。从数学教师专业学习能否持续发展来分析，数学教师是否拥有较好的知识准备性，能不能结合具体的理论知识与实践情境提炼自己的专业活动经验，能不能真正秉持理论与实践并重的学习观，都显得非常重要。为此，需要对数学教师经由专业学习产生的效果做出必要的科学评估，比如，他们是否掌握了必备的数学概念、数学命题？是否能灵活地运用数学的基本思维与方法？是否形成了关键的数学学科教学能力？在现实的数学课堂教学中，一些数学教师虽然在形式上运用了不同阶段数学课程标准所倡导的一些理念，但是由于没有能真正掌握学生在数学思维方面有效发展与培养的规律，许多教学活动就在不经意间偏离了学生经由知识学习训练思维的关键和经由数学活动发展思维、学会思维的核心。这不仅造成了教师上课“上得很涩”“上得很累”的现象，而且造成了学生在课内外“学得呆板”“学得辛苦”的事实。比如，尽管有不少的数学教师在自己的课堂上创设了许多的情境，但是这些情境并没有发挥真正积极的教学功效，相反，产生了许多“只有热闹的情境而没有数学”“学生面对具体情境无所适从”等值得高度警惕的现象①。深究这些现象背后的原因，可以发现数学教师对诸多偏向事实性、事理性、本体性数学知识的掌握并不意味着数学教师就达到了专业学习的目标与要求。比如，由于没有真正理解学生、没有真正掌握思维发展的规律以及对学生数学思维发展的人为漠视，不少数学教师尽管在课堂教学设计方面别出心裁、弄出了各种花样，但实质性的教学效果却令人难以恭维。由于缺少深度教学、有效教学方面的知识，许多数学教师在真实的课堂教学中只是在学术形态上进行数学知识的“授”与“受”，教学的过程显得很生硬、生涩、呆滞、单调：有知识“陈述”的推理，没有知识“生成”的道理；有学生的活动与互动，没有学生在活动中的思维活跃与数学理智；有冰冷、形式化的美丽，没有火热、理智性的思考；有问题却看不出问题的来龙去脉，缺少明确、积极的问题发现和问题提出，所谓的问题也是由教师生硬地塞给学生的问题，问题的解答缺少方法的启思性、思维的可接性，课堂教学效果自然不佳。数学教师专业学习在复杂性上往往与数学知识的高深性、数学思维的抽象性、教学实践的创造性和教学思维的科学性相关联，甚至相互交织融合在一起。数学教师的专业学习是在数学知识、数学思维、教学实践、教学思维和发展学生思维等维度上不断进行完善的过程，是对来自书本上的教育教学理论知识进行实践性解读的过程，是对来自数学教育教学实践的问题、困惑与现象进行理论性省思的过程，是数学教师在数学教育教学实践中进行实践锻炼、思维训练、反思体悟、自主成长的过程。这种过程是“学以育己”“教以育人”的过程，是对传统教学教研活动精致化的过程，是自觉加强思维方法训练、提升教学思维品质的过程，是数学教师超越传统的知识与技能学习、数学过程与方法学习，追求数学教学思维生成和数学教育价值实现的自觉化过程。总体而言，尽管数学教师专业学习的复杂性内蕴于数学学科独特性的理解与数学教学思维性的存在，但蕴含于这种理解与存在背后的复杂性并不意味着数学教师在学习的类型、规律上与其他学科教师的专业学习完全不同。比如，基于特定的学科思维及其品质提升所进行的学习，通常都强调聚焦于更加专业的学习内容，为教师更有目标的专业学习实践提供诸如计划、决策和评价等框架，进而可以不断深化、拓展教师的专业学习。再

① 程广文.论数学课堂情境教学的特殊性[J].天津师范大学学报(基础教育版),2009,10(4):53-57.

如，就专业学习中的思维性存在而言，几乎所有学科思维的激发、维持与发展都离不开特定的问题。为了实现更深入、有效的专业学习，教师在学习中需要切实增强“问题意识”，这些问题既可以来自对本体性知识学习的发问，也可以来自教育教学实践中的“问题引领”“问题提出”“问题发现”“问题驱动”。在某种意义上，问题不仅构成了数学学科的心脏，也构成了数学教师专业知识和数学教学思维发展的关键。有没有问题意识，或许更本质地影响甚至决定了数学教师教学的效果。当一个学生通过学习，知道了三角形内角和等于180°、四边形内角和等于360°、五边形内角和等于540°，能够想到“多边形的一个重要特征是它们的内角和不断地变化，那么在变中有什么不变的特征吗?”这就产生了非常可贵的问题意识，这种意识将驱动着学生主动探究。对数学教师而言，为了激发学生的问题意识，需要结合特定的教学内容为特定的学生构建连续性的数学活动支持环境，引导学生发现问题、提出问题、分析问题、解决问题。这也表明，问题能力应当是数学教师专业学习核心素养的重要表征之一。

数学教师的专业学习是一种有意义、有深度的实践性学习。数学教师的专业学习说到底是为了更好地改进数学教育教学实践，本身不仅充满着数学教育教学的意义，而且需要踏踏实实地回归到数学教育教学活动以数学思维活动为核心的本质。应当看到，数学教师的专业学习作为一种有着特定意义追求的专业学习，本身并不是一个静态的结果或一种现成的产品，而是一个动态的活动或过程。这种动态的活动或过程不是相关知识的单向性输入过程，不是没有实践、没有反思的浅表性操作活动，而是一种融入情境、问题、思维、知识、实践与体验的复合性、生成性、交往性活动。学习的意义生成于学习的活动，在有意义的专业学习活动过程中，数学教师不仅作为专业学习者存在，而且作为建构者存在，即数学教师会主动地建构其学习及专业发展的意义，不断地探寻着数学教育教学的本质、规律。数学教育教学建构性学习是一种高级的学习，需要数学教师不断地研究数学有效教学的原则、方法，认真地研究不同教学对象、教学内容的特点，基于数学教育教学本质的理性思考校正专业实践、达成教学目标、解决教学问题。研究保障了数学教师建构性学习的深入，为了保证建构性学习的效果，数学教师需要在自主研究的基础上不断地与其他的学习者进行专业经验分享、学习情境共构、同伴思维碰撞。在有意义的专业学习活动或过程中，无论意义的赋予还是意义的创生都离不开数学教师数学思维、教学思维的双向引领，数学教师的数学思维、教学思维及其内在的品质是数学教师专业学习意义建构的能力内核。在数学教师的专业学习过程中，活动、经验、思维、知识、技能、意义和品质不仅交融,而且共生。为了建构专业学习的意义、思维、知识、技能,数学教师需要基于活动、经验、思考、实践将所学到的学术性知识与自己当下的专业任务进行更有效的整合,需要在专业生活的沉浸中不断优化专业学习的品质,需要不断拓展专业学习的资源,需要更主动地吸引更多的数学教育教学实践者广泛参与"有我"的数学专业学习与研讨,需要数学教师专业学习的相关组织提供更加丰富的实践性机会。总之,决定数学教师专业学习质量的关键因素不仅是数学教师有没有进行学习,而且包括学习的内容和方式是什么,学习过程中有没有深度的思维参与、持续的行动跟进和自觉的意义建构。正是通过一系列有意义的专业活动与学习过程,数学教师才可以更有效地提高自己的专业知识与专业技能①。数学教师作为数学教学活动的组织者、引导者与合作者,持之以恒地开展有深度的学习与研讨可以超越自身固有专业经验的局限性,有利于将专业学习的意义建构于有深度的教研活动中,基于专业学习实践活动、基于参与深度教研,落实教学反思和创新致用,建立专业学习和真实背景专业实践的关联。

单纯的知识授受或缺少实践支撑的培训经历既不能激活数学教师专业学习的意识,也不能帮助数学教师形成更有价值的专业学习活动经验。数学教师的专业学习作为一种活动或过程是主动形态、有内在意义的建构行为,较之于一般的知识性因素,思维性因素、体验性因素对于数学教师专业学习的意义更为重要。一方面,无论师生对于数学知识的学习还是数学教师对于数学课程与教学活动的展开,都离不开特定的学科思维与教学思维,数学教师专业学习的发动或者最终的目的,既需要数学教师数学思维的介入,也需要数学教师教学思维的监控,数学教师的专业学习需要数学教师数学思维、教学思维、反省思维、实践思维与动作思维在不同维度的"结合"与"互补"。另一方面,数学教师的专业学习需要数学教师个体或群体已有的专业活动经验支持,强调专业学习要基于数学教育教学的实践努力实现数学教师专业活动经验的变化。由此,数学教师的专业学习必然不是脱离了数学教师专业学习体验性的实践,也不是与数学教学工作各种活动情境的对立,而是通过专业学习、工作情境与内在体验三者的融合促进数学教师实践经验的有序生长、持续发展。在这种情况下,数

① BISHOP J, DARLING-HAMMOND L, JAQUITH A. Maximizing the use of new state professional learning investments to support student, educator, and school system growth[EB/OL]. (2015-11-01)[2020-01-14]. https://learning policy-institute. org/sites/default/files/product-files/Maximizing_Use_New_State_Professional_Learning_REPORT_0. pdf.

学教师的专业学习本身就象征着专业的行动或者以某种更加具体的方式表现着数学教师专业能力更加持久的改变，它表明数学教师的专业学习不仅来自自身的数学教育教学专业实践，而且可以来自其他数学教师的数学教育教学实践或者个人其他方面的一些经历、经验，数学教师专业学习离不开数学教师这个独特的主体与他者基于数学教学活动所进行的多重交往与互动活动。在专业成长过程中，数学教师除了自主学习与独自研究，还需要积极参与体现学习者主体性的数学教育教学实践活动，在观察、学习、思考与体悟的过程中习得与内化特定的数学教学知识，建构更加适用的数学教育教学规则；需要坚持学思结合、学以致用，不断改进自己数学教学的方式方法，将所学更好地内化为个人的数学教育教学实践性知识①。

第二节　数学教师专业学习的理论逻辑

“逻辑”作为一个专业术语，可追溯至古希腊语中的“逻各斯”一词，该词的本义概述了与秩序、规律、理性密切相关的知识，在思维指向上既有过程又有成果。作为思维的过程，逻辑包含了推理、说明或论证等过程性的思维要素。作为思维的结果，逻辑包含了原理、命题、规则或规律等结果性的思维要求。无论是过程形态还是结果形态，一旦回归到知识体系的分析语境中，逻辑的所指就是一个三维一体的知识包，即它是一个具体的学科，一门研究有效推理的高深学问，一种能贯通“前提”“结论”的后承性推理关系。

逻辑有理论逻辑与实践逻辑之分。理论逻辑关注的是所研究问题或对象内在要素的必然联系和内在要素的内在规定性，反映了事物存在及其发展的根本特征、内涵要求与本质属性。一方面，理论逻辑与理论、理论家有关，这是因为，理论逻辑表征了理论家进行理论建构在逻辑上的起点和理性思维的过程。为了更好地进行相关理论的建构，理论家在对相关问题进行研究时，在起点上就需要采用一些基本的概念，并能明确自己研究所采用的方法论，基于概念和方法提出具有一致性、自洽性的理论分析或问题思考。另一方面，理论逻辑与理论、理论家本身有着不同的关注点。这是因为，理论逻辑更重视理论应然性的表现和理论自身发展在进程等维度上的逻辑呈现，在内涵上指向相关理论发展、演进的历史与进程，是相关思想、精神等过程或结果在理论家思维领域中的

① 申克.学习理论：教育的视角[M].韦小满，等译.南京：江苏教育出版社，2003:27.

建构或展开。较之于对理论本身的关注，理论逻辑通常要注意分析客观事物基于实践推动的内在演进过程，既关注客观事物、实践活动的逻辑联系，又关注客观事物、实践活动的逻辑发展，是理论建构者精神层面上所表现的基于自身思维在时间维度上的抽象存在。实践逻辑作为一种与理论逻辑有着不同特质的逻辑，并非指向逻辑学所标注的具体思维规律或者相关推理形式，而是指客观事物在实践中存在、发生与发展过程中所呈现的诸多规律性问题。实践逻辑不仅内蕴了“实践主体与实践客体”“实践空间与实践环境”等相互制约、相互促进或相互影响的作用机制及其内在规律性，而且内蕴了实践的主体为了更好地改造特定的实践与环境所应遵守的行为与准则，是实践主体在实践活动过程中进行知识分析、理论反思、实践探索和解决问题的方法论。实践逻辑不仅包含了实践者的习性、意图、方法等历史性、目标性与策略性要素，而且内蕴了实践者实践活动的形态、需求、时间、场域等现场性、时间性和空间性要素。在特定的实践场域中，经由不同实践活动主体共构的文化在长期的积淀之后，更容易有助于实践者实践思维的逻辑回归和行动思维的场域实现，并因此固化实践者行动的实践图式，疏通实践者的行为和关系。后者，某种意义上恰恰就是实践者实践逻辑的内核。

从理论逻辑看，数学教师的专业学习是一个以数学教育教学专业知识丰富、数学教育教学专业思维优化、数学教育教学专业实践改进为关键要素及以数学教育教学专业品格、专业能力提升为目标指向的修炼过程。数学教师的专业学习是一个多元的学习，是涉及数学教师专业知识、专业思维、专业实践、专业品格、专业能力的学习。数学教师的专业学习是一个动态的学习，是基于教与学的绩效进行动态反馈、及时改进的过程。数学教师需要根据数学课程教与学的需求，及时补充自己的专业知识，优化自己的专业思维，改进自己的专业实践，提升自己的专业品格、专业能力。数学教师通过专业学习引导、促进自己的专业发展，为自己的专业发展提供实践性的框架。由此，数学教师的专业学习是基于数学教育教学的绩效反馈、多元需求和动态能力的专业学习，其理论逻辑存在于数学教师专业学习的理性分析，服务于数学教师在专业学习实践中的理性认知，既是研究数学教师专业学习与实践的起点，又是贯通数学教师专业学习前提与结论的理性工具。合理的理论逻辑有利于引导数学教师将专业学习既内化于心又外化于行。

学习是人类的天赋，也是教师的天赋。对数学教师而言，专业学习则应当融合了教师个人的学习天赋和数学教学的指导职责。一方面，数学教师通过专业学习促进个人专业成长，成为高水平的数学教师。另一方面，数学教师通过专业学习学会指导学生学习，为学生提供良好的数学教育。数学教师作为一个专业发展的主体，专业学习的理论逻辑是为了个人专业的持续发展和良好数学教育的实现，与时俱进地提升自己的专业素养。通过与时俱进的专业学习，数学教师可以更好地明数学教育教学之理念，强数学教育教学之能力，增数学教育教学之智慧，施数学教育教学之方略，弘数学教育教学之文化，修数学教育教学之言行，健数学教育教学之品格，达数学教育教学之功用。

数学教师是成人。作为成人，数学教师在自我的概念、个体的经验、现实的需求、问题的解决和内部的驱动等方面都与非成年人有所不同①，并因此使其专业学习有着特定的学科和成人特征。比如，就数学教师专业学习的动机而言，主要是源自其数学教育教学工作的经历、经验及面对的诸多现实情境。数学教师通过专业学习，不仅传承、创新、分享与运用了相关的知识与文化，而且实现了对当前工作情境的适应、胜任、创造、改善与超越。就专业学习的本质而言，主要是通过参与真实的教育教学实践，学以致用，不断改进自己的工作，提升数学教育教学的品质和水平。就专业学习的内容而言，数学教师不仅要学习包括“是什么”“为什么”“怎么样”等具有一定抽象性、静态性内容的数学本体性知识，而且要学习包括“是谁”“什么情况”“如何教”“如何导”“如何评”等具有一定情境性、动态性内容的数学教学法知识。数学教师专业学习的知识既有可通过网络检索、数据查询、报刊阅读等途径获得的“显性知识”，又有“只有意会，不可言传”“难以量化”“难以编码”的“默会知识”。就专业学习的过程而言，数学教师的专业学习需要建立健全数学教育教学的实践共同体，以共同体为平台进行或认知性或体验性的专业化学习，在此过程中，既需要数学教师个体与特定的数学教育教学情境相关联，又需要数学教师在特定的数学教育教学活动中建构相关的知识，数学教师个体与自己的数学教育教学情境在总体上呈现了诸如引导、生成、制约、作用和反作用等相互影响的关系。就专业学习的评价而言，数学教师专业学习的评价是一种镶嵌于数学教育教学实践过程中的评价，应关注数学教师在真实性数学教育教学工作情境中所表现出的理解性水平、思维性品质和行动性智慧②。

---

① 裴淼，李肖艳.成人学习理论视角下的“教师学习”解读：回归教师的成人身份[J].教师教育研究，2014(6)：16-21.

② 应方淦，高志敏.情境学习理论视野中的成人学习[J].开放教育研究，2007(3)：10-13.

数学教师专业学习是基于数学教师特定阶段数学教育教学实践经验的专业学习。当前，来自数学核心素养的教育教学要求映射着数学教师专业学习应然性的理论逻辑。在数学核心素养教育教学理念下，数学教师专业学习的理论逻辑不仅表现为数学教师对数学核心素养教学胜任性的心理期待，而且表现为数学教师对数学核心素养教育教学价值与过程方法策略的整体性理解以及数学教师对于如何构建相应专业核心素养的具身性、行动性思维。探究数学教师基于数学核心素养的专业学习理论逻辑，不仅可以更好地探究数学教师专业学习在真实工作情境中的发生性机制和可能性的演化图景，而且可以据此防范、克服数学教师专业学习中由于惯习或其他片面不当的理论逻辑所遮蔽着的实践羁绊。数学教师在以往的数学教育教学实践活动中虽然积累了许多数学教育教学实践知识和数学教育教学实践经验，但是，这些知识和经验并不能满足具有更高教学要求的数学核心素养教学的专业素养，所以，数学教师在专业学习中必须对现有知识和经验进行突破。学习过程并不是简单的信息输入、存贮和提取，而是新旧知识或经验之间的相互作用过程①。只有准确地判断数学教师已有的数学教育教学实践经验、及时准确地捕捉数学教师在数学核心素养教育中所面临的关键性问题和现实性困惑，才能精准定位数学教师专业学习中真正有效的逻辑起点。如果不能将数学教师已有知识或经验与具有高阶性数学核心素养教育教学活动要求、策略进行更深入的对接与互动，数学教师的专业学习将不能真正积极作用于数学核心素养的教学。如果凭借个别人的主观意志，在内容、方式、方法或过程等维度不恰当地强化了与数学教师从事数学核心素养教育教学关系不大或与其原有知识、经验关联度不强的专业学习，就必然会割裂数学教师已有知识、经验、工作任务与专业学习之间内在的联系性。这也表明，基于数学核心素养教育的专业学习理论逻辑，应善于以提升数学教师从事数学核心素养的教育教学专业核心素养与研究能力为路径导向，围绕数学核心素养教育的学科专业理论、专业实践情境与教育教学问题，将数学教师个人专业学习策略与数学教师从事数学核心素养教育教学的专业要求进行整合，有针对性地弥补数学教师既往专业学习中某些可能的不足。事实上，为了胜任数学核心素养的教育教学，数学教师不仅要通过专业学习深化不同类别数学知识的教学认知，而且要善于基于数学及其教学的问题与数学及其教学的思维进行互动，针对个人知识与能力的不足进行自我研修，超越特定数学知识表层化

① 吴庆麟.教育心理学：献给教师的书[M].上海：华东师范大学出版社，2003：200.

的符号学习，通过情境建构与深度思维不断强化数学知识的深度理解，并因此使数学知识的逻辑形式与意义领域实现有机的统一。

第三节　数学教师专业学习的实践逻辑

数学教师专业学习的理论逻辑虽然有助于相关主体从理论上理解数学教师专业学习的必要性、可行性和目标、举措的应然性，但是，由于数学教师的专业学习本身既非一种纯粹理论化的学术过程，也非一个片面的技术理性的结果复制，所以研究数学教师的专业学习，一方面需要从理论层面分析专业学习的内涵、结构和特征等要素，另一方面也需要用一种类似"还原的方式"再认识数学教师的专业学习，再重构数学教师专业学习作为一种特定实践的实践关系。从实践层面分析与组织数学教师的专业学习，可以更好地把握教师学习中诸如"个人需要""只可意会""行胜于言""明理达用""顺其自然"等教学在场性、师生共谋性和个体差异性的意义与特质。这也表明，应自觉地评审数学教师专业学习的实践性并重视其内嵌的实践逻辑。忽视这点，人为地将数学教师的专业学习与实践分离，在目标、内容、方式、方法、评价等维度制造出一套套与实践不相关、不相融甚至相互对立的理论，不仅误导一线数学教师的专业学习，而且使理论背负了对于数学教师专业学习实践僭越的骂名。数学教师专业学习需要彰显其专业学习主体内在的"实践感"，除了理论逻辑，在纷繁的专业学习行为表象背后，数学教师的专业学习有其虽难以明言解说却真实自然存在的实践逻辑。

数学教师专业学习实践逻辑是不同于数学教师专业学习理论逻辑的特殊性存在。它不仅遵循教师学习、专业学习的普遍规律，尊重教师学习的体验性、情境性，正视教育教学过程中客观存在着的问题，而且遵循数学教师学习、数学教师专业学习的特殊规律，回归数学教师专业学习的实践情景，强调数学教师专业学习可能的整体性、个体性与联系性，需要打上各类数学教师行为主体在特定专业学习中各种实践性的烙印，会受到数学学科、特定地域教师、各类数学教师主体的文化性差异、经验性差异、制度性安排、价值性倾向、行动性诉求、学习性方式等诸多因素的现实影响，并因此在专业学习实践具体方式上表现了不同的可能性，呈现了多元、多样的形态性，更直接、直观地表达了数学教师专业学习行为主体各具内涵与意义的"目的""欲求"，是实际行动中合规律与合目的相统一的前提。总体上，可以认为数学教师专业学习的实践逻辑是在数学教师专业学习的实践场域内，源自数学教师“实体性个体与关系、时间性经验与情感的长期积累而生成的自在逻辑”①。

数学教师专业学习作为一种实践，本身具有了特定的在场性、情境性、动态性、经验性、创造性、思维性、价值性和发展性，它不仅倡导教师行动主体、教学实践创造性、实践意义生成，而且指向了数学教师专业生活的丰富性、合理性、合目的性。对大多数数学教师而言，自己将在实践中完成数学教育教学生活的合理性解释和意义性赋予，实现自我专业发展的目标性、方向性、内涵性和策略性整合，通过实践与自我的反思、确证有效突破或超越个人教学生活及其认识的局限性，扎根于更具互动性、思维性的数学教育教学方式和更具活力的专业发展方式。正是“在实践中反思”“在明理中达用”，数学教师才能逐步实现对旧有教学思维、惯习的批判和超越，才能经由专业学习切实提升个人教育教学专业活动的效能与效益，才能不断改进个人专业实践性思维的水平与品质。就数学教师专业学习的目标、方向、内容与实际的行动而言，它们不仅需要内在地统一，相互构建、生成，而且需要数学教师主体与所在专业环境、教育教学场域、关键性他者在更有价值的磨合中达成相互构建与生成，实践及其反思是数学教师专业学习的内核。由此可见，没有数学教师对于数学教育教学专业生活的自我省思，就没有真正意义上的专业学习，这种情况下，数学教师经由专业学习实现专业知识延伸、专业视野拓展和专业品质提升也将会成为空话。事实上，数学教师专业学习的实践逻辑在行动价值的规范性上指向数学教师对更高质量、更高水平数学教育教学活动的追求和教学专业生活的自我丰富，实践逻辑对于数学教师专业学习“具有合目的、合理性和合道德的根本品质”②。关注不到数学教师在真实的数学教育教学生活中更加本真的学习需要，关注不到不同类别数学教师教育教学经验、知识结构的现状，认识不到不同类别数学教师专业学习需求、方式方法等方面的差异性，只是一味地灌输一些看似时髦、充满激情或理想主义的教育教学理念，强化一些看似有用实际无用的专业技能培训，本身就折射出一些教师教育主体对于预设性目标、计划和方案的偏爱、执念以及蕴含于其中的强势的理论逻辑，本质上是对底层数学教师本真性专业学习的自以为是或人为性傲慢。某种意义上，正是这种类似的自以为是或人为傲慢导致了不少数学教育工作者对于当前的一些专家论坛或者打上教研学术会议、教学竞赛

① 毛清芸.教师实践逻辑：意蕴、生成与反思[J].华南师范大学学报（社会科学版），2019，4(4)：47-52.

② 金生鈜.何为教育实践？[J].华东师范大学学报（教育科学版），2014，32(2)：13-20.

等名号的教师培训不感兴趣以及在潜意识中不同程度的反感、抵制。

对自身教育教学能力不足的正视和对学生经由数学活动获得发展的关注是数学教师专业学习的实践性原点。在广泛、日常的教育教学专业活动中，一个数学教师为什么想结合专业活动的开展进行深度学习？一个数学教师为什么觉得当前所开设的公开课或教学比赛没什么意义？围绕这些问题，研究者曾做了一些访谈，结果表明，尽管回答多种多样，但在多种多样的回答中，共性的结论是大多数被调研的教师内心不愿意把自己定位于数学教育教学活动或方案机械的“执行者”，不愿意简单地照搬照抄一些所谓获奖的公开课。数学教师在教育教学中会面对各种各样需要解决的问题，尽管有时候可能需要借鉴别人的一些方案，或者从教科书中寻找一些理论的启示，但是，大多数情况下数学教师要直面真实的教育教学情境，或独立地思考，或与他人协商、交流和研讨，形成对教育教学特定问题的实践性表征与合理性分析，并尝试地提出一些可能性的问题解决方案。在大多数数学教师看来，既然自己是一个有着主体性、主导性的数学教育工作者，就应当努力成为有理智的数学教育教学活动或方案的“决策者”，应当与和自己有一定差异的学习引领者共同地学习、交流，结合课例研讨、课堂观察等活动经历、实践“优质课堂创建、生长的过程”，应当让说课说题、磨课反思、共学共研、同课异构、异课同构等成为自己专业成长的宝贵资源。在这些类似的意愿引导之下，这些数学教师似乎更能清醒地意识到自己在专业能力方面的某些不足，并愿意通过更深入、有效的专业化学习提升自己数学教育教学的质量与水平，使自己能在数学教育教学实践中更有效地促进学生的生长、发展。我国古人曾经总结出“学然后知不足”“教然后知困”的道理，对有志于成为数学教育教学活动“决策者”而非“执行者”的数学教师而言，或许正是因为知道自己的不足，所以才愿意下定决心进行深入、持续的学习，才愿意结合具体的教学实践案例进行自觉的反思，才愿意与专业同行共同学习、互助共进，才愿意主动寻求专家的指导，让自己置身于一种真实的专业情境中进行专业化的学习、提高，经由专家与同行的案例与启发，基于自己的实践与思考，突破个人固有的数学教育教学思维，明确自己的专业发展需要“改什么”以及“怎么改”。

学习并不意味着迷信、迷恋于一些专家口头宣称或媒体倡导的教学方法，并不意味着盲目地接受一些来自书本或教科书中的理论汇集，并不意味着要忠实地执行一些广为流行或被人推崇的教育教学观念。对于一些专家在口头上宣称或通过媒体所倡导的教学方法，需要联系所教学生在数学学习上可能存在的障碍和困难进行深入的研究，并据此思考如何把数学学习材料的序化和数学教学方式的变化两者更有效地结合起来，并因此使自己实践的教学方法更符合所教学生的数学现实和学习规律，更能有效地帮助所教学生不断跨越个人的学习障碍、克服学习的困难。对于已有教材或教参，需要深入分析它们可能性的不足或缺陷，并据此思考如何结合教与学的实际进行更有针对性的改进和完善，如何实现从教学材料到学习材料的转变，如何通过转变使实践形态中的教与学变得更加具有协同性、丰富性、理解性，如何通过转变使实践形态中的教与学的内容更具有典型性、结构性、发展性。对于真正有志于专业学习、专业发展的数学教师而言，需要依据数学教育教学的实际情况进行必要的辨识、甄别、筛选，需要对数学教育教学活动中的自我进行“我是谁”“我会是谁”“学生是谁”“学生会是谁”“我教了怎样的数学”“我教的数学会怎么样”“我需要谁”“我学习为了什么”等基本问题进行必要的思考，需要学习者“理性思考”和“择善而为”的协调统一。

数学教师的学习是与教师的“实践”“自省”“自律”“自反”“自强”紧密联系在一起的。从实践的角度来分析，数学教师专业学习就是数学教师基于理论与实践中“不足”与“困惑”的感知，就是下定决心对数学教育教学业务知识进行既有深度又能持续的学习，就是认真地对个人正在从事或已经经历过的数学教育教学实践活动进行深刻反思的过程，就是数学教师不断成就自我、努力自强的过程，就是数学教师经由有目的、有计划的笃学善思、创新致用不断提升其数学教育教学工作见识的过程，就是数学教师勇于突破个人旧有教学惯习和能力不足、积极适应数学教育教学环境变化、努力改进数学教育教学品质、与时俱进地推进专业技能更新与数学教学能力发展的过程。由此可见，数学教师基于数学教育教学实践，成长于数学教育教学实践，服务数学教育教学实践，积极主动地同所在的专业组织和教学环境进行能量与信息的交换，与广大同行相互沟通交流、相互启发、相互影响、相互作用，在学习、实践与交流的过程中整合自己关于数学教育教学的实践认识，提升自己数学教育教学的理性思维。既基于实践又回归实践谋求教学与研究的相互促进，在适应实践的同时不断地改进实践，不断提升个体与群体的教育教学核心素养，这是数学教师专业学习的实践逻辑。

数学教师的专业学习不仅为数学教师在专业上的“强基固本”提供了“内发生成”的可能，拓宽了“外在践行”的路径，而且为数学教师在教学上的“提质赋能”提供了具体的机会，完善了必备的条件。数学教师在日常、多变、纷繁的数学教育教学实践中常常受到个人专业能力、教学对象水平和数学教育教学宏观或微观环境等因素的影响，很容易在个人狭隘的教学经验或所谓权威的迷信、崇拜中陷入认知性的危险。比如，有一些数学教师会盲目地迷信一些国外的数学教育教学理论或国内一些所谓知名数学家、数学教育家提出的数学教育改革方案，认为国外的理论是先进的理论，或认为既然是国内的专家，他们提出的方案就必然是有效的或者是最能体现特定时代数学教育教学的变革精神的，并因此全盘接受。由于没能深入思考相关国外理论或国内专家所提方案或观念背后实质性的理论支撑、核心的要素构成，没能真正理解相关理论、观念在真实性数学教育教学情境中所面对的复杂性教学对象及由不同对象所构建的各种复杂性教学关系，耳濡目染、潜移默化之下，这些数学教师就不知不觉成为一些舶来理论或时髦观念的“俘虏”。调研表明，许多数学教师虽然在工作上表现出了“敬业”“责任”“担当”“仁爱”等良好的品质，但是他们在数学教育教学的“学识”“思维”“创新”“生本”上还表现出许多的不足。比如，他们对一些似是而非的数学教育教学观点、方式与方法缺少应有的去蔽能力，对学生数学知识学习中的盲目、疑点与难点缺少“明辨之”“审问之”“慎思之”等主动澄清的意识，对诸如数学课程与教学中长期存在着的低效、倦怠、厌烦、异化等现象缺少积极解蔽的意识。对于一些毕业班的数学教师而言，许多人虽然非常注重解题的强化训练，但是并不关心解题前后的思考、引导，他们习惯于埋头苦干，不习惯于“抬头看天”“回头看”。对许多有着 20 年以上教龄的数学老教师的调研表明，许多人年复一年、日复一日，几乎每天都进行着自己的数学教学活动，但是这些活动很大程度上只是个人若干年教学经验或惯习的表征，所谓的实践创新与教学发展缺少有效的实证支撑。许多数学教师在数学教育教学工作中之所以会依赖既往的教学经验或工作惯习，本质上不是缺少数学教育教学或与此相关创新、发展的实践，而是缺少对所从事数学教育教学实践的反思；不是缺少数学教育教学良好的方式、方法与策略，而是缺少对所用方式、方法与策略针对性、适用性的思考，缺少对特定方式、方法与策略的进一步创新与改进；不是从内心深处愿意拒绝一些变化或相关变革，而是缺少主动应对变化与参与变革的能力。从根本上说，过度依赖既往教学经验或工作惯习的数学教师，缺少通过专业学习提升自己专业理论素养和教学思维能力的时间、空间与意愿，并因此不能用更科学、更有效的理论指导自己的数学教育教学实践。这种类似的状况如果不能得到有效的改变，就会加剧数学教师对他人的迷信，他们虽然每天都进行着“有模有样”的数学教育教学实践，但是并没能从实践中实现专业知识的有效积累、提炼、发展，没能在实践中对自己的数学教育教学经验进行更有深度的总结、检验与反思，没能在综合判断与深度反思的基础上形成个人关于数学教育教学的理性认识或者尝试构建属于自己的数学教育教学实践理论。由于受到旧有教学经验或工作惯习的束缚，许多数学教师不能在实践中实现自我超越。面对由数学教育教学实践所创生的既丰富又复杂的大量本真性问题，许多数学教师由于采取了被动地应对的态度，所以不能有效地获取数学教育教学的新知识，不能有效地拓展数学教育教学的新视野，不能自觉地增强、发展个人从事数学教育专业的能力，不能有效地提升个人从事数学教育教学的适应性、胜任性和专业化水平。由于在数学教育教学实践中没能有效预防教师个人那些根深蒂固的偏颇性经验的负面影响，一些数学教师不仅在专业发展空间拓展上受到了他为的限制与自为的封闭，不愿意构建专业学习共同体等合作与交往关系，缺少主动改进教学工作的意识，而且在数学教育教学机智培养等方面没能得到有效支持和实践锻炼。教师所在组织与环境未能催生教师主动作为的专业学习内在动力，教师专业学习在走向深层化的道路上遭遇种种实际的困厄，教师经由专业学习实现专业成长的路途变得步履蹒跚，教师经由专业学习提升数学教育教学实践在效能上显得停滞不前。

从理论与实践相互作用的角度来分析，数学教师专业学习不仅需要理论指导，而且需要树立数学教育教学实践的反思意识，需要数学教师“基于实践中的教师立场”和“基于实践中的学生立场”进行实践经验的总结、提炼。调研发现，多数数学教师比较在意自己上的课，但在专业发展的不同阶段，他们对于所上课的把握有着不同的意识。比如，在初入职的阶段，不少教师认为自己刚从高校毕业，大学的数学都搞定了，中小学的数学是小菜一碟，上课中有自己对知识的理解，不关注学生对于所教内容的感受，所教之课“有问题”但自己“浑然不知”；工作到一定阶段之后，接受职后培训，了解了课程标准等诸多文件的要求，了解到自己要“对标”，但是由于“理归理”“法归法”，自己对数学教育改革的理念转化不到位，不能恰当地平衡好知识教学系统性和思维引导情境性之间的关系，所以课常常上得“方向对头，方法生硬，效果一般”。教学者在内心对于教与学有着一些冲突性的理解，教学行为上也显得不顺。经过必要的沉淀与反思之后，有教师终于觉悟到学生是数学教学活动的主体，自己是帮助者、促进者、引导者，教学制度与规定要有针对地合理运用，于是逐步形成了“学生立场”的课堂教学观，教师感到自己的课上得越来越顺，学生感到通过上课越来越有收获。在成长的过程中，数学教师联系自己所教的课进行深度反思、自我干预、优化调整、持续改进，这不仅有利于数学教师专业学习与教学实践的方向协同，而且有利于学生从中真正受益。由此，无论是“基于实践中的教师立场”，还是“基于实践中的学生立场”，都需要数学教师认真地关注当下的数学教育教学实践以及实践中的学生、教师这一对密切相关的主体。由于很容易受到个人先前诸多经验、经历等方面的限制，各种层次的数学教师都有可能在专业实践中遭遇到专业学习的现实困境或瓶颈。学生固然要向教师学习，但教师也要向学生学习。新教师固然要向老教师学习，老教师也要向新教师学习。无论是教师还是学生，都应勇于暴露自己的专业实践，通过兼听其他主体对自己专业实践的评论，“倒逼”自己进一步思考和更深入地学习。对于一些老教师或所谓的教学名师而言，在复杂和迅猛发展的数学教学实践面前，尤其需要勇敢地放低自我。比如，通过必要的自我悬置、换位思考或归零重启，引导自我长期坚持的专业学习与更有深度的教研活动进行更深入的对接、耦合，主动、积极地推进自身在实践中产生的教与学诸多复杂性问题的解决，同时，能在解决问题之后跳出所教具体的数学知识与教学对象，进一步寻探更一般的实践性教学策略，不断提升个人专业学习的质量。

第二章　义务教育数学教师专业学习的知识分析

之所以要对义务教育数学教师专业学习进行知识分析，是因为义务教育阶段数学教师持有怎样的知识观、必须具备哪些专业知识、如何进行专业知识的学习，不仅影响了义务教育阶段数学教师对于专业学习本质的理解和对于知识在数学教育教学中价值的认识，而且影响了义务教育阶段数学教师对专业学习过程中具体方式方法的选择、优化，影响了义务教育教师在数学教育教学中的教育教学观，影响了学生的数学学习。

第一节　知识及其性质的再认识

一、从信念到理性

知识是什么？知识是人们所说的相信、信任、惊奇、理解、思考、希望、期待这些心理状态吗？知识是人们的意见、建议或主观的信念吗？知识是事实或人们制定的规章制度吗？关于知识，人们在平时的言谈或交流中会涉及很多，但是关于知识内在本质的分析与讨论并未在日常言谈中有着理性的表达或深入的思考。或许，这本身就是一个带有哲学思辨性质的话题。事实上，人们对于知识诸多本质性的认识，在20世纪70年代之前也主要是通过哲学思辨的方式展开的。

一般而言，关于知识的本质是什么，或究竟什么是知识，可追溯到古希腊伟大哲学家柏拉图的思想，即人们通常认为关于知识本质可靠性的回答是与柏拉图的理念论或观念说有着一定的密切关联性的，具体地说，就是主张“知识是经过确证的真实的信念”。基于这样的定义，知识的定义就离不开信念，而且与它有着十分密切的隶属关系。这是因为，知识必定是信念。不过，知识与信念本身并不是一回事，因为，信念未必就是知识。

从逻辑的角度来分析，信念仅仅是构成知识的一个必要性条件，却非充分性条件。信念有真也有假，假的信念不可能成为知识，知识必须是真的信念。但是，真的信念一定会成为知识吗？也不一定。真的信念只有被证实了才能成为知识。由此，知识其实就是"证实了的真的信念(knowledge is justified true belief)"①。就本质而言，这种知识观是理性主义的客观实在论。在这种知识观下，知识一定是客观、可靠和稳定的，本质上属于"客观性""普遍性""价值中立"的"实体"。在这种意义下，知识作为对客观世界的表述具有绝对准确性与真实性，不仅所指向的规则是"非个人化"的，是独立于人类经验之外的，而且作为程序也是既定且具有公共传递性的，作为真理是不可置疑的，具有公众广泛认可的"权威性"。

二、知识兼具主观与客观两种属性

理性主义的客观实在论初看十分合理，并且令人兴奋，因为它能一劳永逸地解决许多关于知识的复杂性难题，但是，这种知识却并不是永远正确的，在实践中也不是总能解决知识本身的发生与发展问题，因而是有欠缺、有瑕疵的。这是因为，在理性主义、客观实在论的知识本质观下，知识的生产过程不仅屏蔽了知识学习者的身份、经验、情感、思维、兴趣等要素，而且无视知识在价值上是否有用等个性化的内容，认知的主体与认知的对象被视为两个独立存在、缺少关联的分离体。知识上的理性主义的客观实在论有时会得到社会论者的支持，比如，法国社会学家涂尔干(Durkheim)就认为，真理有着非个人化和稳定性的特征，知识真理属性的衡量标准不应以其在实践中是否有用来判断。这种关于知识的认识有着一定的积极意义，至少它区别于并超越了19世纪中叶英国著名的哲学家、社会学家和教育家斯宾塞(Spencer)所倡导的强有力知识的观点。有着"社会达尔文主义之父"称号的斯宾塞不仅提出了把进化理论中适者生存的原则应用于社会学方面的学说，而且在教育中探讨了知识的价值，他在《什么知识最有价值》一文中明确地提出了科学知识价值论的观点，即科学、职业是最有用知识的观点②。

在教育领域，有着理性主义、客观实在论或科学知识价值论一类知识观的人会坚信教育活动中存在着"非个体化""独立于学习者"的教育教学规律。他

① 胡军. 什么是知识[J]. 求是学刊，1999(3)：5-12.

② 王晓阳. 教育社会学知识论发展：从斯宾塞到扬[J]. 教育研究，2021，42(6)：49-61.

们认为，只要掌握了客观存在着的教育教学规律，教育者就能预见、控制诸多教育事件发生或发展的可能性。由此，教育者一个非常重要的责任就是通过学科课程发现、储存与供应一些已经存在的权威性知识，与此同时，教育者还将通过恰当的方法引导受教育的对象消费而非创造相关的知识。显然，基于这种类似的知识观，教育者与被教育者在知识形成过程中被人为地分成了两个角色，前者作为知识的权威，是"生产者""传播者"角色，后者作为知识的非权威者，主要扮演着知识"消费者""操作员"的角色，被动地接受前者的"规训"(discipline)。

在教师教育领域，这种知识观及其实践已被证明是不完全正确甚至是非常有害的。一方面，由于与教师实际工作相去甚远，以这种知识观进行教师教育在实际效果上更是收效甚微①。另一方面，教师持有这种知识观，在教育教学实践中更容易人为地压抑学生可能的主观性、能动性，既会扼杀学生的探究性、创造力，也有可能把学生训练成为一种缺少灵魂的应试机器②。

知识并非仅仅是人们进行客观映射所形成的主观结果，也并非仅仅是人们进行主观性建构所形成的"现象"结果。前者使知识走向客观性的一元世界，后者使知识走向主观性的一元世界，两者事实上会形成二元的对立。知识是客观事物的本质性反映，同时也是人类意识构成物的一种主观性映射。知识既有经验性知识(或后验性知识)，又有非经验性知识(或先验性知识)，必然会兼具主观与客观两种属性。

法国社会学家、哲学家、法兰西学院院士皮埃尔·布迪厄(Pierre Bourdieu)曾通过"实践理论"的建立谋求对知识主观主义与客观主义二元对立的超越与克服。③ 他认为主观主义与客观主义之间的对立是人为分裂所造成的、破坏性的对立，并因此倡导实践理论回到"实践"，探究行动者要在实践中遵循"实践逻辑"④。此即，知识既可以是由外部观察者所建构的有关社会世界的理论知识，又可以是由那些对自身世界具有较好实践性把握的人所实际上运用的实践知识。

哲学家迈克尔·波兰尼(Michael Polanyi)借用默会知识将知识的客观性和

---

① BEFLINER D C. A personal response to those who bash teacher education[J]. Jourrnal of teacher education, 2000, 51: 358-371.

② 张刚要，梁青青. 人工智能的教育哲学思考[J]. 中国电化教育，2020(6): 1-6, 64.

③ 罗朝明. 实践与实践性理解：布尔迪厄反思社会学的主题与品格[J]. 上海大学学报(社会科学版)，2012, 29(2): 87-98.

④ 布迪厄. 实践感[M]，蒋梓骅，译. 南京：译林出版社，2012: 73-77.

主观性进行了微妙的结合①,他认为,知识可以区分为显性知识(explicit knowledge,又称明述性知识)与默会知识(tacit knowledge,又称隐性化知识)。前一类知识可用语言、符号、公式、文字、图像、图形、数字等进行信息化的明确表达,后一类知识通常与一个人亲身的经历、体验或在探究、发现过程中的心领神会有关,它们虽然真实地存在着,却"难以言说",无法用明确的语言信息进行简单、直接的传递,具有"只可意会不可言传"的意蕴。尽管如此,人们对于这类知识仍可用实践活动或具身行动进行理解或表达。英国伦敦大学教育学院知名教授和著名的教育社会学家迈克尔·扬(Michael Young)在吸收涂尔干、维果斯基、伯恩斯坦和卡西尔等学者思想的基础上,深刻反思了社会建构主义的缺陷,提出了社会实在论的知识观,强调知识具有客观性和社会性的双重属性,提倡既要充分肯定知识所具有的客观实在性,防范和克服对虚无主义的陷入,又要高度重视知识所具有的社会建构性,以免陷入不同形式的机械实在论泥沼之中②。

三、知识具有多元属性

在知识危机与转型的时代,人们对知识的认识逐步超越了主观与客观、经验与实用、硬性与软性、科学与人文、生产与消费、传递与创造等可能各执一端、固于偏颇的观点。知识是多维的,知识不仅指写在教科书上的一些形式化的概念、公理、原理、定理、公式和一些真命题,也包括人们与所在社会或环境进行互动时所采用的视野、理念、立场、观点、方法以及在发现、探究、分析、解决所遇到的问题时采用的思路、思想、思维、见识、语言、符号、策略。为了认识知识,人们需要将本质认识与价值驱动结合起来,从一元化的知识论走向多元化的知识论,并在不同知识模式之间进行转换,辩证地考虑知识应有的文化性、历史性、公共性、社会性、应用性、体验性、整合性、反思性、抽象性、真理性、探究性、实践性、建构性、连接性、教育性、思想性等要素。

比如,就知识的文化性而言,知识的本性是文化,具有文化涉入、文化限域的特征。一方面,知识所拥有的性质会不可避免地受到特定知识所在文化传统与文化模式等因素的制约。另一方面,不管什么知识,一定会关联于某种特定

① POLANYI M. The tacit dimension[M]. London:Routledge & KeganPaul,1966:4.

② YOUNG M, MULLER J. Curriculum and the specialization of knowledge[M]. London & NewYork:Routledge,2016:116-119.

的文化体系，并与其中的价值观念、生活方式、语言符号、人生信仰等深度联系乃至不可分割①。

就知识的历史性而言，并非是指知识能严格地以历史的术语进行表达或者引导知识学习者理解，而是主张知识是在特定的时代、民族或文化环境中生成的产品，应当用知识的历史理性取代知识的纯粹理性②，强调把知识的理解与认识看作一种历史的构成物，提倡在知识探究中主动弄清楚知识的来龙去脉，关注知识形成的背景及相关概念的历史变迁，认为知识学习更多地或主要地是一种学识积累的过程。

就知识的公共性而言，知识的公共性之所以有必要，不仅因为网络、交流、分享和批判赋予了知识分子进行知识公开化的价值追求，而且因为知识的探究存在着外缘与内需的结合。对作为知识分子的教师而言，将知识公共化本身体现了共享、联系、互动与责任的性质，可以与教师的专业性构筑成一个统一体③。那么，知识的公共性何以有可能呢？尽管原因可能不止一种，但是，知识可以以符号化的形式存在是一个非常重要的原因。该原因表明，即便个体化的知识也可以通过外显的机制接受相关共同体成员给予的检验和评判，并因此被其他社会成员接受、认可、传播而成为更有价值的公共性知识。知识的公共性体现了知识社会化的过程，个体为了将内隐性的个体知识向外显性的公共知识进行转化，需要以概括力抽离内隐性的案例及蕴含其中的理性知识，以概括力超越个体对知识“只可意会不可言传”的状态，以概括力生成社会公众可以认知和理解的明言性知识，并以此推动知识在不同个体之间进行相互的传递和共享。

就知识的体验性而言，人们在学习知识时不是单纯地利用理解、记忆进行知识的理性思维，而是同时借助于外部的工具和自身的体验进行具有情境性、情感性、亲历性、活动性和领悟性的知识探究。学习者需要通过自身各种各样的体验去深入领悟和真切感受，需要将所获得的知识有效地纳入自己已有的知识结构中。在现代社会，知识的体验性超越了专业知识的认知及其系统的更新，不过，它们并非仅指向于知识的学习方法和学习过程中的意志或相关的收获。这是因为，为了获得对知识良好或深入的体验，学习者需要深入到知识生产模式或流程中进行相关性的了解，需要对获得的有关信息进行必要的调整、

---

① 石中英．教育哲学[M]．北京：北京师范大学出版社，2007：117．

② 倪梁康．胡塞尔现象学概念通释[M]．北京：生活·读书·新知三联书店，1999：213-214．

③ 唐松林．公共性：乡村教师的一个重要属性[J]．大学教育科学，2008(5)：61-64．

重组、领悟，需要学会对获得的信息或由此生成的想法进行检验，需要分析知识形成的思维或方法，需要拥有辨别、筛选、运用科学思想和有价值知识的能力。从功能进行分析，有效的知识学习体验将有利于学习者走出对二手知识的盲信。

就知识的连接性而言，人们坚信，不仅不同的知识之间是存在着关联性的，而且知识与特定的问题、具体的情境也是有着关联性的。从实践进行分析，在知识生产与传播等活动中，两个不同的实体有着相同或者相近的一些特性，但这些特性并非总是十分显然地表现着，所以要求相关的主体善于分析，基于建立不同特性之间的连接和不同元素之间的组织与再组织，并通过这种连接、组织、再组织的建立更好地实现不同实体内部及彼此要素网络化的勾连。

就知识的实践性而言，人们倾向于将知识的不同属性在知识创造与应用的实践中进行对话，为此，既要求保持知识内在的“形而上地进行问题寻探”与“形而下地进行问题解决”两者之间的张力关系，又要求实践主体对于不同知识属性间各种可能的关系进行必要的关联与对话，基于实践、经验、反思实现不同知识类型之间的切换与转化。

第二节　教师及其所拥有的知识

教师需要哪些知识？教师知识在结构上是怎样的？教师的知识结构对教学有着哪些具体的影响？教师知识有何特殊性？如何保障教师拥有更有价值的知识？自 20 世纪 80 年代以来，在学科教学知识等理论的启发下，围绕与教师及其所拥有知识相关的一系列基本问题，国内外的教师教育研究者开展了各有侧重的相关探究，并产生了关于教师知识基本内涵、核心要素、结构模型、特征表现、教学影响、发展路径等方面的研究成果。尽管这些研究成果不少是具有开创性或引领性意义的，不过，从总体上说这些已有研究主要偏向于教师及其所拥有知识的一般性描述。就国内的相关研究而言，关于本土教师知识的分析还不够深入，尤其是相关研究的实证性或行动性支撑还存在着一些明显的不足，无论是研究内容的系统性，还是研究方法的科学性，或者研究成果的致用性，均有待进一步增强。为了更加清晰地反映教师专业学习中的知识价值，探明教师知识的特殊内涵，有必要进一步加强文献和案例的分析，并据此对教师及其拥有的知识进行更加深入的理解与分析①,进一步探究与反思教师作为特殊专业知识人(intellectual)的身份意蕴,以期为促进教师专业学习中专业知识的有效发展提供一些可能的思路与建议。

一、教师是特殊的知识人

在中国,先生是一种尊称。对此,在我国有广泛影响的《礼记》在其《曲礼》中有这样的描述,即"从于先生,不越路而与人言。遭先生于道,趋而进,正立拱手"。一般情况下,只有父兄等长者以及教师才被亲切地称为先生。教师被尊称为先生,不是出生在前的时间序列层面上的意义,而是在人格、学识和品德等方面对教师特殊的质的要求。就学识而言,教师被称为先生指向了"扎实""渊博"的要求。这或许也可以解释"学高为师"这一词语的内涵。成为教师必须有知识、有学识,没有知识、没有学识的人不能成为教师,不能胜任教育教学工作。教师作为专业性的工作人员,要胜任那些既充满情境性、复杂性又需创造性、责任性的教育教学工作,必须要以拥有数量足够、品质有保障的专业性知识为前提。教师只有把教育教学的专业实践活动与个人专业成长建立在特定知识的掌握、发展与完善等更加宽厚、动态的专业基础之上,才能赢得社会公众的广泛信赖和业内同行予以高度认可的专业化的自主性与权威性。从这个意义上讲,教师作为一个主体是用知识武装起来的主体,是用专业知识作为背景的主体,应当是一个专业化的知识人。在自己的专业领域,教师应当"博学知服,虚己从善"。

知识人不仅仅专指教师。比如,医生、科研人员也通常被人们尊称为先生,是普通人眼中了不起的知识分子,因为他们有专门化的知识或技术。由此,显然要思考,教师作为知识人,与医生、科研人员等其他人作为知识分子有什么不同?他们在知识方面有什么特殊性吗?具体到数学这一特定学科的教师,所称的知识上的特定性又是指什么?数学教师究竟是一个或一类怎样的知识人呢?这种特殊性的探明对于教师具有十分重要的意义。这是因为,只有真正寻找到那些专属于特定学科教师专业发展的知识,才能探明特定学科教师作为特定知识人的真正内涵,才能成就特定学科教师的培养与发展,特别是能通过相关学科教师培养的课程体系建设,更有效地培养出具有真正专业知识人的学科教师。某种意义上,这也将有助于教师的培养从纯粹的经验积累、单一的技能训

① 柳笛.美国数学教师学科内容知识的研究述评[J].数学教育学报,2010,19(6):74-78.

练模式跃升为学科专业知识和教育教学知识作为一个体系整体建构的模式，并据此更好地强化教师教育的核心课程建设，更有针对性地培养有特色、有情怀、有底蕴、高素质、专业化知识人的教师。

之所以说教师是专业化的知识人或知识分子，是因为教师有着自己作为知识者的使命和品格。比如，在法国启蒙思想家、教育家、哲学家卢梭(Rousseau)看来，教师作为一名知识分子应当对真理有所探求，要善于发掘真相并能与社会上某些势力进行必要的抗争，要对大众有关爱之心，能体谅大众所饱受的苦难、悲悯，能以大众利益为个人行动之出发点和归宿，教育要倾心于社会进步，不能因时人之不悦望而却步①。对教师作为知识人的行为进行分析可以发现，无论是在个人专业化的整个生命历程中，还是在个人教书育人的职业生涯中，教师基本上都是致力于特定知识的耕耘者，他们孜孜不倦地学习、育人，把知识的授受、传播作为重要的劳动形式。那么，教师作为专业化的知识人又究竟承担了怎样的角色呢？20世纪著名的知识社会学家兹纳涅茨基(Znaniecki)在《知识人的社会角色》这一非常有影响的学术著作中，把教师明确地归列为“知识人”，并阐述了教师作为知识人的角色内涵。具体而言，兹纳涅茨基在该书中把“知识人”所扮演的角色类型根据知识谱系划分为四种：技术顾问、圣者、学者、新知识探索者(创造者)，每种类型又具体分成若干种亚类型，如表2-1所示②。按照这种“知识人”的角色谱系分类，教师是一种学者，其主要角色为知识传播者，是指作为普及推广者、教育者这两种具体的角色。作为普及推广者，教师需要不断激发其作为一名成年人对相关知识学习的兴趣，需要“善学”。作为教育者，教师需要面向特定的教育对象讲解、传播特定的知识。按照这种逻辑，普及推广者更多地属于知识的“消费者”，教育者更多地属于知识的“传递者”。当然，对特定阶段、特定时期的人而言，这种界定有一定的合理性，比如，我国自古就有“师者，所以传道授业解惑也”的传统。但是，从时代变化、知识获取渠道变化、教师教学任务变化等角度分析，教师作为知识人，不能仅仅作为已有知识被动的“消费者”“传递者”。教师作为专业化的知识人，如果仅仅是专业知识的简单积累、被动消费、人际传递、替代更新，不仅难以满足知识本身的发展要求，而且难以满足时代变化及其对高质量育人工作的要求。教师作为专业化的知识人，首先要善于筛选掉由不同知识人创生的错误性思想，不仅要警惕一些劣

① 魏天祥.什么是知识者的使命：卢梭“说真话”的启示[J].理论视野，2008(12)：50-51.

② 兹纳涅茨基.知识人的社会角色[M].郑斌祥，译.南京：译林出版社，2000：103-104.

质的二手性知识，而且需要对各种形式的有毒或不良知识保持警惕，善于运用自己的批判性思维进行深入的分析。某种意义上，教师作为专业化的知识人应当是一个有着理性精神的专业人员，这也是其从事教学的前提。除此之外，教师作为专业化的知识人还需要在专业知识的积累、消费、传递、更新的基础上，通过专业知识及时有效的转化、运用实现专业知识的结构重组和价值升华。如果说专业知识是教师作为专业人的首要资本，是教师提升专业核心素养的源头活水，那么，作为专业化知识人的教师除了消费知识、传递知识，还需要探究知识，需要做新知识的探索者，应当“善于进行自身专业知识的转换，重构自身认知结构，保持专业生命的活力”①，应当具备更加包容的胸怀，善于与学生进行知识的互动，共同成为教育活动实践中相关知识主动的建构者。由此，教师作为专业化的知识人应兼具“学者”和“新知识探索者”的双重角色。

表 2-1　“知识人”的角色谱系表

<table>
<tr><th>角色类型</th><th colspan="2">角色亚类型</th></tr>
<tr><td rowspan="2">技术顾问</td><td colspan="2">技术领导者</td></tr>
<tr><td colspan="2">技术专家</td></tr>
<tr><td rowspan="3">圣者</td><td colspan="2">保守派</td></tr>
<tr><td colspan="2">革新派</td></tr>
<tr><td colspan="2">逍遥派</td></tr>
<tr><td rowspan="8">学者</td><td colspan="2">宗教学者</td></tr>
<tr><td rowspan="5">世俗学者</td><td>真理发现者</td></tr>
<tr><td>组织者</td></tr>
<tr><td>贡献者</td></tr>
<tr><td>真理的战士</td></tr>
<tr><td>折中主义者与知识史学家</td></tr>
<tr><td rowspan="2">知识传播者</td><td>普及推广者</td></tr>
<tr><td>教育者</td></tr>
<tr><td rowspan="2">新知识探索者(创造者)</td><td colspan="2">事实发现者</td></tr>
<tr><td colspan="2">问题发现者</td></tr>
</table>

把教师视为“学者”和“新知识探索者”这样的“知识人”，并不是一味地强调

① 田良臣，王燕芳. 教师专业知识转化新探[J]. 课程·教材·教法，2017，37(6)：94-99.

教师拥有很多客观性的知识。一方面,教师所拥有的知识并非只是那些具有客观性、稳定性、永恒性与普遍性的知识,因为这只是客观主义的知识观。教师拥有的知识有其建构性的属性,即除了客观性、稳定性、永恒性与普遍性的知识,教师所拥有的知识也可以具有主观性、变通性、相对性、实践性与个体特殊性等属性。另一方面,教师所拥有的知识并非只是静态的、结果性的,并非只是停留于当初接受的层面,更不是仅以信息存储的方式成为大脑记忆的负担,这是因为,教师需要通过并且只有通过知识的探索、运用、提炼和体验,才能将自己获得的知识及时转化为专业的素养。由此,教师作为专业化的知识人就需要重视其个人经由知识探索的实践养成相应的教育教学智慧,特别地,教师需要在知识的探索过程中养成诸如反思、批判等良好的习惯,要努力形成精神自治的生活方式,不断提升个人批判反思的专业能力①。

把教师视为"学者"和"新知识探索者"这样的"知识人",并不是一味地强调成为教师必须要进修多少门具体的课程,需要在职前通过哪些考试,需要评估作为一名教师岗位竞聘者在入职前究竟拥有了哪些和多少的知识储备。较之于知识量上的拥有,把教师视为专业的"学者"和"新知识探索者",不仅要看重教师所依赖的知识系统,而且要评价教师获得知识的过程与方法,或者说要评估教师在职前或职后参与相关知识形成过程的具体方式是什么,他们是通过什么样的"社会圈子"进行知识探索或传播等方面合作的。教师的知识通过学习、实践才能获得。学会学习,会使教师拥有自己需要的知识,会使教师更有效地面对教育教学的发展与变化。教师的知识说到底就是一种专业性教育教学工作的知识,包含与完成教育教学工作任务密切相关的一些规则、方法和策略等方面的知识,教师所从事的专业工作与其他专业工作具有一些共同的特性,即在工作中需要的知识应当是一种能提高生产力、更为有效、能满足劳动过程需要的知识。由于教师的工作是以育人为导向的,教师面对的群体主要是一些可塑性和模仿性都比较强、充满活力的学生,教师不仅是学生知识学习的引路人,而且是学生价值的载体,所以教师的工作并不等同于诸如工厂工人、企业管理者等所从事的工作,有着与一般性劳动相比所具有的特殊性,需要强调仁爱与对育人工作的责任,是"良心活",所从事的职业是以主体自我为工具的职业②。

---

① 李雪蓉.知识转型中的教师专业化及其行动策略[J].大学教育科学,2013(5):65-69.

② 蔡辰梅,刘岩.变革社会中教师自我认同的资本困境及其突破[J].教师教育研究,2014,26(4):9-15.

由此，教师为了胜任工作而具备的知识也就具有相对的特殊性。一方面，教师的工作知识需要把立德树人作为根本任务，需要发挥出课程教学对于学生“培根铸魂”“启智增慧”的作用，需要把学生的精神世界作为重要的教学观照，需要体现出知识教学、兴趣激发、思维发展与学生作为一个主体性人内具意义、素养的共生，不仅体现在课程与教学的目标方面，而且要落实在教育教学的具体过程中，需要以胜任课程教学为前提，需要设计与实施确定的教育教学任务，知识的特殊性与教师工作的情境性、复杂性融为一体。另一方面，对不同学科的教师而言，相关的专业知识也体现了学科的特殊性。比如，在一个以核心素养为育人导向的时代，各个学科都把学生的思维培养作为学生核心培养的重要因素，这是因为，对任何一个学科而言，思维都是具有持久性的，只有发展起学生相应的学科思维，才能促进学生经由知识学习实现能力的有效迁移。由于迁移性越高的素养越更有可能成为真正的核心素养，所以，不同学科的教师都要学会思考自己所教的学科对于提升学生个体与社会整体的素养可以发挥哪些作用，其中，有哪些是重要的、特别的、不可取代的，如何才能真正各有侧重地进行学生学科思维的培养。由此，也表明不同学科教师在思维上的差异性，某种意义上，语文学科的教师更需要提升有效发展学生语言和表达思维的知识，化学学科的教师更需要提升促进学生证据推理与模型认知的知识，数学学科的教师更需要提升引导学生善于抽象、学会推理和模型化运用的知识。

在智能化、信息化、智慧教育、高质量和多元价值的时代背景下，教学任务的变化对教师作为知识人的知识结构有着不同于以往的要求，教师首先需要宽厚的学科知识、通识知识。宽指向知识的广度，强调学科知识或通识知识在横向上的联系。厚指向知识的深度，强调学科知识或通识知识在纵向上的联系。除了宽厚的学科知识、通识知识，教师还需要丰富的经验知识、实践能力，这是因为，教师需要对那些既灵活又复杂的教育教学工作情境进行既必要又及时、有效的分析，能基于分析做出专业化、在场性的实践性判断。由此，教师所需要的专业知识其实是学科专业知识、创新实践能力和必备核心素养的“三位一体”。从教师专业标准的角度分析，我国的教育主管部门并没有针对不同的学科教师进行专业标准的单列，而是把幼儿园和中小学的各级各类教师作为一个整体的对象，制定并试行了一个相对统一的专业标准，如图 2-1 所示。该标准共有 3 个维度 14 个要素，表面上只有 1 个维度是专业知识，并从 4 个要素对教师的专业知识提出了要求，即成为一名教师需要具有必备的教育知识、学科知识、学科教学知识和通识性知识。但是仅仅这样表面地看待教师的专业知识要求其实是非常不全面的。由于专业能力本质上包容了“教学设计”“教学实施”“班级管理与教育活动”“教育教学评价”“沟通与合作”“反思与发展”等各个二级子维度的程序性、策略性的专业知识，专业理念与师德本质上包容了“职业理解与认识”“对学生的态度与行为”“教育教学的态度与行为”“个人修养与行为”等各个二级子维度的反思性、行动性的专业知识，所以，尽管教师专业标准不尽是所谓的知识标准，而是同时包含了教师的理念、德性和能力等方面的内容，但它们本质上又都可以归结为知识，并且与学科专业知识、创新实践能力和必备核心素养的“三位一体”也是同构的。由此，也可以看出这种专业标准的价值，即这种标准是国家层面对幼儿园、中小学教师在学科专业知识、创新实践能力和必备核心素养的“三位一体”方面提出的基本要求，是关于教师实施教育教学行为的基本规范和引领教师进行专业发展的基本准则①。试行该专业标准，有利于从教师合格性角度保证教师的准入，并对教师职前职后的培训、考核具有参照依据的作用。

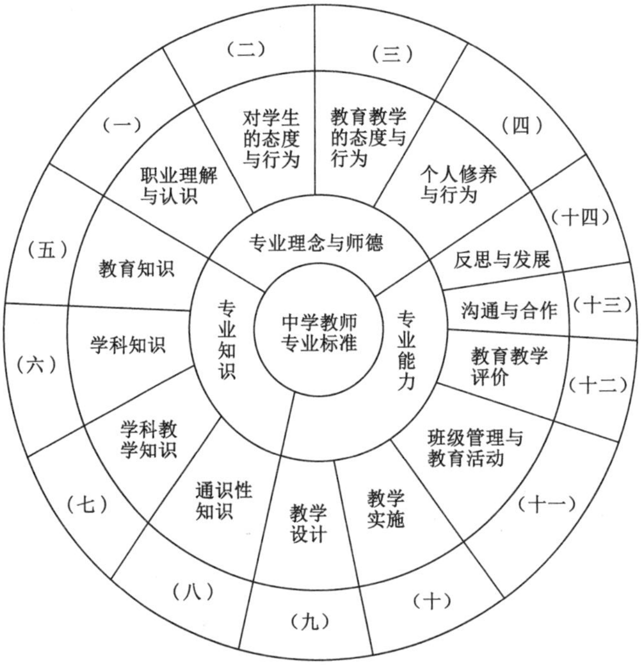

图 2-1　中国教师专业标准结构

① 段志贵，秦虹，宁连华．从外延到内涵：数学教师专业发展研究走向：近年来数学教师专业发展研究述评[J]．数学教育学报，2017，26(6)：72-79．

二、教师作为知识人所拥有的知识

教师作为知识人所拥有的知识并非都是显性可编码的知识。有些知识由于能被清晰地进行表述和有效地进行转移而被称为可编码的显性知识(explicit knowledge),它们可以通过书面文字、口头语言、图形图表或数学公式等加以表述。对大多数教师而言,需要拥有三方面的知识。一是本体性知识,本质上是教师所拥有的特定的学科知识,它们能保证教师在特定的学科教学中教学的正确性。二是条件性知识,本质上是指与教育学、心理学或课程教材教法等相关的教育教学心理方面的知识,这种知识能保证教师用合适的方法或方式展开教学。三是文化性知识,本质上是指有利于教师胜任教育教学工作的通识性或专业性科学文化知识,这种知识体现教师的文化修养及其内蕴于教学活动中的教师气质和独特魅力。教师所拥有的本体性、条件性和文化性知识都是基于概念思维的知识,这些知识大多数有着较强的显性和可编码特征。有些知识虽然客观地存在但只可意会不可言传,有着与显性和可编码知识的不同特性,并因此被称为具有默会性的隐性知识(tacit knowledge),它们存在于特定的个人头脑中,主要载体是个人,不能通过课堂教学、大众传媒等正规、显性的渠道进行清晰地表达、传递,学习者可通过身体感官、实践反思或直觉领悟等方式获得。对大多数教师而言,实践性知识是教师通过对个人教育教学工作经验累积和已有教育教学实践经验反思形成的,是基于反省思维的知识,有着较强的内隐性特征。从性质上说,教师默会性的隐性知识不仅具有非逻辑性、非系统性、非公共性和非批判性等一些特征,而且具有情境性、即时性、文化性、直觉性和层次性等一些特征①。

传统的教师专业学习理论中,通常假设教师是专业知识"不充足""不完备"的"知识人",强调通过"补课""进修""作业"等方式,把那些业已通过专家精心组织、较好编码的显性知识"发送""传递""解析"给教师。有不少的教师教育者认为,教师作为知识人除了要拥有理论性知识外,还要拥有实践性知识。他们认为,实践性知识尽管与舒尔曼教授所倡导的 PCK 知识有许多相似之处,并且也是建立在特定的学科内容、教学内容两类知识相互融合基础之上的一种默会性知识,但是却有着教师知识独特的个体性、专业性和实践性,可以通过诸如"典型案例"等形式进行明确的编码,并因此使这种知识也能成为如同理论性文

① 吴晓义.国外缄默知识研究述评[J].外国教育研究,2005(9):16-20.

献一样可“教授”。

隐性知识被教师接受本身要经历社会化、外化和内化三个关键的过程。作为社会化的具体过程，隐性知识需要从一个个体到另一个个体进行传播，这种传播过程包含了观察、思考、经验、模仿、实践等非语言的过程。作为外化与内化的具体实践，主体通常需要通过诸如类比、隐喻、动作、具身思维或其他深度互动方式将所拥有的隐性知识转化为另一个主体容易理解和接受的知识，在这一具有活动意义的实践过程中，相关主体对特定的知识究竟理解、接受了多少，本质上需要主体自身进行必要的内化性实践。由此可见，教师成为知识人，并非是根据专家所编码的知识把不同的教师专业发展行动变成标准化形态的知识生成或知识拓展过程。教师获得知识的过程不仅离不开与实践的互动，而且主要是通过与实践的互动对自身所拥有的知识进行结构化的处理，是基于专业实践对知识进行解构与建构并存的过程。

教师是知识人，但不是那种被加工、标准化、无差别的知识人。为了探明教师成为知识人的机制，需要对教师所拥有的不同类型知识进行深度研究，需要对教师如何进行特定知识的理解与内化、教学活动的设计与反思、业务知识的追踪与学习、实践工作的评估与改进等实践活动进行深入探索与理论建构。比如，为了实现知识的相互分享或专业学习过程中的自我激励，教师教育的主体可以深入思考教师究竟是如何参与诸如教学的设计、实施、评价的，是如何开展教研活动的组织、协调等工作的？教师在这些活动或工作中具体的行动或被学界称为“合法性边缘参与”的具体内涵是什么？就教师学习知识的目的而言，传统上主要认为教师通过对相关知识的学习与消化，把一些或艰涩或枯燥无比的知识，变成不同层次或不同类别的学生都能够听得懂的“人话”，让专业的知识变得具有可教授性。教师需要将学术形态的知识进行教学形态的转换，将不同学科学术性的理论知识，变成让学生不仅能够听得懂，而且能够在听的基础上实现深入的理解或有效的运用，即能将知识内化为相应的学科思维，能将所学知识拓展为一种应用性的场景。然而，教师不仅仅是一个“教知识”“教对知识”的专业人员，还是探求知识价值和变革知识教学过程的专业人员，是会教知识、会引导学生理解知识价值和建构过程的专业人员。事实上，教师参与特定学科教学活动的理念是什么？与理念匹配的学科教育教学知识、学科教学活动实践与学科教育教研态度是什么？他们究竟置身于一种怎样的知识社区环境中？是封闭的还是开放的？不同的知识社区环境对于教师的“合法性边缘参与”有着怎样的影响？不同的教师是如何对自己所拥有、所需要的知识进行整合的？

如何使那些必备的规范性知识与创新的实践性知识相融共生的？在现代信息技术背景下，教师是如何将特定的学科教学法知识与现代信息技术进行整合的？教师是如何将自己的知识整合提升为专业发展中“高阶素养”的？所有这些都与教师作为专业知识人的性质有关，需要在教师教育实践或教师成长过程中进一步反思。

尽管实践性知识对于教师很重要，但是教师的专业知识并不都是实践性知识，把教师专业知识与实践性知识等同起来，本质上是窄化了教师的专业知识。由此，有研究者提出的“教师专业知识是依据特定的学生状况和教育情境，由教育教学观、学科教学知识、课堂管理知识等整合而成的一系列实践性知识”①，就成了一个值得进一步商榷的观点。教师专业发展背后需要有特定的专业知识作为支撑，这种专业知识既可以是理论性知识，也可以是实践性知识。对此，国内外许多学者进行了相关的研究。艾尔巴茨(Elbaz)曾于1983年较为正式地提出了教师专业知识中“实践性知识”的概念②。北京大学陈向明教授对实践性知识进行了系统性的研究，认为实践性知识是“教师真正信奉的，并在其教育教学实践中实际使用和(或)表现出来的对教育教学的认识”③。波兰尼(Polanyi)基于科学直觉的研究，形成了对于知识生成以及运转中那种不可言传、不可明示、具有隐性缄默整合功能的系统看法，创立了意会认知论，对实践性知识所具有的默会性特征进行了确认。尽管大量的研究，涉及实践性知识内涵的理解及特征的确认，但已有的研究结果并不能或不等于说教师的专业知识就是单纯的默会性知识、实践性知识。这是因为，默会性与实践性在本质上是知识的属性，而不是知识的类型。

无论是默会性与外显性，还是实践性与理论性，都是知识不可分离的两个维度，由此实践性知识与理论性知识彼此之间的关系可被比喻为一个钱币的正反面，即它们并不能单独地出现。对此，波兰尼也曾有着明确论说，即“当我说知识时，永远都是包含着实践和理论的知识”。如果从研究的角度，基于知识的实践性并从逻辑上进行教师专业知识的分类，那么，与实践性知识相并列的应当是理论性知识。尽管理论性知识有着抽象、系统、简洁和稳定等方面的特点，并且由于这些特点使其不如实践性知识显得既形象又生动，但是，这并不表明

① 刘宇.教师专业知识及其发展：图式观与组织文化条件[J].教育理论与实践，2007(17)：35-38.
② 陈洪捷.关于教师实践性知识研究的三点疑问[J].北京大学教育评论，2018，16(4)：11-18，183.
③ 陈向明.实践性知识：教师专业发展的知识基础[J].北京大学教育评论，2003(1)：104-112.

理论性知识就真的如一些人所说的“既呆板又难懂”“既无力又无用”,更不是如有些人所言“理论知识是不存在的”。这是因为,理论性知识在形式上超越了具体的教育教学事实和经验,是可以被不断修正的理性认识,它不仅存在,而且以其独特的存在启迪、唤醒作为专业知识人的教师进行更有智慧的专业实践,通过对教育教学实践的理性评判和分析不断改进教育教学实践。

理论离不开实践,理论性知识对实践的指导有诸如“成效滞后”“体系不明晰”“科学性不足”等方面的问题,教学实践也更是呈现了具体化、情境化、动态化和复杂性等特点,但是,所有这些并不能成为作为专业知识人的教师“轻视”“低估”“无视”理论性知识的理由。教师对教学实践的本质把握离不开理论性的构建,离不开对所获得实践性知识的理性反思。从实践性知识跃升到理论性知识,本身是教师对于专业认知产生了结构性的变化。从教师专业发展的实际来分析,教师早在个人曾经的教育见习、教育实习之前已先行学习了诸多相关学科的理论性知识,这种理论性知识不仅有课堂教学层面的,而且有教育层面、课程层面、伦理层面、管理层面、学科层面和技术层面的。

人们虽然不应对理论性知识寄予太多不适当的期望,但是简单地否定、轻视教师专业知识中“理论性知识”的重要性也是不恰当的。知识是一个整体,实践性知识和理论性知识并没有截然的分界线。不仅如此,实践性知识、理论性知识在知识的创生、发展和运用中还是相互渗透与相互影响的。实践性知识的提炼与总结需要理论性知识进行指引与支撑。对一个教师而言,只有具备了足够的具有确定性的理论性知识,才能有更好的教育教学专业准备性,才能更有效地应对教育教学实践中一些不确定性的现实情境。对教师而言,实践性知识既不是自己所从事的职业区别于其他非教师职业最主要的独享知识体,也不是标识自己所从事职业内在独特性、专业性的唯一依据①。

对于持片面性实践性知识的理论研究者或实践者来说,他们否定、轻视教师专业知识中“理论性知识”重要性的一个可能的重要理由是,从起源上,知识并非是主观对于客观镜像化的摹写,知识都是建构性的,是“继承与创造、解构与再构的统一”②。这是因为,理论来源于实践,教师专业知识的源头在实践,教师是在实践中建构自己的专业知识的,并且在实践中建构的实践性知识也是更直接作用于教师改进教学实践的知识。这种观点固然有其合理的成分。但是,

① 夏正江.不宜过分夸大实践性知识在教师专业发展中的作用[J].中国教育学刊,2020(2):72-77.

② 高芹.知识观的演变与教师专业知识的意义建构[J].当代教育科学,2010(17):30-32.

建构知识本身需要漫长的过程，如果强调所有的教师、所有的专业知识都通过实践进行建构，那么这种建构不仅是低效率、低效益的，而且经由这种建构产生的专业知识因其可能性的谬误而在教学实践指导中有可能会产生许多意想不到的负面效果或者严重性的危害。实践性知识很重要，教师对于专业知识的学习和专业素养的提升都高度依赖于自己所拥有的实践性知识，但实践性知识背后也有可能存在着"虽动听、美丽，却具有破坏性、误导性"的潜在风险。由此，避免不恰当地强调教师专业知识中"实践性知识"的重要性就具有非常重要的理论价值与现实意义。事实上，教师专业知识既是教师对教育教学工作认知的结果，也是教师对教育教学实践改进的过程，教师通过学科活动、课程活动、教学活动、实践活动等不同维度循环递进的活动过程进行专业知识的建构与转化①，既需要教师主体基于教育教学嵌入丰富且复杂的实践对运动、变化和发展中的教育教学客体进行动态认识，又需要教师在能动的理性中把握自己的专业知识②。

某种意义上，教师自己的专业知识观是教师本人对有关专业知识根本的看法与态度，它不仅对教师专业知识的形成有影响，而且对教师教育教学的实践有影响，这是因为，教师"怎样理解知识，就会有什么样的教育"。相应地，教师自身专业知识观的转变，也会推动自身教育教学实践的深度改革。当前，应倡导从理论与实践并重的角度认识、理解和运用教师的专业知识，辩证地看待实践性知识与理论性知识各自不同的作用与功能，既要防止仅仅停留于操作层面认知教师专业知识的建构、检验、实践和发展，又要防止仅仅围绕教学实践表象转了一圈又回到教育教学的原点。

第三节 数学教师专业学习的知识分析

数学教师的专业知识不仅是数学教师专业发展非常重要的组成部分，而且是数学教育教学深化改革、提高数学教育教学质量非常重要的保障因素。研究数学教师的专业学习，不仅要研究数学教师诸如数学教育教学信念、专业发展态度、专业学习动机、专业学习需要等因素，而且要分析数学教师专业学习中的知识因素，要通过数学教师知识因素的深层分析，揭示数学教师专业学习从外

---

① 田良臣，王燕芳. 教师专业知识转化新探[J]. 课程・教材・教法，2017，37(6)：94-99.

② 潘洪建. 知识本质：内在、开放、动态：新知识观的思考[J]. 教育理论与实践，2003(2)：1-6.

延走向内涵的关键路径。近年来,关于数学教师专业学习中知识因素的分析已成为国内外一个热点性的研究课题。比如,英国牛津大学的英格拉姆(Ingram)就通过话语心理学(discursive psychology)的分析方法对数学教师的专业知识进行了一系列的研究①,发现了数学课堂中师生互动性专业知识是如何被提出及其如何深度影响着数学课堂的教学。国内也有研究者指出数学教师在专业知识方面的不足很容易造成数学课堂生成性处理不当②。从总体上说,国内外对数学教师专业学习的研究已从对数学教师及其所蕴含特征的关注逐步转向对数学教师专业学习中知识的关注③,这种转向对于精准有效地培养数学教师、对于引导数学教师进行更有针对性的学习与教研都具有十分重要的现实意义。不过,就具体的研究内容与研究方法而言,仍面临着一系列的挑战,比如,从实证的角度分析,不同类别的数学教师已拥有了哪些专业知识?针对特定的教学工作岗位还需要哪些专业知识?如何通过更有效的专业学习机制促进不同类别数学教师在专业知识方面的生成与发展?这些基本的问题,并非可以借助大数据等手段进行精准测试和回答的问题。为此,在合理利用大数据等手段进行定量实证研究的同时,也有必要对数学教师专业学习中的知识进行系统梳理与自觉反思,以期能从质性的角度助推数学教师专业学习中知识分析的深入。

一、数学教师需要特殊的专业知识

教师是特殊的知识人。我国已故数学家吴文俊院士曾于2000年获得国家最高科学技术奖,当记者对他进行采访时,他曾说了一段与教师有关的话,他说:“小时候,我对数学并没有多大兴趣,甚至想辍学不念。是一个姓武的老师的精彩授课使我改变了对数学的看法,对数学的兴趣发生了几何级数的跳跃,最终把数学研究确立为终生职业。”④从中我们显然可以解读为教师要有激发学生学习兴趣的能力,如果教师把原本没有兴趣学习某学科或某门课程的学生教成有兴趣学习了,就说明该教师有某种学科或某门课程教学的能力,否则就是无能的表现。从另一方面解读,教师对于学生乃至对整个社会来说都是特殊的

① INGRAM J. Mathematics teacher knowledge-in-interaction: adiscursive psychology approach [C]//CSÍKOSC, RAUSCHA, SZITÁNYIJ. Proceedings of the 40th conference of the international group for the psychology of mathematics education. Szeged, Hungary: PME, 2016: 11-18.

② 傅海伦,徐丹,葛倩.对数学教学设计实践的再认识[J].教育科学研究,2014(4):70-75.

③ 徐章韬.数学课堂教学两种知识基础比较研究[J].中国教育学刊,2013(4):69-73.

④ 肖财姑.从几个案例看优秀数学教师应有的教育理念[J].中学数学,2013(20):50-52.

知识人。教师不仅承担着引导学生以特定的学科思维认识世界、再创造知识和进行知识的实践运用的重任，而且承担着探究、创造和运用知识，推动所在学科进步的重任。特殊性是教师这一专业角色区别于其他知识人的一个重要标志。

数学教师是“掌握系统专业知识和专业技能的专业人员”①，自然也是特殊的知识人。较之于各级各类教师都必须落实“立德树人”这一根本性的教育任务，数学教师本质上是“用数学知识育人”“用数学文化树人”“用数学思维化人”“用数学活动引人”“用数学研究渡人”，其作为教师身份的特殊知识人还应有其特定的数学学科所赋予的教师作为知识人的特殊性。比如，就“用数学思维化人”而言，数学教师不仅引导学生经由数学知识学习学会数学地思维，而且要指导、帮助学生经由数学地思维学会思维，不断改善自己的思维品质。对此，数学启发法大师、著名数学家波利亚对数学教师曾有着如下的期待：“一个教师，他若要同样地去教他所有的学生——未来用数学和不用数学的人，那么他在教解题时应当教三分之一的数学和三分之二的常识。对学生灌注有益的思维习惯和常识也许不是一件太容易的事，一个数学教师假如他在这方面取得了成绩，那么他就真正为他的学生们(无论他们以后是做什么工作的)做了好事。能为那些 70%的在以后生活中不用科技数学的学生做好事当然是一件最有意义的事情。”②事实上，思维对每个人来说都是非常重要的，数学思维作为一种特定的思维显然也很重要，但是，这种重要性对不同的人而言，在具体的程度上是有所不同的。有一些搞音乐、美术或舞蹈的，可能逻辑性思维很差，但并不影响他们在艺术领域的杰出成就。所以，对大众而言，数学思维并非是一种唯一合理的思维形式，并非适用于所有的工作岗位或具体场合，学会思维比学会数学思维更具有包容性、普适性、迁移性、创造性，数学教师要从更深远更广泛的意义上认识数学教学活动对于学生发展的影响力，更深入地理解学生数学思维的培养以及学生数学思维品质的训练，这也是从特殊性的学科思维走向一般性、普适性方法思维的需要。

更一般地说，数学教师知识的特殊性是教育者较为关注的一个重要问题。其实，自 1986 年开始，在数学教育的国际论坛中，就已经有数学教师的专业知识引发了数学教育及其研究的相关讨论。比如，人们迫切地想知道数学教师究

---

① 中华人民共和国教育部.中学教师专业标准[J].基础教育改革动态，2012(3)：15-17.

② 波利亚.数学的发现[M].呼和浩特：内蒙古人民出版社，1981：182.

竟需要什么样的知识？数学教师具备了什么样的知识？数学教师是如何提升自己的知识的？[①] 可以认为，特殊的学科专业知识、教育教学知识和不同类别知识所内蕴的特殊性应当是数学教师作为一个专业性的特殊知识人非常重要的专业内涵。揭示数学教师作为特殊性的知识人在专业知识等维度的特殊性，有利于在数学教师培养工作中更有更针对性地赋能于那些有志于从事数学教育工作的学习者，使他们能更好地生成、建构和应用与数学教育密切相关的特定知识，自觉完成个人专业成长的多重使命。这也表明，对数学教师作为知识人特殊性的深入分析有着多方面的实践意义。比如，这种分析将有助于从事数学教育教学工作的学习者更好地生成、建构特定的专业知识，可以更好地提高所学知识在教育教学实践中的应用效能，可以通过在数学教育教学实践中对特定专业知识应用效果的评价与反思进一步检验相关主体对数学教师培养、培训工作内容与方法的科学性，可以进一步提高特定专业知识在教学计划实施中定位的准确性、适用性，可以更好落实数学课程与教学的评价，可以保障教师在数学教学活动中对适当时机、合适策略的选择与运用，可以在更广泛的意义上精准地推动数学教师建设，使数学教师的培养“始终坚持在专业知识生成与应用的学科前沿”[②]。

在新的时代背景下，经济社会的发展和数学教育本身的变革都对数学教师作为特殊知识人提出了更新、更高的要求。比如，就数学教师的专业技能而言，应涉及教师语言技能、板书技能、导入技能、讲解技能、提问技能、解题技能、命题技能、变式技能、总结技能、管理技能、说课技能、说题技能、评价技能，等等，但这些技能主要是传统教学模式下的技能，如果数学课堂教学的模式发生了变化，数学教师的专业技能也要与时俱进。在线下教学或者线上线下混合教学模式更加普及的现实背景下，数学教师有必要进一步深入思考在诸如此类的新模式下如何进行课堂的导入、旧知的复习、新知的讲解，如何使练习更好地体现变式教学、提问更好地体现有效教学、思维更好地体现主动能动、课堂总结更好地帮助学生知识建构，如何将自己对专业技能的思考变成专业学习的具体行动，如何经由专业技能的训练更广泛地拓展自己的专业知识。由于包括数学教师专业技能在内的专业知识是数学教师关于数学教学行为专业化的个体性知识，

① FANL L H. Investigating the pedagogy of mathematics: How do teachers develop their knowledge[M]. London: Imperial College Press, 2014: 1-366.

② 周彬. 教师教育专业知识：生成、积累与课程转化[J]. 教育研究, 2021, 42(7): 37-47.

有着许多默会性成分，所以数学教师的包括专业技能等在内的专业知识形成就离不开数学教师个体在特定数学教学情境中的实践、反思、训练与巩固。这也同时表明，数学教师的包括专业技能在内的专业知识是有着特殊知识属性的专业知识。

为了论证、明确新时代的数学教师作为教育专业人员在知识构成上的特殊性，应深入到数学教师个体和特定教育教学知识的具体要素中进行分析。以数学教师个体的分析为例，尽管对外部宣称，数学教师是专业化的知识人，是以特定学科为底蕴和使命的教师，但是，不同的数学教师不仅在所拥有的知识及其构成上不一样，而且由于每个人学习方式、方法及所经历的专业活动过程不一样，对不同的知识有不同的理解，即使对相同的知识也可能有着不尽相同的理解。以小学或初中教材中"圆"概念的教学理解为例，有一些教师看见"圆"后会觉得很简单，"这就是一个数学定义"，能用抽象的符号和直观的图形表示，揭示与此相关的一些数学关系、性质定理即可。有一些教师则会联想到，这个概念的源头是什么？并思考到这是生活中圆形的物体或具体化的某一个圆周。有一些教师看见"圆"后，会立即想到"这是一个既抽象又直观的图形，它是以某个点为对称中心的中心对称图形""这是一个围绕某点旋转任意一个角度后都能与原来图形重合的图形"。有一些教师从教学的角度会想到"我所面对的是一个非常抽象的概念，所见圆并是数学意义上抽象的圆，数学中的圆是从无穷多'具体圆'中抽象出它们共同本质属性后建构出的'一中同长'的数学概念""这是在一个平面内，一个动点以一个定点为中心，以一定长度为距离旋转一周所形成的封闭曲线""平面内，到定点的距离等于定长的点的集合叫作圆"。如果有足够的耐性，还可以调研到其他一些数学教师对"圆"这一概念有不同的表征与理解。举这个例子只是想进行如下说明，即对一个非常简单的数学概念，不同的数学教师可能有着不同的本体性理解，如果考虑到不同的教学对象、教学内容、教学环境，不同的数学教师对相关数学教育教学知识肯定会有不同的条件性理解。这事实上也表明，重视数学教师对于相关知识理解、掌握与运用不仅有着非常重要的教学意义，而且对数学教师自身的专业发展也有着特殊的专业知识内涵。由此，作为一个基本的标准，数学教师显然要具备相应的科学文化知识、现代信息技术知识，要"掌握系统的教育知识、学科知识、学科教学知识、通识性知识"①，因为，这些几乎是所有教师都必须掌握的知识元素。但是，

① 中华人民共和国教育部. 中学教师专业标准[J]. 基础教育改革动态，2012(3)：15-17.

仅此显然是不够的。以语文教师、英语教师和数学教师要掌握的语言知识为例，这三个学科的教师尽管都重视学生语言能力的培养与训练，但在学生语言能力培养与训练具体的任务指向上并不相同。语文教师更重视学生语言的阅读和写作，英语教师更重视学生英语的习得和运用，数学教师更重视学生数学语言背后的思维。数学教师重视学生的思维往往需要通过不同形式的语言转换实现不同类型之间的互动与互补，特别地，需要通过转换实现分析性思维与整合性思维之间的双向互动与灵活应用。某种意义上，这也是数学学科思维的一种独特性优势。由此，数学教师所需的语言及其教学知识是与语文、英语两个学科的教师有着明显不同的。从思维培养及教师自身教学思维发展的角度来分析，“理解学生如何进行数学思维”“帮助学生了解、学习数学思维从而改进思维”“引导学生经由数学地思维学习如何思维、学会思维”“有意识地提升学生的思维品质”更应被看成数学教师非常独特的专业知识①。

作为数学教师，他既要重视日常语言对学生数学语言学习可能存在的积极影响和消极影响，也要重视图形转换、符号化和抽象建模等数学语言形式对学生逻辑思维发展的特殊作用。数学教师除了要尊重数学知识内存的逻辑性，还要通过教学内容和教学对象的深入分析，准确把握特定教学对象对特定数学知识理解、接受和内化的逻辑性。数学本身是讲道理的科学，这种道理蕴含在数学知识的逻辑中，讲清数学的道理既要联系数学知识内部的逻辑，又要匹配数学学习者认知的逻辑。这也就是说，数学教育教学中的逻辑性既有数学本身的逻辑性，也有学生认知发展的逻辑性，数学教师除了要拥有数学知识，还要拥有教学的数学知识(mathematical knowledge for teaching)以及数学教育教学的知识。

除了数学语言、数学思维及作为载体的数学知识因素，数学教师的教学还需要超越这些显性的知识。比如，数学教师不仅要帮助学生学习、理解和应用数学概念、数学命题、数学公式等数学知识，而且要引领学生在显性知识的学习过程中感受所学数学知识与现实生活有着怎样的密切联系，要带领学生在数学活动中领悟数学知识背后的数学思想、数学方法、数学精神以及在此基础之上对理性思维、理性精神的追求。为了胜任数学教育教学的工作，数学教师一方面需要不断丰富自己的数学课程与教学理论知识，坚持“学思践悟”“真学真用”。另一方面需要拥有教学的数学知识以及利用这些知识开展数学文化育

① 郑毓信.数学思维教学的“两阶段理论”[J].数学教育学报，2022，31(1)：1-6，78.

人、数学教研活动等工作的实践经验,在积累和反思实践经验中提升自己专业知识的品质。由此,无论在所拥有知识的类型、成分或者相关的比例关系上,数学教师都与其他学科的教师有着十分明显的差异。一般地,数学教师作为一个特殊的知识人至少需要拥有数学学科必备的基础性知识、能胜任数学思维教学的支撑性知识、能持续进行教法改进的有效教学知识①。

就数学课堂的有效教学知识而言,数学教师首先要能较好地理解自己所教的数学知识,要善于建立不同数学领域、数学单元、数学模块等各相关数学知识之间的联系。有研究者曾经分析了美国部分数学教师在知识上的构成,发现美国许多教师在课堂教学上教学有效性不高的一个重要原因是教师“在理解数学的基础概念和联系能力方面,显得很虚弱和缺乏”②。我国也有着类似的问题。比如,针对小学数学教师在本体性知识方面的研究表明,不少地方的小学数学教师在“统计与概率”“图形与变换”“几何证明”“数论运用”等专业知识方面有所欠缺,部分数学教师在思维“童化”的过程中产生了数学思维的退化,需要通过一系列的措施对数学教师普遍缺失的本体性数学知识进行弥补③。当然,我国也有许多数学教师在教育教学中产生了非常好的效果,其中与专业知识相关的经验至少如下五点:其一,这些数学教师的专业基础比较扎实,通过解题实践与反思、考试评价与研究,深化了对个人所学数学知识的深入理解和灵活运用。其二,这些具有较好专业知识的数学教师坚信数学思维是数学活动的核心,“通过数学的思维,可以揭示客观事物的本质属性,建立数学对象之间、数学与现实世界之间的逻辑联系”④,数学思维品质的改善是数学核心素养的关键,为此,他们愿意在数学教学中花时间整合知识教学与思维教学,重视学生的思考和修炼,愿意调动一切有效的方法与手段促进学生数学思维的发展。其三,这些数学教师尊重数学知识的渐进次序,重视学生数学学习的准备性,坚持由易到难,关注最近发展区,活用变式教学,设计不同层阶的数学学习任务,教学活动“符合学生的认知规律,有助于学生理解、掌握数学的基础知识和基本技能,形成数学基本思想,积累数学基本活动经验,发展核心素养”⑤。其四,这些数学教师通

① 刘燚.论现代数学教师的知识结构[J].数学教育学报,2012,21(3):95-97,102.

② 周仕荣.美国数学教师学科知识研究的概述和启示[J].教育学报,2006(5):79-83.

③ 曹培英.新课程背景下小学数学教师本体性知识的缺失及其对策研究[J].课程·教材·教法,2006(6):40-45.

④ 教育部.义务教育数学课程标准(2022年版)[S].北京:北京师范大学出版社,2022:6.

⑤ 教育部.义务教育数学课程标准(2022年版)[S].北京:北京师范大学出版社,2022:3.

常既谦虚又好学，他们努力成为学生学习的激发者，根据学生的数学学习需要，动态提供具有针对性的引导、点拨、资源、示范和帮助。其五，这些数学教师对于自己专业知识的建构表现了与众不同的主动性、自觉性、能动性，不少被评为特级或教授级的数学教师，尽管有些人初始学历并不高，但他们善于利用各种各样的外部条件（线上线下、校内校外）进行学习，不放过专家讲座、学历提升、公开课、集体备课等各种在岗研修的机会，通过学习寻找并弥补个人专业知识结构中的不足，在打牢数学知识基础的同时，学以致用，自觉提高所学数学知识与数学课程教学的整合度。

拥有足够的数学知识并能深刻地理解它们，只是有效数学教学的必要而非充分的条件。为了保证数学课堂教学的效果，数学教师应当能就某一特定数学内容进行有效的表述、清晰的呈现、恰当的说明以及必要的例证、解释与分析，并因此使学生理解、接受和内化特定的知识，这实际上就要求数学教师不仅要掌握数学的本体性知识，而且要掌握数学教育教学的条件性知识，特别是要具备特定的数学教学内容知识（MPCK）。MPCK 不是“数学学科知识”“心理学知识”“教育学知识”等不同类别知识的简单叠加或者合并重组，而是经学习者理解消化、充分吸收后的深度融合，具有融为一体、互为相嵌的复合结构模式。实践表明，MPCK 不仅是区别数学教师和数学家的重要知识，而且是区别于数学教师和其他学科教师的特殊知识。拥有数学知识、教育学知识、心理学知识不等于拥有数学教学内容知识。拥有广博性的数学知识或理论性的教育知识，但对数学及其教育教学缺少个性化的深度理解力，不能将学术性形态的知识转化为教学形态的知识，这种情况下，数学知识、教育知识其实并没有能成功地转化为数学教学内容知识①。

二、从 MPCK 到 MLCK 看数学教师的特殊性

数学教师作为特定学科的知识人，其知识内在特殊性的具体内涵是一个既备受关注又历久弥新的学术话题。这因为，数学教师作为知识人在知识上的特殊性，不仅是评估数学教师职前职后培养成效和提高教师教学胜任性、数学学科专业化程度重要的指标，而且是数学教师安身立命和学生经由数学教育获得良好发展的根基所在，是数学教师确证教学效果、教学对象感知教师水平的一

---

① 童莉.数学教师专业发展的新视角：数学教学内容知识（MPCK）[J].数学教育学报，2010，19(2)：23-27.

种可能化的专业指标。比如，为了区别于数学专业人员，数学教师需要一定的教学法知识(PK)，为了区别于其他学科的教师，数学教师需要一定的数学学科知识(MK)、数学技术知识(MTK)、数学学习知识(CK)。某种意义上，数学教师在知识上的专业性和在行动上的效用性等更关键的特征或许是数学教师"拥有能够解决专业实践问题的抽象知识体系"①。从数学教学必须运用的数学知识这一特殊角度，鲍尔(Ball)建构了数学教师教学用数学知识(mathematical knowledge for teaching，MKT)模型，认为教学用数学知识是数学教师关键性的专业知识，可分为学科内容知识(SMK)和教学内容知识(PCK)，如图2-2所示。学科内容知识主要包括：通识性内容知识(CCK，指师生都需掌握的数学知识)，延伸性内容知识(HCK，指不同数学专题间联结及对具体数学专题在课程或学科中地位的认识)，特殊性内容知识(SCK，指教师为了教学必备的一种独特性数学知识)。教学内容知识主要包括内容与学生的知识(KCS，指教师能估计学生可能性想法、预估学生学习困难的知识)，内容与教学的知识(KCT，指融合了关于数学与教学两方面的知识)以及内容与课程的知识(KCC，指与课程内容相关联的知识)。

图2-2 教学用数学知识的分类

随着对数学教师专业知识进一步的深入研究，海德·希尔(Heather Hill)等人发现数学教学内容知识(MPCK)是包含了数学学科内容及学生的知识、课

① ABBOTT A. The system of professions: an essayon the division of expert labor[M]. Chicago: University of Chicago Press, 1988: 9.

程的知识、数学学科内容及教学的知识①。作为数学教师专业学习知识层面的一个重要突破口，有必要从对MK的关注转向对MPCK的关注。这是因为，MPCK是由学科教学知识的一般性理论发展而来的，同时嵌入了数学教师及其教学的专有属性，是“数学的专业性”与“教育的专业性”深度的融合，体现了数学教师在专业学习过程中对自我知识更有深度的挖掘和积极的拓展，强调以数学教育教学实践有效性的提升和数学核心素养教学的落实为数学教师专业学习的重要性前提②。较之于其他类型的知识，MPCK是数学教师知识结构中核心的知识，不仅可以弥补以往片面地关注教师学历或者学历资格所带来的局限性，而且可以实质性地提高对如何促进数学教师从事教育教学专业工作所必备知识的理解③，体现了数学教师在专业上成长的不同维度，对数学教师作为一个专业知识人的认识具有特别重要的意义。一方面，学科教学知识的重要性已在国内外的一系列研究中得到了确认，认为这种知识将教学目标(why)、教学内容(what)、教育对象(who)、教学方法(how)等知识进行了整合，不仅是“教师通过将学科内容转化和表征为有教学意义的形式、适合于不同能力和背景的学生而产生的知识”，而且是“综合了学科知识、教学和背景知识而成的知识”，体现了教师对于自身所从事专业的深入理解，是“独一无二的”，是教师知识的“特殊形式”④。另一方面，学科教学知识进入数学教育教学领域，需要与数学教育教学工作的特殊性深度对接。比如，较之于一般学科内容的“教学化”，数学内容的“教学化”是以“数学化”“再创造”“数学思维活动”为基础的“教学化”，是教师关于数学活动及其内容的组织、表征以及动态调整的知识，是保证学生数学兴趣、思维发展、知识运用和理性精神等融合发展的教学知识。由此，数学学科教学知识有可能是一般教学法知识(PK)与数学学科知识(MK)、数学学习知识(CK)在数学教育教学活动中融合后生成的一种新知识体，如图2-3所示⑤。在融合之前，MK、PK、CK基本上处于分离的状态，彼此之间是一种若即若离、松散联系的关系，在数学教育教学实践中很难独立发挥作用。在融合之后，MK、

---

① HILL H C, BALL L B, SCHILLING S G. Unpacking, pedagogical content knowledge: conceptualizing and measuring, teachers' topic-specific knowledge of students[J]. Journal for research in mathematics education, 2008, 39(4): 372-400.

② 王宏，史宁中. 基于教师专业发展视角的数学教学内容知识研究[J]. 东北师大学报(哲学社会科学版), 2015(6): 244-248.

③ 孙兴华，马云鹏. MPCK视角下的小学数学教师专业发展[J]. 学术探索, 2014(9): 147-152.

④ 朱旭东. 教师专业发展理论研究[M]. 北京：北京师范大学出版社, 2011: 71-76.

⑤ 黄毅英，许世红. 数学教学内容知识结构：特征与研发举例[J]. 数学教育学报, 2009, 18(1): 5-9.

PK、CK 作为一个有机的整体融入数学教师的专业知识结构，形成了 MPCK，彼此之间的联系是一种深层次、常态化、兼具条理性的强联系。在这种具有强联系的新知识体中，不仅包含了数学课堂教学中“是什么”和“为什么”两类显性的数学教育教学知识，而且包含了遇到教学问题后“怎么想”和“怎么办”两类隐性数学教育教学知识。某种意义上，这种具有强联系的新知识体最独特的地方是构建了由显性数学教育教学知识向隐性数学教育教学知识转化的一些基本机制。此外，由于 MPCK 毕竟是依托于数学教学活动的特殊性专业知识，所以这种知识的建构与发展必然离不开教师本人长期的数学教育教学实践、数学课程教学反思以及对个人数学教学经验的感悟、提炼，对于缺少数学学科专业背景或仅具有一般教学法知识的知识人来说，不可能在短期就拥有必要、充分的 MPCK。某种意义上，这也显示了 MPCK 对于数学教师作为知识人的特殊性。不过，从本质上讲，MPCK 独特的知识内涵更多地在于它是关注数学教师有效教学的知识，侧重点是数学教师如何有效地教，相关研究更是以此为专题。由此，在分析、研究数学教师有效教学技艺的同时，也可以从知识建构和发展的角度探究、揭示不同角色的数学教师在 MPCK 知识上可能性的发展规律①。

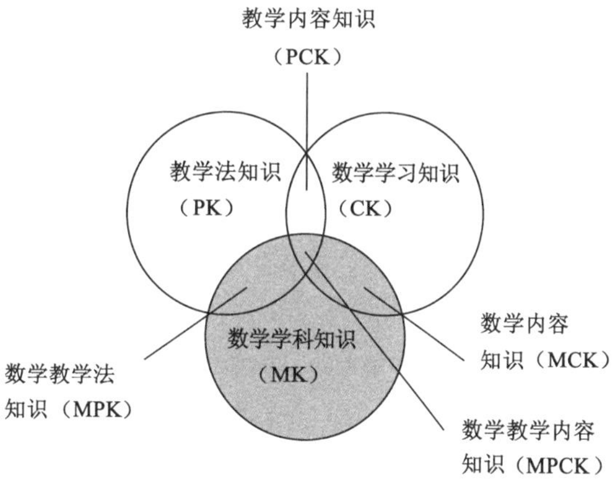

图 2-3 数学学科教学知识的一般结构

在数学教育教学活动中，教与学是一个关系密切的双边活动，是具有生成性、动态性、关联性的统一体。好的教师既善教，更善“以学定教”“以教导学”，不仅科学制定指向核心素养的数学教学目标，注意整体地把握数学教学的内

① 郑晨，李淑文. 中国数学教师学科知识研究的现状与展望[J]. 数学教育学报，2018，27(4)：62-67.

容，而且合理选择能引发学生数学思考的数学教学方式，引导学生通过综合运用数学和其他学科的知识与方法解决真实问题，注重信息技术与数学教学的融合[①]。这也表明，好的数学教师不仅追求数学课堂教学目标和数学教学内容的吻合，数学教学策略和数学教学目标的相统一，而且在教学目标设定时尽可能体现应有的整体性、阶段性，合理优化课堂中教与学的关系结构[②]。由此，如果仅仅从数学教师教的角度强调 MPCK 的合理性，而不深入到学生的数学活动及其思维中，不充分考虑学生已有知识准备、数学活动经验、数学学习需要、认知发展水平、数学思维方式、数学学习习惯等方面的因素，那么，即使合理的 MPCK 在实践中也有可能变得不合理。事实上，一些基于 MPCK 的数学教学设计，更多的是从教的立场进行教学设计，对于学生的学习存在着很多“想当然”“先入为主”“程式化思维”的成分，所设计、实施的数学教育教学活动从学生学习的角度来看不少是属于“无的放矢”“被动机械”的。整体地看，在这样的教学设计与实施中，教与学之间有可能就是“逻辑错位”的。

教与学之间的“逻辑错位”在实践中的表现之一就是教与学在目标上的“脱节”。比如，长期以来，教师究竟“怎样研制教学目标及目标达成度如何”等理论与实践被关注较高，但类似于“教学目标是否应该转化学生的学习目标”“教学目标如何转化为学生的学习目标”等基本问题并未引起广大教师及相关研究工作者的重视。比如，有许多一线的数学教师虽然提出了数学核心素养的教学目标，但是并没有深入考虑核心素养在数学教学中的达成。每一个特定的数学教学内容对于学生核心素养的建构与发展都可能有着各自不同的作用，需要数学教师进行深入的研究，通过研究挖掘、揭示具体教学内容与学生特定核心素养之间的内在关联。只有这样，才有助于数学教师在课堂教学目标制定及课堂教学过程展开时将核心素养的目标与要求变成真正的目标实现。例如，在小学“数与运算”这一主题的教学中，有一些教师仅仅从知识与技能层面理解相应的教学内容，这显然是非常狭隘的，因为，在这一特定的教学主题中蕴含着形成、发展学生符号意识、数感、量感、运算能力等数学素养的内容，需要教师进行深入的研究，挖掘并据此更精准地理解、把握相应教学的内容、目标和过程。再比如，在初中“图形的性质”这一主题的教学研究中，教师也需要从学生空间观念、几何直观、推理能力等数学素养的形成与发展等方面深化教学的理解与落实。

---

① 教育部. 义务教育数学课程标准(2022 年版)[S]. 北京：北京师范大学出版社，2022：3.

② 李铁安. 让课堂彰显育人的本体功能[J]. 教育研究，2018，39(10)：85-92.

经教师制定的教学目标并没有真正与学生的专业基础、学习现状、实际需要对接，与学生自己设定的学习目标有裂缝，甚至背道而驰，教与学的目标远离有效的调适，教学目标对于学生有效学习的促进、引导、评价与管理功能缺失，学生不能根据已有的教学目标有效监督、调节学习活动，教与学的思维产生方式或方向的冲突①。

教与学之间的“逻辑错位”在实践中的另一个表现就是教与学活动在建构上产生“脱轨”现象。教师不能根据具体的学习任务，选择合适的数学教学方式，只是固守于自己习惯、单一的讲授法，缺少不同教学方式的组合，缺少对学生学习的启发、引导，学生缺少深度的数学探究，数学思维参与度低，教学目标、教学内容、教学方式、教学方法不能相互匹配，甚至存在着一些内在的冲突。比如：有些教师喜欢直接讲解数学命题的证明，而没有引导学生感悟相关数学命题证明的必要性；有的数学教师虽然强调要将数学知识的“学术形态”转化为“教学形态”，但是，相应的“教学形态”仅仅是侧重如何讲、如何讲得让学生更好地理解，而没有思考学生在相应数学活动中如何学的成分，本质上就是未能将“教学形态”转化为“学习形态”。这些情况下，教师对于 MPCK 理论的运用显然是“脱离”了学生有效的数学学习。

从数学活动的教学性角度关注数学教师的专业知识，需要深入到学生数学学习或领导学生数学学习的角度关注数学专业实践的改善，积极建构与运用更加有价值的专业知识。学生的数学学习并非是关于数学知识简单接受和继承的活动，而是融合了数学思考、数学探究、思维建构、知识运用的再创造性活动，数学教师仅仅会讲数学知识是不够的，数学教师仅仅拥有 MPCK 是不够的。为了从观念上进一步认识有效数学学习的内涵以及从实践上进一步具化“以生为本”“以学定教”“以学论教”“以教引学”“以教促学”等数学教育教学观念，数学教师应善于进行教与学的换位思考，要明了与理解学生在数学活动中可能的困难、困惑，要运用恰当的方式方法解答学生在数学学习活动中的困难、困惑，自觉地将教师个人对于特定数学知识深刻性的理解有效转化为促进学生深度学习的行为，通过数学教育教学方案的优化设计、创新实践与科学评估，更有效地规范、指导学生数学学习的过程，更有效地“引起、维持或促进学生的学习”②。

---

① 曾文婕.从“教学目标”到“学习目标”：论学习为本课程的目标转化原理[J].全球教育展望，2018，47(4)：11-19.

② 崔允漷.指向深度学习的学历案[J].人民教育，2017(20)：43-48.

显然，数学教师需要从对 MPCK 的拥有走向对 MPCK 的转换、发展、创新，特别是需要深入到数学领导内容知识（mathematical leadership content knowledge，MLCK）角度进行个人专业知识的学习与运用。在一般性的意义上，MLCK 也可看作由领导内容知识（leadership content knowledge，LCK）在数学学科特殊化之后产生的新型知识。为了探究 MLCK，不妨先分析 LCK 所要解决的基本问题，即教师作为学生学习的领导者，“对于一个给定的教学内容，一个领导者应该做什么，才能确保有效的教学和学习会发生”。简单地说，LCK 作为教师的专业知识是突出了问题任务的导向，并据此强化教师对教学和学习活动的领导，教学、领导和学习的关系，如图 2-4 所示。从一般概念具体到数学学科、数学教师，MLCK 也可以看作数学教师知识以另一个“概念化”的方式，进一步凸显蕴含于 MPCK 内部对学生数学有效学习的关怀，防止因对 MPCK 知识人为的“泛化”“异化”而逐渐丧失其对学生数学学习独特性的指引。这也表明，MLCK 虽不同于 MPCK，但具有显化、拓展 MPCK 功能的作用，其核心价值是对学生数学有效的学习指导，在于强化“以教引学”“以教导学”“以教论学”“以教定学”的实践行为，强化数学教师的有效教学性是以学生有效学习为前提的有效教学性，强调要“以辩证统一而不是对立的立场对待教师的教与学生的学”①。作为一个成人学习者②，数学教师既要检视自己“如何学会数学教学”，又要思考自己“如何促进学生的有效学习”，自觉地改变偏向以教为主的数学教学思维，MLCK 可以进一步丰富和发展 MPCK 的理念研究与实践路径，可以为数学教师“更有效地服务、引领学生数学学习”奠定新型的专业知识基础③。

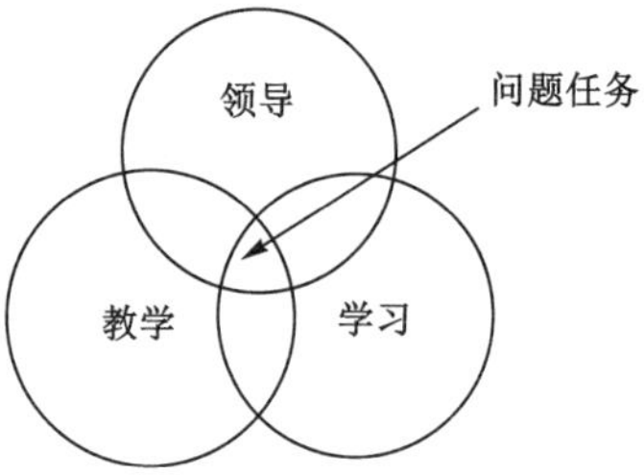

图 2-4　教师在教学活动中的领导、教学和学习

① 刘旭，苟晓玲. 教学性：教师教学品质的根本特性[J]. 教育研究与实验，2020(2)：38-42.

② 杨军，热西达·艾海提. 反思型数学教师的教学特质：课例视角[J]. 数学教育学报，2019，28(1)：69-73.

③ 曾文婕. 教学改革的中国逻辑[J]. 全球教育展望，2018，47(8)：3-8.

三、数学教师专业学习中的知识回归

随着义务教育对数学教师专业要求的不断提高，义务教育阶段的数学教师需要自觉增强自身的专业化程度，这不仅是指义务教育阶段的数学教师需要从一个普通的“社会人”角色转变到为育人为己任的“职业人”角色，而且需要从一般性的教师这个“职业人”角色转向数学学科的教师这个“专业人”角色。作为专业人，数学教师在专业学习中有着知识回归的特殊要求。这是因为，数学教师不仅是数学及其教学知识的主动建构者，而且是数学及其教学知识的“生产者”与“创造者”。数学教师在专业学习中关于知识回归的特殊要求表现在数学教师不仅要自觉地学习相关的专业知识，而且要高度重视所学数学及其教学知识在实践中的运用。为此，数学教师需要反思三个基本的问题：自己在专业学习中，需要完善哪些知识？怎么知道自己所学习的知识是否有价值？可以通过哪些措施改进自己专业学习中的知识学习？

（一）关于需要完善哪些知识

早在2011年，我国教育部就颁发了中小学教师的专业标准。按理说，中小学教师在专业学习中需要完善哪些知识可以按这个标准“对标找差”。不过，由于这一标准并没有细化到各个具体的学科，所以根据中小学教师专业标准进行数学教师专业学习中知识完善的“对标找差”仅仅是一个大体的方向，而不是具体明确的内容。“他山之石，可以攻玉”，跳过我国的教师专业标准，参考其他国家的一些数学教师专业标准，或许可以为数学教师在专业学习中完善哪些知识产生一些启发。以美国数学老师协会(NTCM)的数学教师专业标准为例，该标准不仅明确了数学“专业知识”的内容标准，而且对数学教师的“教学实践”“专业责任”和“学生学习与发展”领域的标准进行了明确，不仅如此，该标准在不同领域的内容标准中也都或明或暗地强调了数学教师的知识要求。以小学数学教师为例，该标准在“学科知识”维度上要求教师能展示、应用的知识不仅包括“数学领域的数学概念、算法”，而且包括一些“程序和应用软件”；在“数学实践”维度不仅强调“推理、证明与数学模型建立”，而且强调实践者“行为严谨”以及能“识别数学结构、原理”“进行推广”“数学交流”；在“学科教学法”维度强调能“应用数学课标”“教授数学甚至跨数学领域的知识”“研究数学教学经验、不同教学策略的优化选择和特定数学技能的使用”“强化学生的数学理解”“支持并协助学生的做数学”“利用终结性、形成性等方法评价学生的学习”。总体上看，美国数学教师专业标准虽是从不同维度对“专业知识”进行了表述，但知识学习的要求相对比较明确，有利于指导数学教师精通所教的数学知识，知道相关知识的来龙与去脉，能准确运用数学语言表达数学知识，主动拓展学生对于知识的学习，促进学生对于所学数学知识的深度理解。所有这些，对我国广大数学教师在专业学习中进一步完善相关的数学知识显然有一些有益的启示：第一，尽管美国数学教师专业标准对于数学知识存在着“阔而浅”的缺点，但是这种缺点同时也可以从另一方面引导数学教师对于数学知识究竟达到什么程度的思考，特别是对于我国数学教师职前学习中“窄而深”的体系可以起一定的中和作用，这其实就是强调我国的数学教师在专业学习中应自觉地拓宽自己的数学眼界，合理把握相关知识的深度与广度。第二，美国数学教师的专业标准中突出了教学实践，对我国的数学教师专业学习显然也有相应的借鉴意义，特别地，在前面我们讨论了 MPCK、MLCK 等知识对于数学教师专业发展的意义，但在专业学习中获得这些知识最关键的不是理论学习，而是实践反思，是基于教学实践获得这些知识。不仅如此，即使对于纯粹的数学知识学习而言，也需要教师经历必要的“数学实践”过程，毕竟数学是“做出来”而非听出的。这种实践性落实到数学教学过程中就是要“突出学科思想方法和探究方式的学习，加强知行合一、学思结合，倡导‘做中学’‘用中学’‘创中学’”①。第三，较之于一般性的数学知识、数学课程教学法知识，数学教师对学生影响的实践性知能很重要，数学教师要能影响学生深刻地理解所学的数学概念，要能有效发展学生合理推理的数学能力，要能提升自己教学程序的流畅性和教学决策的科学性。第四，数学教师专业学习的关键在于日常的数学课程与教学工作，应善于积累那些具有核心价值的专业知识与活动经验，将知识完善与数学抽象、数学推理、数学证明、数学建模、数学交流、数学联结、数学表征等核心化数学能力的提升有机结合起来。除了从其他国家数学教师专业标准中获得关于需要完善哪些知识的相关启示外，应当结合我国的国情、各地的校情和教师的个性等方面的差异，对数学教师专业学习中的知识完善进行分析，这样更能体现出针对性。比如，就我国小学数学教师在实践性、条件性知识的结构方面而言，总体上呈现了一个“π”的字形，上面“一横”代表教师的实践性知识，下面“两竖”分别代表教师的学科知识和条件性知识，它们共同支撑着教师的数学课程与教学实践，并且不同教龄的数学教师在知识完善方面也呈现不同的趋势。通常情况下，条件性知识会随着教师教龄增加而呈现先“下降”后“上升”再“下降”的趋势，实践性知识会随着

① 教育部．义务教育课程标准(2022 年版)[S]．北京：北京师范大学出版社，2022：5.

教师教龄增加呈现出“逐步上升”的趋势①。

在现代信息技术广泛应用的背景下，一个数学教师只有真正拥有了基于课堂教学的技术整合知识和经验，才有可能在课堂教学中成为有效率的教师，现代信息技术已作为数学课程与教学改革的重要突破口之一，是数学教师必须具备的专业技能。事实上，早在 2015 年，李克强就在《政府工作报告》中提出了“互联网＋”行动计划，该计划也深入到教育领域，融合了“互联网＋”的现代信息技术更为数学教育教学注入了新的活力，而整合了现代信息技术的学科教学知识（此即新时代背景下的 technological pedagogical content knowledge，TPCK）也逐渐成为数学教师非常重要的专业知识之一。在《义务教育数学课程标准（2022 年版）》中，明确要求数学教师要有能促进信息技术和数学课程融合的专业素养，强调数学教师不仅能“合理利用现代信息技术”以提供更加丰富的数学学习资源，设计更加生动的数学教学活动，更有效地促进学生数学教与学方式方法的变革，而且要能在实际的问题解决中创设更加合理的信息化学习环境，并因此能更好地“提升学生的探究热情，开阔学生的视野，激发学生的想象力，提高学生的信息素养”②。这些要求显然规约了数学教师的 TPCK 发展要求。作为数学教师，如果缺乏关于教学技术与课程材料的专业发展，他们就不可能特意去把基于技术或富有技术的数学教育教学活动嵌入自己的课程与教学中，由此，作为数学教师有必要理解并掌握相关的 TPCK 知识的内涵与要素。具体而言，TPCK 通常包含三个核心的要素，即学科内容的知识（CK）、课程教学法的知识（PK）、现代信息技术的知识（TK），TPCK 是现代信息技术、课程教学法和学科内容三类知识的连接和交叉。在融合“互联网＋”的现代信息技术强力介入数学教育领域之后，TPCK 正成为数学教师专业学习中知识完善的新焦点，数学教师不仅要了解、选择和应用与特定数学课程内容教学相适用的现代信息技术，而且要在具体的数学课程与教学境脉中建构、运用 TPCK，优化数学课程与教学③。

当前，需要改变数学教师对于 TPCK 知识的态度与方法。调研发现，有两方面的倾向需要引起足够的重视。一方面，有不少的中小学数学教师不仅在数

① 申继亮，李琼．小学数学教师的教学专长：对教师职业知识特点的研究[J]．教育研究，2001(7)：61-65.

② 教育部．义务教育数学课程标准（2022 年版）[S]．北京：北京师范大学出版社，2022：4.

③ 左敬亮，方勤华，程垚松．美国“数学教师 TPACK 标准和发展模型”：数学教师有效使用技术的新焦点[J]．数学教育学报，2016，25(2)：44-48.

学教学中应用现代信息技术的意识比较弱(极个别的数学教师甚至对现代信息技术的使用在态度上比较冷漠),而且在心理上比较害怕使用技术,无视现代信息技术对优化数学课程与课堂教学的价值,认为"我这么大岁数了,这新玩意儿跟不上,整合不起来""我觉得传统的数学教学方法挺好的,这种数学软件或多媒体课件可有可无""数学主要是抽象思维,不必在花里胡哨的方面花费更多的精气神"。另一方面,有一些数学教师对现代信息技术的使用浅尝辄止,不关注相应软件的更新,尽管拥有了一定的 TPCK,但总体上比较肤浅,在具体的数学课程与教学中常常会不当或盲目地使用现代信息技术。

除了一些具体性的知识,数学教师也应当拥有一些务虚性的知识。由于数学与哲学、教育与哲学都有着天然的渊源,所以,数学教师在专业学习中不仅要通过本体性知识的系统学习解决在教学中学科知识不足、专业基础不牢的问题,通过条件性知识的学习解决教法知识碎片化、专业知识结构不合理的问题,通过掌握 MPCK、MLCK、TPCK 等知识解决专业知识学习不聚焦、僵化和虚化的问题,而且要通过学习并掌握一定的数学哲学、教育哲学方面的知识,以更好地理解数学及其教学的本质和相关的方法论,并因此在数学教育教学中拥有更开阔的专业视野和更深刻的教学思维。不仅知道专业学习中知识完善的其然,而且知道专业学习中知识完善的所以然。不仅把所学的专业知识与从事的专业实践更有效地沟通联系、贯通融合,而且能从数学和教育哲学的角度对自己专业学习的目的、过程、方法和效果做出必要的反思。

(二)关于怎么知道自己所学习知识是否有价值

作为数学教师,当然想让自己在专业学习中获得的知识有价值,否则就浪费了时间和精力。数学教师在专业学习中获得的知识是否具有价值很有可能会影响甚至决定了数学教师在专业学习中对特定知识学习的态度与意愿。在一个信息化、网络化、知识有可能和海量信息混同的背景下,判断数学教师在专业学习中所学习知识是否有价值确实既重要又必要。不过,对于具体的数学教师来说,他在专业学习中学习的特定的知识是否有价值的具体含义是什么呢?这种是否有价值是由数学教师本人来判断吗?不由数学教师本人判断,又由谁来判断呢?从哪些方面来判断呢?回答这些问题,不仅需要一定的知识,而且需要一定的思维。这也表明,对于专业学习中所学知识或知识学习是否有价值的判断本身就是一种元技能,本身就包含了数学教师在数学教育教学中的实践理性知识。

从所学知识价值的内涵来说,最直接的可能是"有用性""实用性",即所学习的知识如果对将要开展的数学教育教学实践“有用”,而且自己在现阶段又确实“缺乏”,那么这种知识肯定是有价值的,即知识的价值通过即时或当下的使用价值体现了出来。如果所学的知识现阶段没有用,而是在以后或某一特定情况下“有用”,这种知识是不是也有价值呢?回答应当是肯定的,因为这属于潜在的有用性。无论是潜在的有用性,还是即时的有用性,某种意义上都是具体的实用性。除了这种具体的实用性,有没有非具体的实用性呢?当然有。比如,通过学习相关知识,数学教师本人关于数学或数学教学的思维发生了变化,自己的专业学习进入了更高的层次,那么,这样的知识当然也是有价值的,某种意义上,这种知识是“无用之用”。这是因为,评判知识是否有价值有时也需要考察受教育者是否获得了相应的真理,此即《理想国》中所谓的“善的知识”①。数学教师所学知识的价值既在于数学教师经由知识学习后及时、当下所创造的价值,也关乎今后专业发展中获得的支持,关乎数学教师是否改进了自己的数学或数学教学思维的方式,是否增强对所从事工作的理解,是否优化了所从事数学专业实践活动中的各种关系。至于由谁来决定所学知识的价值,学生和教师是两个非常重要的主体,如果学生发现自己从数学教师教学中的受益变大了,那么,数学教师所学知识就是有用的。如果教师感到,通过学习相关知识,自己对数学及其教学的理解变得深刻了,内心更明亮了,数学教育教学的方式方法也变得越来越对路子了,这种情况下,也可以说明自己所学的知识是价值的。当然,由于所学知识对教师或学生的作用存在着一定的滞后性,所以对所学知识价值的判断也可以采用延迟判断的方法。不管怎么样,所学知识有没有价值,回答的话语权最重要的是学生与教师两个权力主体。学生从根本的意义上决定了教师所学的知识是否有一定的价值,教师从教学认知的角度决定了自己所学的知识是否有一定的价值。不管是由学生判断还是由教师判断,最终必须回归到数学教育教学的实践中考量,要考量所学知识对于数学教育教学实践问题短期或长期的解决问题能力,要考量所学知识对于数学教师本人的专业成长或教学发展是否有价值。

数学教师专业学习中所学知识是否有价值,一方面取决于这种知识在数学教育教学实践中的功用,另一方面在于这种知识是否通过合理的方式进行了建构和发展,是否对学习者的心理或情感产生了积极的影响。以 MPCK 知识为例,现在许多研究者阐述了数学教师的 MPCK、MLCK、TPCK 等知识,如果这

① 黄福涛.外国高等教育史[M].上海:上海教育出版社,2003:17.

些知识对于数学教师本人而言仅仅是一种公共性、显性的知识，尚没有得到自己的内化，那么这些知识在数学教育教学实践中就难以显现真正的价值。所学知识只有被数学教师个体内化后用于数学教育教学实践，才具备进一步建构数学教师个人 MPCK、MLCK、TPCK 等知识的基础，并因此展现所学知识真正的价值。这也表明，数学教师在专业学习中所学知识的价值本身与知识学习的过程、方式紧密相关，被动、灌输式的知识学习方式不利于所学知识正向价值的显现。除了功用性、过程性、实践性，所学知识本身的内在本质、贯通程度也与所学知识的价值密切相关。所学知识的内在本质体现了所学知识内在性品质、关系和可发展性的根本属性。数学教师在专业学习中如果只强调所学知识相关结果的获得，而忽视了所学知识对于改进数学教育教学实践的本质，所学知识就不仅不利于数学教师对于自己所教数学知识的理解，而且不利于数学教师对于数学教育教学实践中相关问题的思考。关注所学知识的内在本质就是要回归所学知识背后实质性的思想与方法，并据此提高学习者对于数学教育教学的理性认知、专业态度与实践思想。所学知识本身的贯通程度指所学各种知识间的可联系性及联系程度。所学知识如果理论与实践联系紧密，能成为一个连接紧密的知识包或具有一定弹性、灵活性的知识块，那么这种知识就具有较好的贯通程度。贯通程度高的知识，不是知识点简单的线性排列和无序的平铺堆积，而是有一定的结构，能体现知识内容与特定本体性的思想方法或特定的教育教学实践之间的联系或关联。比如，数学教师对数形结合、抽象、变换、转化、函数、不变量、建模等思想的深入学习，将有助于用高观点指导自己所从事的数学教与学工作，特别是用高观点进一步深入理解、驾驭所教学的数学内容。这种情况下，这些高观点知识就是一种贯通度较好的知识。

（三）关于改进专业学习中的知识学习

数学教师本人对于专业学习中知识学习重要性的认识和对所学知识价值性的判断，并不等于数学教师在专业学习中知识学习的实际行为。毕竟，教师对于知识学习的认识、理解与其实际的学习行为之间很容易存在着一定的差距。对数学教师而言，如何正确看待并利用这种差距，通过有效的措施改进自己在专业学习中关于知识的学习就具有十分重要的现实意义。就数学教师如何发展自己的知识结构，相关研究曾提出了一些有益的策略，比如，教师不仅可以通过经历数学问题解决的过程发展自己的数学知识，通过与学生开展数学对话的活动建构发展自己关于学生学习数学的知识，而且可以通过开展或参与合作式的数学教育教学探究活动发展自己的数学教学知识，应鼓励教师通过参与数学教育教学的叙事研究发展自己的个体知识①。这些策略之所以对数学教师有一定的指导意义，是因为这些策略突出了数学教师知识的建构，在机制上密切联系了数学教师的数学解题实践活动、数学教学实践活动、数学教学研究实践活动，有着较好的问题导向、目标导向、生本导向和实践导向。更一般地，为了改进自己在专业学习中的知识学习，提升知识学习的效果，数学教师不仅需要从外部汲取相关的知识学习并使之与个人的实践经验进行对接，而且需要从实践和反思中归纳出相关知识及其运用的图式，逐步内化为运用所学知识解决数学教育教学实际问题的能力。

为了改进自己在专业学习中的知识学习，提升知识学习的效果，数学教师对于知识的学习不应是一种表层化的知识学习，而应是一种具有整体性、实践性、思维性、致用性和有深度的知识学习。为此，需要注意如下几点：第一，应基于学习者对于知识学习的需要学习知识。数学教师只有真正感悟到包括技术性知识、数学学科性知识、数学课程教学法知识等对自己改进数学教育教学效果不可或缺，对于促进自己专业发展有意义时，才有可能关注这些知识并努力进行相关知识的自我建构②。第二，应突出理论与实践的联系。这种理论既是数学理论也是数学教育教学的理论，这种实践既是数学认知、数学解题的实践，也是数学教育教学的实践和优化改进数学教育教学的实践。数学教师通过理论与实践联系的策略对所学知识进行再理解，有利于将所知识同化或顺应到个人已有的知识结构中，有利于所学知识在具体数学教育教学实践中的迁移和构建。第三，在学习中应当坚持问题引领，使所学知识的意义生成于数学教育教学特定情境中的问题解决。这里的问题包含了与数学教育教学密切相关的各种各类问题，既是所学知识对问题的主动对接，也是待解问题对知识的反向诉求，是“由问题学知识”和“由知识解问题”的循环往复，体现了数学教师基于知识与问题“双向贯通”式的专业学习，体现了数学教师“学思结合”“学以致用”的专业实践思维。第四，应突出与包含师生在内的他人进行互动与交流。数学教师在专业学习中的知识学习本身就是内蕴了反思性、对话性思维的专业探究性实践和多主体互动、交流的社会性实践，通过与专家、同行、学生以及自我的互动与交流，不仅可以更好地理解、表征所学的知识，而且促进了所学知识对数学

① 于晓娟，王家铧，李忠海. 发展数学教师知识结构的若干策略[J]. 数学教育学报，2006(2)：32-34.

② 孙名符，李保臻. 信息技术支持下的数学教师专业发展策略探讨[J]. 电化教育研究，2009(11)：113-117.

教育教学实践的适应。数学教师与包含师生在内的他人进行的互动与交流，不仅可以发生在数学课堂上，而且可以发生数学课堂教学之外；不仅可以在线下进行，也可以在线上进行。和同事合作进行数学教育教学研究，观摩并分析数学教学案例，讨论数学课堂教学设计与实施，向师生汇报个人的数学教育教学研究成果，都是有效的互动与交流形式。基于互动与交流促进所学知识向应用的转化和不同主体之间的共享，并在此基础上实现了所学知识的社会性价值，推动了数学教师对所学知识的进一步反馈、理解、创造与运用。第五，应经由对所学知识基本价值与实践路径的反思，更有效地选择相应的知识进行学习。根据英国课程社会学家麦克·杨的观点，数学教师应通过专业学习获得那些“强有力的知识”①，而不是仅仅局限于通过日常工作习得一些经验化、碎片化、孤立性或惯习化的知识，因为这些知识不仅不利于移迁，而且在数学教育教学实践中会产生诸多的负面影响②。由此，数学教师在专业学习中选择的知识应是有助于数学教师数学教育教学思维改变的知识，即数学教师应善于超越个人日常性的数学教育教学经验，建构高阶性的数学教育教学思维，在实践中建立数学课程与教学更恰当的方式方法。由于数学及其教育教学的“大概念”是居于数学及其教育教学各类课程中核心位置的抽象性概念，所以数学教师在专业学习中应注意“大概念”的学习。以初中“数与代数式”的知识为例，它本质上是在“函数”这一大概念之下建立的知识体系，即经由“函数”不仅可以建立“数”与“代数式”这两个不同数学概念之间的横向关联，而且可以建立“数”与“有理数”“无理数”之间的关系以及“式”与“方程”“不等式”“函数”之间的关系，同时可以通过这两类关系建构这些知识不同的纵向结构。第六，应当强调知识学习必要的系统性，要善于从整体上理解自己所教的知识，努力形成结构更加良好的教学认知。比如，就“图形与几何”领域的知识而言，既要关注图形与几何关系的定性研究，又要深入到图形与几何的定量研究，要引导学生“经历从实际物体抽象出几何图形的过程，认识图形的特征，感悟点、线、面、体的关系；积累观察和思考的经验，逐步形成空间观念”③。在图形与几何关系的定性研究中，既需要对几何图形进行必要的整体性认识，比如，要能根据所给的图形辨认它们是由

---

① YOUNG M. Education，globalization and the “voice of knowledge”[J]. The knowledge economy and lifelong learning，2012，4：335-347.

② YOUNG M，et al. Knowledge and the future school：Curriculum and social justice[M]. London：Bloomsbury，2014.

③ 教育部. 义务教育数学课程标准（2022 年版）[S]. 北京：北京师范大学出版社，2022：27.

哪些基本图形构成的，也需要用几何元素来认识同一图形及不同图形之间各种可能的关系，把几何元素间关系的研究作为一个基本性的数学知识学习。比如，利用边、角、顶点等基本的几何元素对三角形进行分析，从边与边或边与角之间的关系认识三角形，从平移、旋转、放大、缩小等变换理解不同图形之间的关系。如何才能更有效地推进图形与几何定量研究呢？不同的学段显然有不同的要求。在小学阶段，数学教师应深入理解诸如三角形的边长、角度、周长、面积等度量性质，要重视统一度量单位的教学与研究，引导学生经历相应的数学化过程，感受相应数学化的意义，基于度量单位更精准地理解相关图形中诸如长度、角度、周长、面积、体积等的度量，结合一些常见图形相关度量计算及结果推导的过程感悟度量方法，逐步形成量感、推理意识。在初中阶段，数学教师需要有图形及其几何定量的概念化思维，不仅要引导学生对相关图形的概念进行深入地理解，而且要引导学生深入理解基于概念的图形性质、关系、变化规律，使学生形成初步的抽象能力和理性的几何直观、空间想象力。无论在小学阶段还是在初中阶段，数学教师都应通过思维与方法的有效关联进一步建立健全关于图形与几何定量知识不断完善的专业学习机制。

第三章 义务教育数学教师专业学习的实践分析

第一节 关注数学教师专业学习中的现实问题

数学教师是对数学课程与教学有着关键性影响的因素之一①，为了保障数学教育教学的质量，应高度重视数学教师在专业上的成长与发展。中国特色社会主义进入新时代，不仅意味着国家的发展进入新的历史阶段，而且意味着我国的教育变革需要新的理念。就基础教育阶段的数学教育教学而言，质量的保障也意味着新的内涵。这是因为，在基础教育阶段，数学教育教学质量已由原有的公平性、基础性、普及性等主要矛盾逐步转向高质量需求、核心素养培养和增值性评价的有效落实。基于这种认知，数学教师在专业上的成长与发展就需要以高质量为指向进行战略转型。数学教师在专业上高质量成长与发展的根本性目标是通过专业核心素养的建构与提升更好地保障基础教育阶段数学核心素养教育理念的有效落实。由此，无论是新时代数学教师教育的决策者，还是数学教师发展的研究者，或者是数学教师培养的实践者，都需要主动关注并积极回应以下既是基本性又是核心性的问题：在新时代背景下，应如何帮助数学教师内化数学核心素养教育教学理念？应如何引导数学教师与时俱进更新专业知识？应如何推动数学教师全面提升专业核心素养、教学创新实践能力？应建构何种机制使数学教师能基于数学核心素养育人目标的落实不断增强自我可持续发展、提升的动力？应如何评价数学教师在专业上的成长与发展？

数学教师的专业发展通常被作为实现数学教师职后培养、促进教师自我成长的一个具体性举措。尽管这一举措对数学教师专业核心素养的提升确实产

① 肖红，宋乃庆．实施课程标准对数学教师专业发展的要求[J]．西南师范大学学报（自然科学版），2003(2)：337-340。

生了许多积极的影响，然而，不可否认的是，数学教师专业发展在具体的实践中同时也产生了诸多的现实性问题①。比如，笔者所带领的江苏省数学教育教学团队在近几年的数学教师发展专题调研中就发现了一系列值得关注的现象："专家引领的力度不够，相关工作不能持续""师徒结对、青蓝工程声势大、花样多，但真正投入、真正行动比较少，偏离了教研相长的方向""教师培训是局外人对局内人的培训，更多的是从外部移植间接经验，教师个人直接的经验和基于实践的反思少""所学与所用目标分离，发展与需要断裂""通识性技能训练多，有针对性的专业技能训练少，训练过程呆滞化""教学理论的培训主要是照本宣科，缺少理论理解的有效分享，或虽有一些理解但比较浅表""教学案例的分析过于理想化，回到实践中能具体指导运用的不多""教师在岗培训似乎太条条框框了，许多内容都是关于教学规则或制度要求的，讲的人也比较教条化""教研活动中也倡导并推行了同伴互助，但我们自己感到这些互助基本上是在低层次上的""集体备课等教研活动无论形式还是方法都比较程式化，效果不佳""应对疫情，开展了系列化的线上交流与协作，但是大家感到没学到真东西，互动少，内容也缺少深度"。总体上，这些现象可归结为数学教师在专业发展活动中没体现出应有的专业价值，发展与价值本身更多是一种"被动地赋予"②，这些问题或现象如果不能得到有效的解决，势必会加剧数学教师在专业发展中的实际困厄，负面影响新时代奋力推进的育人方式变革和数学核心素养教育。作为数学教师专业发展主张的改进或补充，数学教师的专业学习是关于数学教师发展的另一种理念与路径，旨在通过检视数学教师专业发展既存的一些缺陷，努力实现由原来相对外部、静态、他主的数学教师发展方式及时转向内在、动态、自主的数学教师发展方式。

为了更好地理解与实施新时代数学教师的专业学习，显然需要对新时代数学教师专业学习的理念与路径进行有一定深度的讨论。比如，就这种具有内在、动态、自主性质的专业学习的内涵而言，它的"所指""能指"各是什么？就具体的实施与运用而言，如何在操作层面推进、落实这种专业学习形态？可行的路径是什么？诸如此类的讨论不仅具有认识论的意义，而且具有行动性的价值。这是因为，关于新时代数学教师专业学习的深入讨论不仅指向数学教师专

① 袁丽，胡艺曦. 课例研究对促进教师专业发展的作用、不足与改进策略：基于文献的考察[J]. 教师教育研究，2018，30(4)：99-105.

② 吴亮奎. 乡村教师专业发展的矛盾、特质及其社会支持体系构建[J]. 教育发展研究，2015，35(24)：47-52.

业发展路径优化、实效提升中具有理论意义的实践性问题，而且指向数学教师专业发展中事关思路调整、方向校正的具有实践意义的理论性问题。在已有的一些讨论中，研究者虽然重视了数学教师专业发展中的教育情怀、教育信念、教育知识、师德品质、专业功底、教学技能等因素①，强调要让数学教师在“专业知识”上获得发展，在“专业能力”水平上得到提升②，但囿于数学学科本身抽象性与理论性的关联，研究者也会强化数学教师专业学习的理论属性，并因此弱化甚至否认数学教师学习的建构性。基于理论指导实践的理念，许多教师发展工作的研究者或教师培训的实施者认为不应让“教师自囚于经验的洞穴”③，坚信硬核的学科专业知识和教育教学理论知识的学习在教师发展中的作用，强调相关专业技能训练对教师发展的意义，认为理论学习和技能训练是改进数学教师专业学习的关键所在，要求教师能从深层结构上紧扣教育教学的理论知识④。在这一类主张的驱动下，数学教师教育的高校或地方教育行政部门在制定教师培训方案时常常不知不觉地就忽略了数学教师专业学习内在的实践形态。比如，“以讲代练”“理论灌输”“强化训练”成为数学教师培养培训中难以改变的惯习性病症。从数学教师专业学习的实践效果来分析，这些以硬核性、理论性、技能性为主导的教师培养方式并没有凸显数学教师专业学习内在、动态、自主等应然的性质，当然也难以使更多的数学教师经由专业学习实现专业核心素养有效提升的预期效果。不仅如此，一些数学教师甚至有这样的一些感受，即由于被一些陈旧、过时的教育教学理论知识不恰当地规训和被一些地方性的教学制度、政策文本或法规教条机械地束缚，自己关于数学教育教学的理解力和热情通过培训没有提升，相反会实质性地下降，教师个人在数学教育教学中存在着主体性、创造性被不断弱化的潜在危险。所有这些，都直接或间接地表明了数学教师在专业学习中存在着需要进一步关注的现实问题。许多以理论为偏好或者倡导以理论知识学习为原点的数学教师专业学习，尽管出发点或在理想追

① 王玉山.专业化背景下数学教师专业发展研究综述：兼议优秀数学教师发展成长路径选择[J].宁夏大学学报（人文社会科学版），2019，41(5)：172-178.

② 方勤华，吕松涛，杨贞贞，等.农村小学数学教师专业发展状况与学习需求分析：基于《小学教师专业标准》的一次调查[J].数学教育学报，2019，28(2)：35-40.

③ 朱文辉.理论知识是可有可无的赘物吗？：对“实践优先”教师专业发展路径的质疑与反思[J].课程·教材·教法，2018，38(1)：126-131.

④ ENGELBRECHT W，ANKIEWICZ P. Criteria for continuing professional development of technology teachers' professional knowledge：a theoretical perspective [J]. International journal of technology and design education，2016，26(2)：259-284.

求上是不错的，甚至还显得比较圆满、丰富，但就实际的运行效果而言，却并不是一回事，甚至显得较为艰涩、骨感。类似的这些情况，如果不能有效地改变，那么仅凭情怀或热情来希望数学教师专业学习由当前现实的原点达至未来理想的远点，自然就会变得遥遥无期、难以企及。

问题是如何才能有效地改变呢？出路或许就在思路的变化中。转换原有的静态的理论化思路可以发现，数学学科的抽象性并不意味着数学学科的唯理论化，更不意味着承担这种特定学科教学的数学教师在专业学习方面主要是一种静止的、机械的、显性的、硬核化的理论与知识形态。相反，无论是学习本体性的数学学科理论与知识，还是习得数学课程教学的条件性理论与知识，数学教师的专业学习都离不开数学教育教学实践的引发、推动、维持和检验。数学教育教学实践作为一个特殊的教育教学因子，从源头、动力、应用和评价等角度保障、深化了数学教师专业学习的行动。从初始化的源头或终极性的目的来分析，无论是数学学科的发展还是数学教师专业学习的行动，都是为了了解或解释各种数学学科或数学教育教学活动中客观存在的诸多现象内部的性质，这就说明数学学科发展与数学教师专业学习不仅存在而且确实需要以实际的问题为自己的起点，需要聚焦数学教育教学实践或数学教师个人成长上的问题，需要贯通、联结抽象性的数学教育教学理论与具体性的数学教育教学实践的不同方面。就数学教师的发展而言，大多数数学教师需要从数学教育教学中真实的问题或个人专业学习中深切的体验出发，进一步认识、理解、探究数学教育教学中的现象，能针对数学教育教学实践中业已存在或潜在的各种具体性问题，与广大的数学教育同人、专业发展的引领者、数学课程教学的指导者等重要的他者进行常态化的互动或分析讨论式的交流，通过互动与交流建构自己作为数学教育教学专业人员应有的数学教育教学专业知识，拓展相关的理念与视野，改进自己业已存在但不符合新时代立德树人、减负提质、素养导向、综合育人、实践育人等要求的数学教育教学行为。可见，数学教师的专业学习虽然蕴含着许多理论性、知识性的要求，但就目的和过程来说，数学教师的专业学习主要是一种实践性、行动性、反思性而非理论化、程式化、操作性的过程，实践不仅是数学教师"立德树人""减负提质""思政融入""教思维以育人""数学化以育人"的一种表征、存在，而且是数学教师改进专业学习、自我提升的重要机制、状态。

如果说新时代数学教育教学高质量发展要求建立体现数学教师专业学习高质量发展的实践体系，那么与新时代数学教师专业学习工作相关的各类主体就不仅要自觉地关注数学教师在专业上成长和发展的诸多异化现象和关键性问题，基于现象的分析与问题的解决进行实践体系建构或实施的切入，而且要从关键要素、核心内涵与重要属性等角度对新时代数学教师专业学习实践进行必要的理性分析，通过理性分析超越具体的现象与问题。由此，可能需要研究者自觉地思考并回答一些基本性、前提性的问题，比如：数学教师专业学习实践的核心内涵是什么？数学教师专业学习在实践上又具有哪些重要的属性？这些属性对改进数学教师的专业学习有哪些重要的启发或指导意义呢？为了探讨这些问题，研究者利用近10年来担任基础教育阶段数学教师国培、省培和市培等项目中指导教师的机会，与广大一线的数学教师进行了面对面的交流，了解了他们在专业学习方面的需求，并定期深入到江苏省不同区域的中小学进行了数学课堂教学的观察，在课后针对相关问题个别访谈了一些关键的教师或典型性的学生。结合调研所收集到的数据以及基于调研数据形成的反思，本研究将对新时代数学教师专业学习实践的内涵与属性展开必要的讨论。

第二节　数学教师专业学习的实践内涵

实践是人们按照自己的自由意志所采取的有选择的行动。数学教师的专业学习如果缺失了实践内涵，那么他们经由专业学习获得的各种知识就会和数学教育教学实践存在着诸如缺席、断裂、背离和脱嵌等一些异化现象。这显然不利于新时代数学教育教学质量和水平的提升。这是因为，新时代以高质量为导向的数学教育教学不仅是以数学知识为基础的数学文化传承活动，而且是以数学活动为关键路径的数学知识再创造和数学文化传播的实践过程。数学教师的专业学习不仅需要关注数学知识、教育知识、活动知识的理论属性，而且要关注数学活动、数学思维、数学文化的实践属性，要承认数学知识、数学思维、数学文化的实践活动基础，经由数学思维的激发与交流实现数学知识的建构与分享，进而实现数学文化的交往、传承和再创造，在系统化的数学活动实践中提升学生的数学核心素养，使数学教育教学真正成为“教师教以育人”“学生学以成人”“思维互动启发人”“数学文化育人”的学科专业实践。为了实现数学教师专业学习的这些应然性理想，需要结合当前数学教育教学的诸多现实对数学教师专业学习的实践属性进行深入分析。

一、数学教师专业学习实践内涵有着不同的层面要求

在数学核心素养教育从理念走向实施的宏观背景下，我国基础教育阶段数

学教师的培养与发展显然正处于一种新概念和新格局的重构阶段。这一阶段，分析数学教师专业学习的实践内涵需要采取与时代相适对的视野。从新时代数学教师高质量发展的宏观层面来分析，需要相关主体能主动聚焦并破解当前数学教师专业发展中诸如体制、机制、资源等深层次的矛盾与问题，并在数学教育现代化等宏大背景下化解这些深层次的矛盾和问题。从新时代数学教师高质量发展的中观层面来分析，需要相关主体能立足于新时代数学教师专业学习与数学教师高质量发展、数学教育高质量发展、学生数学核心素养有效发展等不同关系的逻辑起点，审视、反思、建构数学教师专业学习的实践性思维，主动深化新时代数学教师在专业发展与职后培训等方面的供给侧结构性改革。从新时代数学教师高质量发展的微观层面来分析，需要结合不同基础、不同层次、不同水平、不同个性、不同需求的数学教师具体讨论现有的专业学习有何不足，如何改变这些不足、如何落实国家关于教师培养的新政策。精准把握基础和水平不同、具有特定个性的数学教师基于数学核心素养教育教学在个人专业发展上的真实需求，积极关注新时代具有差异性的数学教师在职业发展不同阶段的学习需求所内蕴的学习自主导向性。通过更加有效的具体措施引导他们结合数学课程与教学变革的现实需要进行持续更新的专业学习，经由专业学习不断提升其作为数学教师的核心素养，为学生的深度数学学习、核心素养的目标落实、数学教育的高质量发展提供更加有力的支撑。

二、数学教师专业学习实践内涵的核心在于思维

实践不仅是化解新时代数学教师在专业学习中诸如理论学习飘浮、知识传授浅表、技能训练僵化等现实弊端的一种重要路径，也是新时代数学教师在专业学习中进行优化选择、创新致用的一种重要机制，体现了数学教师专业学习的行动化本质。理解新时代的数学课程，执行数学课程的新标准都是在实践中进行的，作为数学课程实施主力军的数学教师将自身的专业学习融入实践是新时代数学教师深化教育教学认识、改进数学核心素养教育教学活动的基础前提。新时代数学教师在专业学习中现存的许多问题是对新时代数学教育教学价值和高质量发展目的的异化，是对新时代数学教育教学中育人规律、思维发展的背离，本质上是数学教师在专业学习中实践思维的缺陷。重建数学教师专业学习就是重建数学教师专业学习的实践思维，以新时代数学教育教学高质量发展的情境创设为实践思维的客体，以新时代数学教师数学教育教学高质量发展的目标定向为实践动力的系统，以新时代数学教师专业学习行为的逻辑优化

为实践修正的法则。数学教师专业学习中的实践思维关联着数学教育教学活动的适切性，这是因为，以学生数学核心素养发展为育人指南的教学展开不仅需要数学教师内心拥有理解、认同和落实数学核心素养教育教学的自觉性，而且需要数学教师的教学行动基于数学核心素养教育教学的观念支撑和思维引导。就现实而言，新时代的数学核心素养教育教学要求已在实践层面“倒逼”着数学教师专业学习内容、学习方式的变革，即学习不是由专家预设某些标准并从外部进行推动、实施，而是由数学教师通过与特定的教育教学环境及与相关共同体或重要他人进行互动，并因此习得诸如“如何教会自己有效地引导学生建构数学核心素养”“如何实现用数学进行育人”“如何为学生的深度学习服务”“如何细化数学育人目标”“如何增强数学课程教学应有的指导性、创新性与可操作性”等胜任数学核心素养教学所必需的经验、知识与能力。唯有真正经历了数学教师专业学习内容、学习方式的变革，才能有效地确认其作为以数学核心素养为目标导向的专业教师身份。数学教育教学的理性、思维提升于数学教育教学的实践、反思，新时代数学教师的专业化学习思维本质上是一种实践性、创新性和反思性的思维。这也意味着，为了真正落实数学核心素养教育教学理念，基础教育阶段的数学教师所需要的专业学习应当是一种以实践创新、经验积累、活动反思为底色和导向的专业学习。在这种思维下，实践、经验、反思构成了数学教师专业学习的内容、方式、方法、质态，数学教师专业学习的目的、价值与过程在数学教师课程与教学的专业实践中获得既丰富又实在的确认。只有真正基于实践性思维展开专业学习的实践行动，数学教师的专业学习才能拥有“此在性”的实践内涵。由此，理解数学教师专业学习的实践内涵需要深入到实践思维中把握，也就是要从数学教师日常的专业学习活动与其所从事的数学教育教学工作这两者互融互济的关系中，从现实、丰富、复杂和日常的数学教与学的“实践”“活动”“反思”中，把握数学教师专业学习的要素，建构数学教师专业学习的理论。

三、关系视角下数学教师专业学习的实践内涵

数学教育教学是一种关系性存在，与数学教育教学密切相关的数学教师专业学习的实践也是一种关系性存在，是数学教育教学这种关系性存在网络中的教师主体与自我教育教学日常、专业学习中他人、专业学习中客体(学习内容、培养机构、实践工具)等不断建立关系的过程。数学教师专业学习非常强调实践，但实践本身不是一种静态、凝固和变动不居的，也不是仅以理论与知识学习

为导向的，而是一个知情意行统一、笃学善思致用、多元主体互动、理论实践对话、自我意义建构、专业价值彰显的关系性实践。

（一）数学教师的日常及其与自我的关系

从数学教师的日常及其与自我关系的角度看，数学教师通过数学教育教学实践与实践中的自我进行自在、自主、自觉的对话，深化个人关于数学核心素养等教育教学理念的认识，重建个人关于数学教育教学的过程、方法和情意。为了建立或维持其与仍在不断发展中的学科、学生及追求成长的自我等多维关系，数学教师的专业学习在方法上需要以实践为导向，即数学教师的专业学习需要以具身认知、具化行为和行动研究为导向。所谓具身认知，是指数学教师在专业学习过程中坚持身心统一、知行合一，即为了获得相关的理性知识，学习者需注意实践和活动及相关经验的积累，重视具身的体验过程，追求有目标、有深度的专业学习，通过参与具体的专业实践活动，促进个人数学教育教学认知的合理发展。学习具有涉身性、情境性、生成性，要重视身体、环境和知识整体性对学习的作用①，对数学教师专业学习而言，具身认知不仅要求数学教师改变自己不得法的学习方式，强调“心身统一”“身体力行”，而且对数学教师专业学习的组织者也提出了相关的要求，比如，应自觉地加强数学教师专业学习环境的建设。所谓具化行为，不仅指专业学习中的目标要具体、明确，而且指通过专业学习，数学教师在教育教学行为上要有明显、具体的改变。所谓行动研究，就是强调数学教师要在自然、真实的数学教育教学环境中展开相关课题研究，通过研究解决数学教育教学中实际存在的问题，改进数学教育教学实践。经由具身认知、具化行为和行动研究，数学教师可以更有效地增强自己在不同发展阶段进行深度教学及积极变革的勇气，丰富其作为专业人员的精神世界，不断生成师生基于数学核心素养的教育教学生活意义。

透过数学教师的日常及其与自我的关系，可以清晰地看到数学教师专业学习是一种常态化、主体性、伦理性和存在性专业实践。之所以说数学教师专业学习是一种常态化的专业实践，是想强调数学教师的专业学习不应是一种突击性、表演性、临时性的业务学习活动，不应是为了应付检查、考核与评估而被动参与的外部培训活动，而是在备课、说课、上课、观课、议课等日常性的教育教学生活中进行的自主性学习、自主性提高，其实践的状态是一种趋向日常、正常的学习状态、活动状态、思考状态和探究状态。之所以说数学教师专业学习是一

① 范文翔，赵瑞斌．具身认知的知识观、学习观与教学观[J]．电化教育研究，2020，41(7)：21-27，34.

种主体性的专业实践是想强调两方面的意涵。一方面,尽管数学教师在专业学习过程中存在着一些外在或外促性的因素,比如在特定的阶段或对特定的数学教师而言,他们的专业学习有可能需要一些来自外部环境的力量,需要诸如来自外部专家引导、特定组织或关键他人的推动作用,并因此使专业学习呈现出并非总是自觉性、意愿性和自我组织的状态,彰显出外力推动对于数学教师专业学习可能性的意义。但就总体而言,或从数学教师专业学习最终的发生或效果的有效性来说,数学教师是其专业学习的具体承担者,专业学习实践的发动更多地需要数学教师主动介入,专业学习实践过程的推进更多地需要数学教师依靠自我的力量。将数学教师专业学习的实现等同于事先预设的某种方案或倡导的某种工程而展开的形式化的实践活动,必然会导致数学教师培养活动中教师主体性的缺失。另一方面,数学教师的专业学习是一种自主性、能动性、自觉性、创造性、有目的性的学习,其基于实践的意愿、寓于实践的意图、改进实践的动机,表明数学教师在专业学习上的取向更多地体现了“己立立人”与“己达达人”的内在要求。数学教师专业学习肯定有一定的功利性,这种功利表面上看是为了教师自己专业素养的提升,是“立己”“达己”,不过,这种“立己”“达己”并非是数学教师专业学习的终极目的。这是因为,数学教师经由专业学习“立己”“达己”之后要实现其“立人”“达人”的教育教学理想,要致力于促进师生专业知识、学习能力和核心素养的有效提升,通过积极的行动将数学核心素养教学的“目标”“理想”“想要”转变为“行动”“在做”“实现”,在由虚到实的状态转变中强化数学教师作为教学改革实践着的行动者的意识。从具体表现来说,这种实践着的行动者旨在经由更有深度的专业学习努力提升实践行动中的自我,进而不断强化数学核心素养教学的目标导向,切实提高数学课程与教学目标、内容、过程与评价等各个环节的针对性、一致性、能动性。之所以说数学教师专业学习是一种伦理性的专业实践,是因为数学教师在专业学习中要平衡好“何以为师”“何以育人”“何以做人”“何以发展”等诸多关系,强调经由专业学习不仅从认知上分析核心素养在数学课程与教学中落实的问题,明确教师为了实现数学核心素养教育必须进行自我发展的基本意涵和实践路径,强调从教师与学生互动的角度建构专业学习的社会性,而且突出了数学教师“立学化人”“教以育人”“学以成师”“知行合一”“立德树人”“提质减负”的实践需要,这是指数学教师在教育教学中始终强调“育人”的意识,在专业学习实践中始终贯穿“立德”“立学”“成师”的要求,围绕培养人这一根本教学要求进行数学课程与教学有效途径的自我探索,强调通过数学教师与自我的互动、对话、协商,更有内涵地建立其在不同职业发展阶段的专业身份认同。整体分析数学教师的日常及其与自我的关系，可以看到数学教师在数学核心素养教育教学中的反思性以及教师个人“因需而研”“因需而学”“因学立教”“实践为要”的专业积极性，需要数学教师基于核心素养的教育教学实践重新认识数学课程内容设计、教学深度与广度把握、教学活动组织形式优化，突出其作为数学教学活动组织者、引导者和合作者的主体性，强调更有勇气、更有方向感、更有针对性地进行自我的发展。

（二）数学教师与学习系统中的他人关系

“一切的学习都是内蕴了同他人之关系的社会性实践”①，从数学教师与其学习系统中他人关系的角度看，数学教师专业学习是一种交往性、情境性的专业实践。数学教师专业学习是一种交往性的专业实践，强调数学教师的专业学习是在相互对话和建构理解的基础上对数学教育教学相关理念、方式、方法进行创新与致用的过程，是数学教师本人与他者在深度互动中展开的，是通过与其他个体或群体进行有价值的对话以促进思维真碰撞、观念真交流、知识真理解、素养真提升的过程。在这些过程中，数学教师本人通过敞开自我，与包括同事、学生、领导、教学督导、远程协作者等其他个体或群体进行直接或间接的对话与互动，把个人关于数学教育教学的理解、认识、困惑、经验与感受与其他人进行分享、交流，开展专业的研讨，学习、借鉴别人的方式、方法、经验，接受别人的意见或建议，主动防范、消解和克服个人学习中既存或潜在的成见，自觉地扬弃数学教育教学中可能发生的片面性、被动性，主动寻觅数学教育教学的新知新途。

数学教师专业学习作为一种情境性的专业实践，指向数学教师在情境中的专业学习，积极主动地将专业学习的具体实践融入特定的情境中。和其他学科教师学习类似，数学教师的专业学习也是对特定的情境有所依赖的。这是因为，数学教师专业学习是一种社会化、数学化、文化性的专业活动，是发生于数学教育教学实践共同体和特定环境中的，不同的时代、不同的学段、不同的课程、不同的学校、不同的教学对象、不同的教学评价都有可能对数学教师的专业学习提出不同的要求。就本质而言，数学教师专业学习的情境性是强调数学教师专业学习的非惰性化、非抽象化，即数学教师的专业学习既不是为了掌握诸多惰性的知识，也不是为了抽离具体的实践情境进行学术化教育教学理论知识的建构，而是在实践情境中学习相关的数学教育教学理论并坚持学以致用。尽

① 佐藤学.学习的快乐：走向对话[M].钟启泉，译.北京：教育科学出版社，2004：39.

管在专业学习过程中也部分地存在着以纯抽象化的教育教学理论等学习内容作为研探的对象，但这本身既不是主要的目的，也不可能形成持续的发展。只有在具体的实践情境中，教师才能感知与教育教学相关的问题以及围绕相关内容进行专业化学习的重要性、必要性，并因此使自己的专业知识、专业技能伴随着具体教学问题的解决而拓展、深化，并能更好地建构自我对数学教师角色、数学教育教学特质、学生数学学习动机等知识的深度理解，通过教学学会如何更好地教学、学习如何更有目标地专业成长，提高自己解决复杂性教育教学问题的能力以及相关的综合素养。

为了数学教师的发展与成长，数学教师的专业学习更重要的是基于数学教育教学情境的综合性活动过程与自主学习过程中知行交互的转换状态。比如，为了将情境教学的理论更合理地运用于数学核心素养的课堂教学，教师需要通过观察、思考、活动、研究等一系列以情境教学为导向的数学课堂教学，从中研究自己的教学如何突出教师“教”的情境性，如何突出学生“学”的情境性，特定题材中关于学生正确价值观、必备品格与关键能力的培养如何融入情境性，如何避免数学课堂教学中只有情境没有问题和思维，如何改变个人已有负面影响的教学惯性思维，真正让学生在数学活动过程中进行数学知识的深度学习，并因此实现理解知识、掌握知识和发展素养的目的。达到这些目的的一个重要手段是对教师进行培养，令人遗憾的是，考察当下的一些教师培训活动就会非常容易地发现，由于负责教师培训的老师缺少应有的情境意识，上课时更多是“目中无人”式的讲授，是自顾自式的“照本宣科”。这样一来，许多本来既生动又活泼的专业学习内容就被人为地变成了冰冷、僵化、生硬的理论性说教或符号化文字，参加培训的教师为了应付考核或检查，只是在了无兴趣中进行相关理论知识或文字符号的死记硬背，经由他主式的培训而自主式的专业学习，教师的实际收获甚微。从根本上说，作为情境性的专业实践，所强调的不仅是数学教师专业学习在内容产生上要基于数学教师日常的教育教学工作，而且确认了数学教师教育教学相关实践(诸如课程解读、教材分析、解题研究、试题编制等)可以为数学教师专业学习创设问题情境。这是因为，复杂、动态和具体的数学教育实践可以通过嵌入等方式成为数学教师专业学习的背景，可以助推学习过程中的数学教师激发自己的思考，提出值得关注、研究和解决的专业性问题。总之，适切的实践情境有利于激活数学教师专业学习本真和深层的需求。

数学教师专业学习的知识是数学教师专业实践活动、教育教学背景和教师反思成长等文化的一部分。在复杂多变的现实世界中，数学教师专业学习的知识并非是日常专业实践的简单累积或者叠加，而是需要基于特定问题情境、实践活动与教学反思的动态重构。在专业学习过程中，数学教师既需要和其他数学教师、专业指导者进行必要的思维碰撞，也需要自主的省视，需要不断地进行自我挑战，勇于“割舍一些自己‘日用而不知’的行为习惯”①。来源于实践待解的问题信息与回归实践的创新致用共构了数学教师专业学习的实践情境，数学教师将自己专业学习的知识、教学实践的思考和问题求解的情境相互链接，立足于具体的实践情境，以求解问题为导向谋求自己对于所从事专业的新知与新识，并因此能更好地适应更高标准与更高要求的数学教育教学情境，更合理地利用所学的新知新识积累更多的活动经验，对一些不良的教学情境做出积极的改变，努力创造品质更优的师生发展环境。基于这种情境化的专业学习思维，数学教师需要在实践中寻求自己专业学习的真问题，梳理自己在数学课程与教学中面临的困境、瓶颈，明确有待突破的难点和学习的重点，对自己专业发展的现实做出积极、有效的回应，并因此在实践中把自己专业学习的方式方法迁移到具体的数学教育教学情境中，将自己经由专业学习获得的新理念、新方法、新技术、新技能进行实践与运用。与此同时，数学教师还可以结合数学教育教学的实际效果对自己的实践与运用进行必要的检视与改进。可见，数学教师专业学习是一种情境性的专业实践，它不仅强调数学教师善于在现实、复杂、丰富、多元的实践情境中发展自己的专业，在数学思维与教学思维相互对接、动态平衡的工作环境中调整、优化自己的专业发展方向，而且强调通过融通与落地的机制使数学教师专业学习中知与行更加协调、统一，并因此实现专业发展的高质量和可持续性。

（三）数学教师与其专业学习内容的关系

从数学教师与其专业学习内容关系来看，数学教师专业学习的内容必然涉及数学教师对于数学教育教学活动中诸多符号知识、经验知识的认识与理解。尽管数学教育教学理论是数学教师专业学习的重要内容，但是数学教育教学理论本身既没有生动、鲜活的数学教育教学思维力量，也不能直接体现“教以育人”“学以成人”“立德树人”的生命价值。只有当数学教育教学理论与特定的师生、特定的数学教育教学活动及具体的数学活动目的密切关联时，才能被教师或学生赋予真正的力量。从理论本身的存在来看，我国自古就有“道不远人”的传统，数学教师在学习中不应拒绝理论知识的学习。但是，所谓的“道”或理论

① 陈向明. 从教师“专业发展”到教师“专业学习”[J]. 教育发展研究，2013，33(8)：1-7.

知识不可能脱离数学教师教育教学的生活、历史和他们具体的数学教育实践而存在,学习理论知识也是在自身数学教育教学活动的历史中感悟、反思相关的教育教学知识,探求数学教育之“道”。从理论向实践的转换来看,数学教师专业学习的教育教学理论知识需要转换为数学教师“用数学进行育人”“引导学生进行数学探究”“落实核心素养教育教学目标”的方式方法,经由转换,数学教师才能更好地建构其作为数学教育教学活动组织者、引导者、合作者与数学教育教学活动中他者之间关系的实践活动。这也表明,从数学教师与其专业学习内容的关系来分析,数学教师专业学习的实践在内涵上不仅表征为认知性的专业实践,而且表征为反思性的专业实践。

作为认知性的专业实践,数学教师的专业学习需要通过阅读、思考等方式增加个人对所教数学的理解,掌握一些新的数学教育教学理念,需要通过回顾、整理、分析和处理相关的教学活动经验及其内蕴的专业发展信息,并因此不断完善数学教师作为专业人员的教育教学思维系统。比如,数学教师通过主动了解当前所倡导的数学核心素养教学“是什么”,分析特定的课程教学中可能性的具体教学策略是什么,思考自己有哪些不足及应当怎么样去掌握相应的专业技能,在思考与行动的交织中逐步完善个人关于数学核心素养教学的理论解构与认知重组。对不同形态的专业实践进行比较可以发现,认知性的专业实践旨在通过理论的学习与思考弥补数学缺失性的知识,解决“有所知”的问题。

作为反思性的专业实践,数学教师的专业学习需要在一般性认知的基础上作进一步的深度思考,目的是进一步理解自己的学习方式、思考方式和教学方式。比如,在小学教学异分母分数加减运算时,学生常常问老师:异分母分数加减运算时为什么要通分?对这一基本问题,教师常常用分数单位的知识来解释,即对异分母的分数进行加减时,只有分数单位相同的两个分数才能进行加减运算,先通分就是为了使参加运算的异分母的分数变成相同分母的分数,通过通分使分母相异的分数变成分数单位相同的分数,然后按照相同分母分数加减运算的法则进行运算。如果学生觉得这样的回答难以理解,教师还需要反思如何改变自己的教学,特别地,可以引导学生的思维回到日常的生活中用现实的数学模型进行解释。比如,教师可以问学生,如果有一个大饼,老大吃了一半,老二吃了$\frac{1}{3}$,他们俩一起共吃掉了多少?在解决问题中,引导学生将大饼分成6份,老大吃了一半就是吃了其中的3份,老二吃了$\frac{1}{3}$就是吃了其中的2份,这样他们就一共吃了6份中的5份，$\frac{1}{2}+\frac{1}{3}=\frac{5}{6}$。这件事过去之后，教师后来进行自主的教学反思：有没有其他的方式向学生解释？哪种方式更合适？不同的解释对学生的数学核心素养产生了怎样的影响？什么才是真正的数学化和数学思维？他通过进一步深入的思考，觉得也可以用运算律的知识向学生解释，即因为参加运算的分数在分数单位上并不相同，所以无法直接进行$\frac{1}{2}+\frac{1}{3}$的运算，但是既然学生已经学习并掌握了整数的加法运算，所以也可以考虑将分数运算转化整数进行运算。事实上，借助于$1=6\times\frac{1}{6}$，就有$\frac{1}{2}+\frac{1}{3}=\left(\frac{1}{2}+\frac{1}{3}\right)\times6\times\frac{1}{6}=\left(\frac{1}{2}\times6+\frac{1}{3}\times6\right)\times\frac{1}{6}=(3+2)\times\frac{1}{6}=\frac{5}{6}$，在进一步的数学化活动中，教师既进行自我教学思维的启发而引导学生激活并展开自己更有数学味的活动思考，又将数学思维的培养具化于更加具体的数学运算和数学推理，使相关的能力和意识同步发展。这种做法显然有利于将所有算术代数的算法用运算律进行数学化的解释，在明辨事理中提升了学生数学思维深刻性的品质。

第三节　数学教师专业学习的实践属性

数学教师专业学习的实践属性是数学教师专业学习内蕴的基本属性，不仅存在于数学教师专业学习的基本内涵和各个环节中，而且表现在数学教师所学理论与所从事实践的双向互动中。数学教师对于所学数学教育教学理论以及数学教育教学实践的迟钝滞涩，必然会人为削弱数学教师专业学习的实践属性。正确地分析、认识数学教师专业学习的实践属性不仅有利于拓展数学教师专业学习理论视野及丰富相关研究的议题，提升数学教师在专业学习中的实践反思意识，而且有利于更有目的地改进数学教师专业学习的实践。

一、数学教师专业学习实践属性的不同方面

一方面，数学教师专业学习的实践属性是指数学教师经由专业学习对数学教育所承担育人功能和社会功能的认识、理解和运用。数学教师对于数学教育教学的认识不独立地存在于数学教育教学实践活动之外，即使是数学教师对于数学教育教学相关理论的认知本身也是一种实践性活动。理论认知、实践学习

共构了数学教师专业学习的内容，它们都具有非常重要的实践属性。另一方面，数学教师专业学习的实践属性也指向数学教师经由专业学习对数学教育教学活动和程序的选择、安排，既包含了数学教师对数学教育内外部关系、教师本人专业职责、专业化水平等方面的感悟，也包含了数学教师对数学教育内在本质属性从不同维度、不同侧面的理解与思考。这种感悟、理解与思考本身包含了数学教师在专业学习中的自我意识与自我价值，并且这种“自我”不仅是数学教师在专业学习中认识的主体，也是数学教师在专业学习中认识的客体。为了改进自己的专业学习活动，数学教师需要联系专业学习中的“自我”进行学习活动诸如定位、发动、维持、优化和调控等机制的探究、追问，体现学习者“自知者明”“认识自己”的要求，这无论对专业学习实践中的个体还是群体而言都具有十分重要的意义。这是因为，无论在现实的困境中，还是在复杂的问题中，或者在对立的冲突中，人们必须面对一些既严峻又艰难的选择、安排，需要进行主动的理解、思考和感悟，它们内蕴的挑战性不仅仅是知识与技术问题，而且是观念、思维与情意问题，是基于特定的问题空间、思维情境如何做出恰当选择、合理安排、深度理解和重新思考的问题。

尽管实践的属性可以进行描述或解说，但是实践的属性也有一定的模糊性、不确定性，并不能用数学的语言或逻辑学的逻辑进行严格的定义。对此，当代法国具有广泛国际影响的思想家布迪厄曾经明言：“谈论实践不是一件容易的事，除非从反面谈论它。”①这是因为，在更广泛的意义上，实践本身并不单纯属地指一种工具性的精确计算，也不完全是一种对象化的理性思考，更不是窄化一种基于符号语言的抽象命题。布迪厄所讨论的实践或许是一种既没有目的性、反思性，也没有必然性、逻辑性的活动。实践虽内涵丰富，有时可言传，有时却只能意会，无论是否可言传或意会，实践总是受到实践主体惯习的引导，实践通过个体或群体的再生产活动构建各种各样的场域，并在其中不断塑造着主体新的惯习。可见，惯习、实践、场域三者紧密相关，它们共构了互相循环的行动逻辑。由此，数学教师专业学习的实践属性就不能就实践谈实践，而是要联系数学教师专业学习的惯习和场域进行必要的讨论。此外，由于实践本身的模糊性、不确定性，讨论数学教师专业学习实践属性也可以逻辑化、定义式地说明。作为一个具体的做法，数学教师教育的主体可以尝试通过诸如描述或列举等方式对数学教师专业学习实践属性进行相关的具体分析。当然，如果正面进

① 布迪厄. 实践感[M]. 蒋梓骅，译. 南京：译林出版社，2003：124.

行的分析有着较大的困难，也可以考虑是否采取反面或排除的分析思路。比如，就数学教师专业学习中实践的内容与形式而言，从反面看，相关的实践就不应是将多元的数学教育教学主体单调化，不应是将丰富的数学教育教学理论庸俗化，不应是将深刻的核心素养教学理念浅薄化，不应是将具体的数学教育教学目标空洞化，不应是将动态的数学教学过程静态化，不应是将有趣的数学课堂活动枯燥化，不应是将火热的数学活动思考冰冷化，不应是将理智的数学解题活动题海化，不应是将本质的数学教育教学反思形式化。从数学教师专业学习本身来看，如果相应的分析是作为一个专业化的实践活动展开的，那么数学教师教育的相关主体也可从中重新审视数学教师专业提升、专业发展中的一些基本问题，基于专业学习与专业发展的相互促进，在实践中更好地推进数学教师的专业学习。

二、数学教师专业学习实践属性的多视角分析

数学教师专业学习的实践属性是理解、体认数学教师在专业学习中实践行为诸如系统性、复杂性、整体性、渗透性、协同性等特性内在的理据，它不仅指向数学教师专业学习在独特时代、特定阶段的社会原因及教育学意义，而且指向数学教师在专业学习中诸如目标定向、方法创新、策略选择、行为塑造、过程调适和效果评价的必要性、恰当性。由于数学教师专业学习实践属性不能脱离数学教师专业学习的具体实践而单独存在，所以分析、认识数学教师专业学习实践属性只有深入到数学教师专业学习的实践活动中进行必要的挖掘、彰显才能体现其对现实的指导意义。

（一）数学教师专业学习实践属性的学科取向分析

数学教师专业学习不仅融合了数学与教育的知识，而且融合了数学教育理论学习与实践运用的识知。数学教师专业学习的实践属性存在于知识与识知的专业方式之中，体现了数学学科与教育学科的双重的实践与意义指向。

一方面，数学教师不仅承担着所有教师都需要努力完成的诸如“培养人”“教育人”“发展人”等使命，而且承担着从事数学学科教学的特殊使命。前者要求数学教师通过专业学习能更好地理解学生、更好地理解教育，防范和克服因教学内容作为数量关系、空间形式内具的符号化、逻辑性、抽象性等特点掩盖或弱化数学教学活动对于学生作为发展中人的意义，使自己的教学成为促进学生理解知识、建构思维、生成意义的过程，并因此平衡数学课程与教学的工具性和育人性，实现数学育人合目的性与合规律性的辩证统一。后者要求数学教师通

过专业学习从较高的观点理解所教的数学，理解所教的学科因其知识的抽象、严谨和广泛应用而导致课堂活动在语言及其情境方面的特殊性，有针对性地进行有教学法加工，使数学教学活动真正成为一种具有教学指导性、过程再创造性的数学化活动、数学思维活动，更积极、更有效地激发学生对数学抽象思维、数学总结概括和数学建模应用等数学活动过程的兴趣；通过对数学教学内容固有的超越性进行有深度的再认识及在此基础上进行更具适切性的新解构、新重构、新超越，努力实现数学教学内容抽象性、形式化与数学教学活动经验性、过程性的真正有机结合起来。

另一方面，由于思维始终是数学教育教学的关键和核心，所以数学教师应当通过专业学习形成对学生更有帮助、体现教师个人专业水平的数学思维教学策略。为了实现数学思维教学的这种预期性教学目标，数学教师不仅需要通过经常性的数学思维训练使自己保持头脑的敏捷性，能用数学的眼光审视教育教学的内容，努力学习、学会“数学地思维”，并不断提高这种思维自动化的程度，而且需要防范和克服因教师个人对特定学习内容的熟悉感以及在数学思维上业已形成的自动性、自觉性而错误地认为学生的数学思维也是简单的、自明的、自动的，没有深入思考教师与学生数学思维上可能的差异性，没有认识到学生作为初级的数学学习者对于陌生的教学内容和抽象的思维方式可能存在着认知上不同程度的困难性，而是习惯性、简单化地将数学家严谨的学术思路或教师本人作为专业人员成熟的思维方式直接强加、硬塞给学生。

（二）数学教师专业学习实践属性的意义生成分析

数学教师专业学习实践是一个不断地生成教学生活意义、创造专业活动价值的过程，它在目的上是为了数学教师的教育教学实践，在方法上是基于数学教师的教育教学实践，在内容上是关于数学教师的教育教学及其研究。数学教师作为自身专业学习实践的创造者，是经由专业学习实践不断追寻数学教育教学专业化意义的个体，专业学习实践乃至整个的数学教学生活是数学教师勇于追寻与创造专业生活意义的实践活动。专业学习实践是数学教师专业成长赖以存在、持续发展的特殊的专业场域，是数学教师专业发展重要的构成要素，是制约数学教育教学高质量发展的重要力量。尽管数学教育教学理论学习对于数学教师专业发展很重要，但是，就实际效果而言，数学教师在专业上的发展、提升更多地是来自专业活动经验的不断累积而不是相关理论的系统学习或主动启迪。事实上，数学教师对于相关理论的了解、识记和理解性的认知并不能够完全代替他们在数学教育教学实践中的选择，他们在数学教育教学实践中瞬时做出的选择有时是基于主观和直觉的，并不完全依赖于所学的客观性知识。

数学教师专业学习实践属性的意义追求对数学教师专业学习实践活动提出了诸如问题情境性、目标导向性、思维发展性、立学育人性等内在的要求，要求数学教师以专业学习的实践深化及其内蕴的理性思维为基础，建立促进个人专业素养不断提升的机制，探索专业成长更加有效的渐进性路径。数学教师在数学活动中作为组织者、引导者和合作者等主体品格的确立，以及设计有问题情境、有数学意义的深度教育教学活动，获得数学教育教学专业生活的意义感、价值感，强化教育教学素养的自我意识、自我觉悟，提升数学教育教学能力与水平的发展品性，批判、改造与超越现有的专业实践，都表征了数学教师专业学习实践属性中意义生成的向度。

（三）数学教师专业学习实践属性的发生机制分析

数学教师专业的实践性本质上是一种能动的社会建构性，是数学教师在具有社会化属性的专业活动中对个人数学教育教学专业生活进行的反思性的理解和意义性的建构，是数学教师基于数学教育教学实践对个人教育教学生活习性的自我对话、自主改变和对个人数学教育教学理念、数学教育教学思维等数学教育教学基本认知的结构重建。例如，为了能做好数学的命题工作，教师就要深入理解数学学习评价的意义以及具体命题要求，基于数学教育教学实践的反思与数学教材、课程标准、课程教学、教育同行、教学对象和教师自我进行对话。所谓与数学教材对话，就是把数学教材作为命题重要载体，弄清楚相关的知识究竟是怎么演绎的。所谓与数学课程标准对话，就是把课程标准作为命题重要依据，弄清楚相关知识、能力的要求，相关课程内容从哪些方面深入地理解，达到什么程度。与课程教学对话，就是把命题作为课程教学的导向，弄清楚通过评价把教师的教和学生的学导向哪里。与教育同行对话，就是充分吸纳大家合理的意见或建议，弄清楚大家在数学教育教学评价的关注点究竟在哪儿，以同行的评价改进自己的命题设计。与教学对象对话，就是把学生作为数学命题评价最终的主体，思考相关的评价是否体现数学核心素养的导向，是否尊重了学生数学认知的规律，是否突出了结构化的数学知识，是否在形成、发展学生数学“四基”过程中落实了抽象、推理、运算等能力以及几何直观、空间观念等素养的培养，是否让学生在数学化的过程中形成了模型和数据的观念，是否形成了数学应用、知识创新和自我反思等方面的意识，相应的评价是否具有公平性、公正性、科学性和发展性。与教师自我对话，就是将命题作为命题者对数学课程标准、教学教材、课内外教学的反思、再理解，对相关知识的再梳理以及必要的演绎、解读，是教师本人对自己所拥有知识结构的评判。这种评判既有对相关重要知识点、能力点的检索，也有对数学思维方法的激活与发展。

由于数学教师的专业学习在深层次上涉及数学教师专业学习的意识、态度和行为，所以数学教师专业学习在属性上就必然要表现为局内人的实践，要求植根于数学教师专业活动经验进行实践，要求数学教师在数学教育教学实践和反思这一不断往返回溯的过程中体现专业的自主性和自觉思维，强调数学教师是自己专业学习实践的关键性建构者。仍以数学教学中的命题为例，真正的命题不是简单地从相关教学参考资料中摘抄，或者使用一些搜题软件"照一照"就搜到问题和解答，相反，教师本身要通过深入的专业学习实现从关注命题、研究命题、参与命题到学会命题的转变。教师对命题的关注不能仅仅停留于"如何解题"的层面，因为，较之于如何解题，命题者还要读懂并理解他人所命制的题目，要能琢磨一道好题究竟是如何产生的。好的命题者，需要从"关注"走向"研究"，不仅要能深入地研究一道试题如何才能做到情境的新颖、构思的独特和设问的别致，分析研制题目的立意和评价导向，而且要能评判所命题目的效度、信度、难度和区分度，要能结合命题的实践进行自主的反思。

数学教师的专业学习是在数学教师教育教学实践中进行并通过数学教育教学实践提升专业的能力和水平，实践的主体是教师本人，无论是对专业学习过程进行控制，还是对专业学习成效进行检测，都需要由数学教师主体来承担。数学教师不仅在专业学习实践中理解、体验着自己的专业发展需求，而且在深度理解的基础上创造性地运用自己的所学，基于实践引导自己的专业学习与教学改进进行双向互动，突出个人专业学习对数学教育教学实践改进的有用性。由此，无论是数学教师教育教学理念的更新还是数学教师专业知识的积累，既离不开数学教师主动、能动和自觉的专业学习，也离不开数学教师有效的实践性参与以及基于实践性参与的学科专业知识、教育教学思维和情意态度价值观等不同专业发展要素的有效融合。离开数学教育教学的实践来探讨数学教师的专业学习，无论建构了怎样丰富、精致的概念体系、理论知识，回到实践中依然是抽象、空洞的谈资说教。

基于自己的数学教育教学活动经验，数学教师常常以直觉、缄默、个体、非线性、非系统等方式或形态生成一些在数学教育教学实践中用得上的知识，并根据改进自身实践的需要不断拓宽个人的学科视野、知识视野。由久居于"象牙塔"中的局外人所倡导的理论性、应然性的规训或抽象性、逻辑性的建构，不仅将教师自身的主动性、积极性不断地边缘化，而且因对数学教师的专业实践缺少有效的关切而将师生本真的数学教育教学现实搁置。这种情况下，即使在数学教师面前呈现了许多既精致又系统的数学教育教学知识，也没有太多的实用价值，最终会因与数学教师教育教学实践生活的疏离而被束之高阁。

（四）数学教师专业学习实践属性的综合表现分析

数学教师专业学习是一种复合形态的有机整体，实践是数学教师专业学习的重要属性，无论是作为专业学习的过程、专业学习的目的还是作为专业学习的存在，实践都表征着数学教师专业学习的品性。正是从这样的角度，可以看到数学教师专业学习的实践属性会以一种综合的形态表现于数学教师专业学习理论源头上的实践性、过程形成上的实践性、育人目的指向上的实践性和学习效果反馈上的实践性。

数学教师专业学习理论源头的实践性并非指数学教师在专业学习中不需要学习理论知识，而是指数学教师专业学习即便是参与理论的学习或讨论，那么这种理论的学习或讨论也是直接源于改进数学教师教育教学实践的需要，根植于丰富、复杂数学教学活动实践高质量演进的需要。回归数学教育教学实践分析数学教育教学理论的价值，应防止数学教育教学理论与数学教育教学实践的脱嵌，要避免让数学教师挣扎于专业学习脱嵌的现实困顿之中，通过有效的举措使那些只是文本意义的数学教育教学理论真正走入数学课堂，真正走进数学师生主体本应相互交流与互动的数学教育教学活动。数学教育教学理论如果不能回到数学课堂，如果不能回到数学课堂中丰富的数学活动实践，师生就不能运用数学教育教学理论对自己的实践进行指导，也难以构建数学教育教学活动的实践理性思维。当然，如果有多种证据表明数学教师学习的某种理论与所从事的数学教育教学实践其实没有什么实在性的价值，那么这种理论其实也可以不学。当前，在不少关于数学教师专业知识的培训中，五花八门的理论实在是太多，讲课者没有厘清头绪，没有结构与关联，只是生硬地照本宣科，虽“大言滔滔”，教学效果却是“昏昏昭昭”。参加培养的教师在听课时就感到“昏昏昭昭”“渺而茫之”“云山雾罩”“不知所然”，这种情况下自然不能期待他们把这些所谓的理论灵活、有效地运用于日常的数学教育教学实践。

从数学教师专业学习过程形成上的实践性来分析，数学教师专业学习不可能是一个简单地预设目标，并能朝着所预设学习目标、沿着预设固定学习路径、采用现成学习方法而有效深入或顺利推进的活动过程。这是因为，数学教师的专业学习是一个立足当下、指向未来的复杂性实践工程，很难寄希望于自在、必然、一劳永逸和超越数学教育教学实践活动之外的结构性知识和专业性技能。

数学教师作为专业学习的主体很难在专业学习活动之前既详尽又准确地把握住专业学习的各系统要素，无论是专业学习的目标、内容还是专业学习的关键路径、具体方法，都需要结合具体的教学问题和实践情境进行动态的探索、建构。数学教师的专业学习虽有一定的预设性，但是这种预设本身不是凝固、静态和封闭的，而是在实践中动态、生成和开放的，是在数学教育教学实践中不断充实、调节、矫正、丰富、发展的完善的主体活动过程。

从数学教师专业学习育人目的指向的实践性来分析，数学教师专业学习固然有丰富自我的含义，但是这种丰富自我不应脱离其更好地育人的专业目的，育人指向了数学教师专业学习的目的性和数学教育特定的学科价值负载性。比如，数学教师需要从“数学教育”而不是“数学教学”角度来看待数学课程与教学工作，不能仅仅局限于数学教师这一角色理解并推进自己的工作实践，而是从自己首先是一名教师的角度来理解并推进自己的工作实践，并思考作为受教育对象的学生成为真正意义上的“人”需要哪些“核心素养”，数学学科需要做出哪些特殊的贡献，数学教育教学的本质是什么。只有真正弄明白这些基本性的数学教育教学问题，数学教师才能有把握地说自己是在正确的方向上推动数学核心素养的教育教学。数学教师专业学习无论实践过程还是理论感悟，只有转化为教师在数学教育教学中实际运用的成果才有专业的价值。一方面，数学教师自身的数学化实践、数学知识建构、数学思维发展、课程教学理论拓展需要和学生数学核心素养培养等专业活动密切关联起来，经由专业学习改进专业实践是数学教师专业学习应有的价值承诺。另一方面，就关联的建立而言，都需要基于具体的实践，特别地，都与数学活动经验的积累与提升密切相关，数学教师的专业学习有着特定学科品质、特定育人目标的实践性和致用性。

从数学教师专业学习效果反馈的实践性来分析，数学教师的专业学习是一种从自在逐步走向自为的专业自觉。如果数学教师精勤不倦地学到了一些他们自以为是的数学教育教学知识或者被他人认为非常重要的事实、常识，但后来又被研究者确认为自己的所学只不过是一些未经验证的教育教学假说或者是被高度伪装了的事实、常识，那么，他们的专业学习不仅不会产生有效的实践效果，而且会产生专业学习中的实践性“畸形迷途”。为了避免这些类似的情况，数学教师在专业学习中应坚持系统思维以更深刻地认识数学教师专业学习的实践属性，坚持实事求是的态度以更勇敢地面对真实的数学教育教学现实。数学教师的专业学习有没有真正直面自己在数学教育教学活动中的困惑、困难与问题，有没有真正直面学生经由数学教学得到发展的实践形态，需要以数学教师经由专业学习提升个人教学实践品质的有用性或是否真正有利于个人专业的高质量发展、良好数学教育的发生、核心素养目标的落实来检验数学教师专业学习实践的成效。

第四章 义务教育数学教师专业学习的模式建构

数学教师的专业学习是数学教师防止个人在知识与能力上不知不觉退化的有效举措，更是数学教师提振个人业务学习力、促进个人专业可持续发展的必经之路。鉴于数学教师专业学习本身的复杂性，数学教师专业学习不仅在目标、要求和情境等维度上有着具体、丰富的内涵，而且在专业学习的内容、过程、方式、方法上有着多元、多样的形式，并因此使数学教师的专业学习在模式上并非是单一、排他的，而是多元并存、兼容并包的。在专业学习过程中，数学教师不仅可以在学习借鉴他人已有模式的基础上，根据个人专业学习的预设目标，结合具体的学习内容和特定的资源环境等情况灵活地选择适合自己的专业学习模式，而且可以在动态协调、平衡个人专业学习需求和实践过程的基础上，建构适合自己的专业学习模式。好的专业学习模式不仅有利于数学教师尽快掌握自身专业学习中可能性的不足，通过更有效的专业学习方法对专业学习过程进行调整与优化，促进个人专业学习的目标达成，而且有利于数学教师将个人专业学习的知识、能力和素养转化为良好数学教育的具体实践，不断提升数学教育教学的质量和水平。为了建构出真正适合自己的好的专业学习模式，数学教师需努力突破个人专业学习不良的惯性思维，在教育教学和专业学习的实践中创新个人专业学习的内容、方式、方法，优化专业学习的各种要素与关系。分析义务教育数学教师专业学习的模式建构，有利于从整体上把握义务教育数学教师专业学习诸多内在的性质与特征，有利于深入考察义务教育数学教师专业学习内部要素的相关性、可利用性。

第一节　模式与数学教师专业学习的模式

一、关于模式

模式几乎是各行各业都广泛运用的一个词，尽管如此，人们对于模式并未产生完全相同的理解。在不同的学科或语境中，人们对模式内涵的理解甚至有着较大的差异。在数学学科中，所谓模式可以指向特征空间中的某一个特征或者所说特征空间的某一具体维度。在化学学科中，模式可以指向那些具有某种共同性质的一类现象的集合①。在心理学学科中，模式可以指向那些由若干元素或成分按一定关系形成的某种刺激结构，所强调的模式更多的是刺激的组合②。在传播学中，模式主要是指对所描述事物基本构架以及相关关系的一种理论化简约表达③。与此相对应，模式不仅强调了最简化地从某一特定角度显示事物最基本因素以及相互之间的关系，而且强调了提供其所描述事物和基本结构以及功能。在管理学的相关文献中，模式既可以指向某种事物标准的形式或者是让人能照着做的标准样式，又可以指向从生产、生活等经验中经过抽象、升华后所提炼出的核心知识体系，还可以指向事物的形态、解决一些或某一类问题的方法论或者一种程序化的规范和工具。在经济学的相关文献中，模式主要指在特定地域和特定历史条件下，那些具有鲜明特色的经济发展方法，强调的是发展地方经济的一些关键性做法或重要的方针、路线。在理论上，这种模式观指向经济系统运行状态以及对应机制的基本特征，所强调的是那些作为范本或模本化的式样，即经过必要的抽象和概括，形成一些经验性框架与发展性路径。在实践中，经济学领域所倡导的模式可以供其他实践更加广泛地进行学习、借鉴和运用。在行为学的相关文献中，模式既可以指特定的结构系统或者活动方式，也可以指遵从某种规则或规律产生的相对稳定的思维方式或者反复出现的一些表现。

综合上述关于模式的诸多表述，可以认为，模式既有理论意义的模式，又有实践意义的模式。无论哪一种模式，它们都指向所描述事物内部若干成分（包

---

① 许禄，邵学广．化学计量学方法[M]．2版．北京：科学出版社，2004：34-44．

② 王甦，汪安圣．认知心理学[M]．北京：北京大学出版社，1992：46．

③ 黄晓钟，杨效宏，冯钢．传播学关键术语释读[M]．成都：四川大学出版社，2005：62．

括元素、要素)按照一定关系(包括构成方式、组合规律)所组成的一定的表现形式或实践式样,所强调的是借鉴并运用某种理论去探索某一类待解的问题,在解决问题的实践中总结、提升出解决特定问题的成功经验,基于理论与实际的密切联系,将所获得的实践经验进一步简化为有效解决实践性问题的具有可操作性的知识系统和标准式样。在日常生活中,人们既要进行模式的识别,也要进行模式的建构。模式的识别是为了对表征事物或者现象的各种不同形式的信息做进一步的分析或处理,以更好地对所研究的事物或者现象进行辨别、分类、刻画、解释。模式的建构是为了把握实践活动内部稳定的结构框架或活动程序而对实践活动的表现形式、实践式样等进行的关系性刻画。

二、教师学习模式

关于教师的发展有许多的理论,比如,教师素养理论、教师知识理论、三方协同育师理论、教师自我发展理论、教师教育课程理论、教师教育模式理论、教师成长阶梯理论,等等,它们不仅成为我国教师教育的重要理论,而且指导着教师学习问题的研究①。尽管教师学习较之于教师教育其他的理论更具有基础性的意义,但就教师学习模式的研究而言,目前还没有非常直接的理论。事实上,已有的一些表述更多的是将教学学习模式的理念直接或间接地融入"教师培训""教师发展""教师教育""教师专业发展""教师科研发展""教师教学发展""教师专业学习"等学术概念之中。在不同的教师发展或教师专业发展模式中,往往会有不同的要素。例如,美国社会心理学家、教育家、体验式学习大师大卫·库伯(David Kolb)于 1984 年提出了"经验学习圈"的教师学习模式,其核心要素就是"经验""反思""实践";尤尔·潘于 1996 年提出的"增强的经验学习"教师发展模型,其核心要素就是在"经验""反思""实践"三个要素基础上增加了"专家知识"这一要素;我国学者祝智庭等人于 2005 年提出过"行动学习循环"教师学习模型,其核心要素就是在"经验""反思"两个要素基础上增加了"行动""内化""外化"三个要素。

总体而言,现有的教师发展理论认同教师学习及其相关的实践,认为教师的专业发展不仅关涉教师的自我实现,而且关涉他人(比如学生)的价值实现,教师为了实现自我或者他我的价值,就需要不断地学习,只有学习才能保障专

---

① 龙宝新.学科内卷化时代的教师教育学科建设[J].华东师范大学学报(教育科学版),2021,39(08):83-93.

业发展。至于如何进行教师的学习，不同的时期有不同的模式。20 世纪 80 年代，教育界普遍认为师徒结对制体现新老教师的传承，是培养新手教师的重要举措、宝贵经验、有效载体，作为一种学习模式被各级各类学校推广、运用。尽管师徒结对制的学习模式有许多优势，比如，该模式能有效地学习老教师内隐的教育教学经验①。但实践也表明，老教师作为师傅未必能对新手教师发挥应有的“脚手架”功能，囿于老教师单向性或者先入为主的指导，新手教师在学习中也会缺失许多创造性机会。由于担心“教会了徒弟会饿死师傅”，加之许多老教师在授徒过程中并没有得到应有的回报，所以教师教育实践中也存在着这样的现象，即许多老教师在指导新手教师时不仅内心存在着一定的不平衡心理，而且会因此缺乏持续、深入指导的动力。久而久之，“师徒结对制”学习模式在实践过程中渐渐地产生了一些令人值得关注的异化现象。为改变这种现象，国内有研究者从实践的角度提出了“师徒同台上课”“实施多层级议课”“引入发展性资源”等建议②。与此相关，国外则有研究者建议将“师徒结对制”学习模式进一步细分和灵活运用，避免“单方传帮带模式”，合理运用“二元合作发展”③和“多元异质学习”④等新型的师徒结对制学习模式。随着教师教育理念的发展，师徒结对制教师学习模式的内涵不断更新，已不再是最初的师傅对徒弟进行单方向上的“传”“帮”“带”式的学习、引导，而是逐步发展到了师徒双方合作、互相成就的新型模式。在新型的师徒结对制教师学习模式下，师徒结对学习、指导可以被描述为两个或者多个个体间双向互动、合作的学习过程，师傅和徒弟双方需要互相承诺、共同进行学习投入，彼此之间不仅具有传统意义上的师徒关系，而且具有现代意义上的专业关系、合作关系、朋友关系；老教师对新手教师进行连续性指导，新手教师向老教师进行全方面学习；学校从制度层面建立支持性的师徒学习环境，既增强老教师的工作绩效，又强化新手教师的组织文化认同，如图 4-1 所示。实践表明，所以这些努力，对于建立、维持良好的师徒关系既重要又必要⑤。

---

① 刘桂辉，侯德娟. 教师的教学经验及其理性升华[J]. 中国教育学刊，2017(3)：89-94.

② 毛齐明，岳奎. “师徒制”教师学习：困境与出路[J]. 教育发展研究，2011，33(22)：58-62.

③ COY L J. A case study of a professional development initiative focused on novice teacher menatoring[D]. New Mexico：New Mexico State University，2004.

④ ZHCHARY L J. The mentor ' s guide：facilitating effective learning relationships[M]. San Francisco，CA：Jossey-Bass，2000.

⑤ VILANI S. Mentoring programs for new teachers：models of induction and support[M]. Thousand Oaks，CA：Corwin Press. 2002.

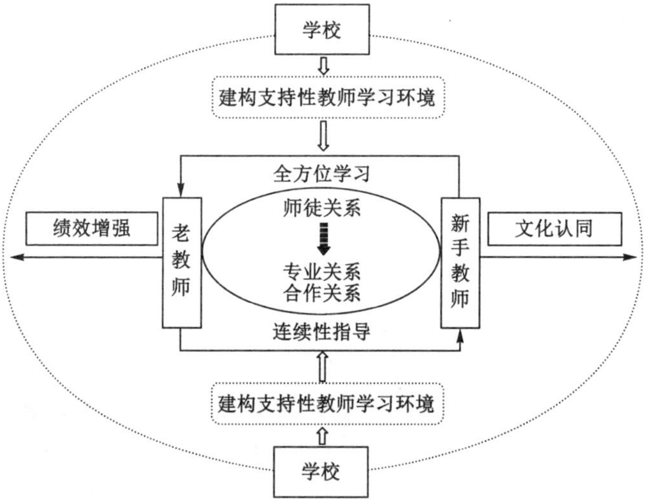

图 4-1 师徒关系的一种新模式

除了一个体对另一个体展开的师徒结对制教师学习模式，还存在着个体对群体以及个体自我展开的教师学习模式，它们主要可以归结为“基于培训”“基于科研”“基于活动”的教师学习模式。这些模式各有其不同的理论假设，在实际运用中需要防范、克服其可能的局限性。就基于培训的教师学习模式而言，该模式通常假设教师教学的能力主要由一系列“微技能”“技艺”所组成，教师学习要突出“课堂提问”“课堂管理”“教学设计”“教学反馈”等教学技艺的培训。这种教师学习模式默认教师在专业知识、专业技能方面存在着先天性“缺陷”，需要由外部进行营养输送，所输送的知识与技能不仅可以脱离具体的教育教学情境独立地存在，而且可以通过“分割传送”“我讲你听”等方式进行随意移动。就基于科研的教师学习模式而言，该模式背后的理论假设是，在信息化社会中，知识已呈现了爆炸式的增长态势，自上而下、教什么学什么的教师业务培训已不能满足教师学习的需要，为了使教师的教学避免“失之于浅”，需要基于科研展开教师的学习。这是因为，通过科研不仅可以及时更新教育教学思想、丰富专业知识，而且可以加强教师对于所教知识的深刻理解，促进教师教学思维方式的改进。由此，在教师学习中，强调通过“项目申报”“专题研修”等科研活动引导教师自我提升，强调学校要建立健全教科研机制，创设教科研平台，给不同层次的教师提供科研立项、参与项目实施等教科研活动机会。尽管“基于科研的教师学习模式”对“基于培训的教师学习模式”进行了反思与批判，但是这一教师学习模式也存在着“自上而下”的不足。这是因为，大多数课题是由上级部门立项后予以实施的，并且以学校为研究的主体，这些课题通常在立项后开题，中间没有实质性的过程，到了结项时间通过拼凑一些材料混过关，随着课题的结题，基于科研的教师学习也随之结束。就基于活动的教师学习模式而言，该模式认为，教师学习并不是关于知识的直接传递和接受过程，也不只是教师个体关于教科研的内在心理活动，教师学习是教师个人内在认知活动与外在实践行为的互动过程，是教师个体与其他个体或群体的交往互动过程，既有教师心智的发展，也有教师行为的改变，由此教师学习本质上是教师通过一定的平台或中介与外部个体或群体不断交往互动、实践反思的结果。基于活动的教师学习模式强调老教师基于学习、反思不断重构实践活动，强调活动共同体对于实践个体的影响，强调经由专业化的学习活动提升教育教学质量、生成教师个人的理论①。基于案例的学习既可以看成基于科研的学习，也可以看成基于活动的学习，更多情况下可以看成介于这两种模式之间。不过从总体上说，教师学习的关键是基于案例的深入理解②。基于案例的学习密切联系了“教师变化中的工作”以及“变化中的学习”，在提供真实学习经验方面有其独特的价值③。

不同的教师学习模式既有其优点，也有其不足，关键是要超越已有学习模式的局限性，突破对教师学习一些不恰当的惯常化理解。在大多数情况下，教师主要通过听专家报告或自己读书获得一些“为了实践的知识”，并在日常工作中进行运用，尽管这种学习模式也需要学习者通过诸如感知（具体体验）和领悟（抽象概括）等不同的体验，需要主讲的教师引导学生收集、观察相关的实例并据此扩展到相关的概念定义上，但是，由于基于这种学习模式的学习活动在重心上是掌握已经存在的理论性知识和他人构建的教育教学观念，学习不仅缺少真实工作环境的支持，而且缺少学习者本人的实践反思，所以本质上是强调通过相关心理机制对所学知识进行编码、储存、内化、理解，突出学习者在学习中的认知，是“从知道者到学习者”被动的传递式学习模式，所以通常被称为“获得性的学习模式”。由于教师的学习是基于教师个人特定的工作经验、教研思考、专业态度以及相应的时间与空间自由，所以教师的学习更需要教师结合个人实践需求主动地发起或参与到其他人发起的互动式学习过程中，在这种学习活动

---

① 毛齐明．略论“社会文化：活动”理论视野下的学习过程观[J]．外国教育研究，2011，38(6)：1-6.

② 王洁，顾泠沅．行动教育：教师在职学习的范式革新[M]．上海：华东师范大学出版社，2007：3-5.

③ 朱旭东．教师专业发展理论研究[M]．北京：北京师范大学出版社，2011：145-146.

中，注重在相对真实性的环境中进行知识与能力建构，建构过程突出不同学习者的协同、协商和知识、信息的共享，学习者能较好地进行知识运用的体验，反思教育教学实践对个人专业能力的需求，所以在本质上这种模式超越了片面的认知性学习，属于“从学习者到学习者”主动建构、参与型的学习模式，所以通常被称为“参与性的学习模式”。尽管“获得性的学习模式”“参与性的学习模式”在教师专业发展中都能发挥积极的作用，但这两种模式的学习主要是同一类领域或同一学科教师之间的学习交流，学习者及其学习范围都有着不少的限制。为了鼓励、引导不同的学习者相互学习以及努力超越现有的工作范围，教师学习要由“限制性”走向“拓展性”，即应当鼓励教师在教育教学实践中与非本专业或非小同行的教师群体进行创造性的合作学习，通过合作解决教育教学实践中的问题，通过情境分析、实践反思构建新的专业能力。由于这种模式更加注重不同人员之间的横向交流，更加注重与来自不同学科、专业或教研组教师之间的相互学习，所以通常被称为“拓展性的学习模式”。在具体化的教师学习实践活动中，获得性、参与性与拓展性三种模式并非完全独立的，而是相互联系、相互支撑的(图 4-2)，需要结合具体的学习内容进行合理选择与应用，以更好地激活教师学习的主动性、活动性、实践性、拓展性。

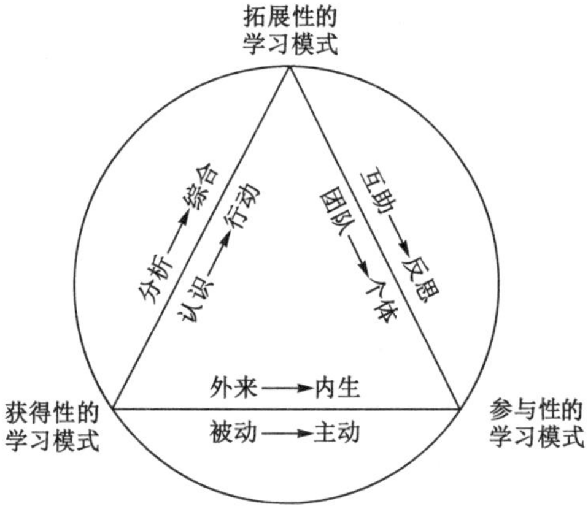

图 4-2　教师学习的三种模式

不管选择哪种教师学习模式，教师的学习都需要教师的主体性，并且都离不开学习目标的针对性、学习态度的积极性、学习任务的驱动性、学习内容的构建性、学习情境的问题性、学习过程的反思性、学习方式的探究性、学习应用的实践性、学习效果的反思性、学习评价的诊断性。由此，在深入分析教师作为学习主体特征的同时，还需要分析教师学习的目标、过程、评价，更有针对性地把握教师学习的内容，研制相应的学习模式。国内有研究者指出教师学习模式与教师学习的方法、策略密切相关。研究者基于实证调查，通过探索性、验证性两种因素的分析对教师学习策略进行了研究，指出教师学习策略由“反思实践”“专业对话”“阅读规划”“观摩学习”“拜师学艺”“记录研思”“批判性思维”等七个具体学习行为构成①，某种意义上，这些策略指向了教师学习模式中的要素。由于教师作为个体所进行的学习反思有可能产生一些错误或者对教育教学实践中的现象与问题形成误判，所以教师学习需要由个体反思走向群体互动，需要通过集体的智慧提升实践反思的水平，防止或纠正一些可能性的错误，不仅要承认共同体对于教师学习所具有的各种潜在价值，而且要创造条件，引导教师在实践共同体中与其他教师进行广泛的合作与交流。彼得·圣吉曾对教师学习共同体进行了研究，指出学习共同体应当具有五方面的要素，即系统思考、自我超越、心智模式、共同愿景和团体学习②，如图 4-3 所示。这些对于建构基于共同体的教学学习模式显然具有一定的借鉴意义，应当让教师作为一名“反思性实践家”，与“学习共同体”相辅相成地发挥作用③。

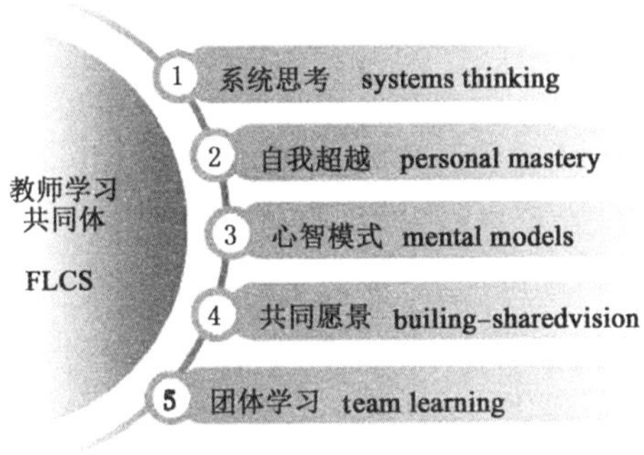

图 4-3　教师学习共同体 FLCs

三、数学教师专业学习的模式

随着教师学习研究及相关实践的推进，教师培训、校本研修被作为一种常

① 张敏. 教师学习策略结构研究[J]. 教育研究，2008(6)：84-90.

② 圣吉. 第五项修炼：学习型组织的艺术与实务[M]. 郭进隆，译. 上海：上海三联书店，1998：55.

③ 钟启泉. 学力目标与课堂转型：试析“新课程改革”的认知心理学依据[J]. 全球教育展望，2021(7)：14-27.

规的学习方式并逐渐固化成教师专业学习的模式，且在学校教师培养和诸多内部变革中发挥了一定的作用①。与此同时，这些模式本身的不足在实践中也不断显现。一方面，这些模式从总体上说是传统型的，且主要依托行政力量的强制推行或者绩效政策的外部塑形。在这种情况下，教师在自己的专业学习中缺失了应有的主体性，学习的主动性、能动性和创造性受到了压制。另一方面，这些模式主要偏重于理论知识学习，在学习方式上教师处于被动接受和被灌输的状态，虽然学习了一定的理论知识，但教师所学理论知识与实践运用脱节，教师的专业学习不能一以贯之、持续深入地发展。调研表明，许多教师对于为什么要学习、学习什么、如何学习、如何运用自己的学习缺少正确的认知，以为听了讲座或看了书就完成了专业学习的任务，很少主动地进行学以致用的行为转换。从效果来分析，由于学习模式本身的不适当，教师虽然在专业学习上花费了许多时间和精力，但专业学习在改变教师的课堂教学实践、促进教师的自我发展等方面仍被证明缺乏应有的效果②。

变革学习模式是改进专业学习效果的重要前提。当意识到旧有模式可能的缺陷或不足后，人们对于教师专业学习有可能会有意识地做一些改变，虽然这些改变在当时并没有产生很大的行为变化，也不具有十分明显的效果，但是，学习者自己仍在实践着的模式会在观念或态度上发生一些悄悄的变化，并推进了新型学习模式的产生。比如，华莱士(Wallace)指出，尽管“学徒”与“应用科学”都是非常重要的专业学习模式，但是反思性的专业实践本身也是一种模式③。舒尔曼(Shulman)等则认为，较之于其他模式，学习共同体对教师专业学习是一种非常重要的“新型的学习模式”④。较之于以往将专业学习完全定位于工作的场域，基于生活场域的专业学习也得到了推广，专业学习模式在超越工作的场域中构建了相应的内涵。较之于传统工作坊式的专业学习方式，现代工作坊的专业学习吸纳了诸如“自主专业学习”“群体探究专业学习”“互助自学专业学习”“团队共创专业学习”“研训用一体化专业学习”等不同方式或模式中的

---

① 朱宁波，秦丽楠.新时代中小学教学名师的培养策略[J].教育科学，2020(1)：35-42.

② 杜小双.教师学习与改变研究的复杂理论转向：基于三种教师学习模型的对比分析[J].教育学术月刊，2021(4)：82-89.

③ WALLACE M J. Training foreign language teachers：a reflective approach[M]. Cambridge：Cambridge University Press，1991.

④ SHULMAN L S，SHULMAN J H. How and what teachers learn：a shifting perspective[J]. Journal of curriculum studies，2004，36(2)：257-271.

合理成分，建构了基于实际需要的混合式专业学习等新的方式或模式，并逐渐成为一种国际化的趋势。在这些新的方式或模式中，教师专业学习更加强调要体现“合作建构”“行动改变”“实践反思”，通过平等对话、合作建构、同侪互助促进教师共同体的学习与反思，改进教师的教育教学认知与教育教学行为，努力解决教师教育教学实践中面对的困难、困惑与各种复杂性的问题，助推教师教育教学智慧生成和教育教学质量提升①。

就数学教师的专业学习而言，尽管人们认识到一些专业学习的课程内容或方式方法并不怎么合理，特别是令人产生学习舒服、感觉学习有实效、有收获的比较少，明显地存在着不少的问题，但是，这种现象短期内又难以改变。事实上，由于数学教育教学资源发展本身的不均衡性，以及以知识与技能为主导、偏向理论授受、获得性的专业学习模式相对地容易实现，上述现象在许多地方不仅事实上存在，而且这种存在本身仍有其合理性意义和现实性土壤。不过，人们也欣喜地看到，从总体上说，发展、变化本身是大方向、大趋势。近二十年来，数学教师的专业学习不仅在专业学习的内容、范围和形式等方面上逐步突破了一些旧有的理念，而且在主体层面强调由教师的个体学习转向教师的群体学习，通过实践共同体促进教师个体学习成为一道亮丽的风景线②。比较教师专业学习的新旧模式可以发现，旧有的模式“不是没有作用，而是不够有力，不够具体，不够持久，并因此无法改变课堂和学校的文化”。③ 数学教师的专业学习不再是传统意义上的外出培训或者专家讲座，而是伴随着专业学习内容和形式的变化产生了数学专业学习模式的概念。具体而言，数学教师的专业学习模式是基于数学教师专业的学习理念而建立起来的较为稳定的专业学习活动框架和与该专业学习活动有关各要素的结构。数学教师的专业学习模式不仅表现了数学教师专业学习的理论性结构框架，而且建构了数学教师专业学习的实践性式样，必然会对数学教师的数学教育教学思维、专业实践品质起到潜移默化的促进作用。不同于数学学科中以知识表征、理论建构为导向的抽象、简单的数学建模建构，数学教师专业学习模式的建构不是以知识提炼为导向的，而是

---

① 李宝敏，宫玲玲. 教师混合式研修中教学、认知、社会临场感的关系研究：以信息技术应用能力提升项目为例[J]. 教师教育研究，2020，32(5)：59-68.

② FENWICK T J. Teacher learning and professional growth plans：implementation of a provincial policy[J]. Journal of curriculum and supervision，2004，19(3)：259-282.

③ FULLAN M. Change the terms for teacher learning[J]. Journal of staff development，2007，28(3)：35-36.

以指向数学教师作为一个特殊知识人的专业素质提升为目标的，不仅要考虑数学教师作为特殊知识人的专业发展规律，也要兼顾数学教师个人的学习风格和所在学校教师长期以来在教研组等群体学习方式上的历史传承。进一步的考察也表明，数学教师个体、群体及所在组织在专业学习上都呈现了复杂、多变的互动关系，比如，数学教师个体的专业学习本身是融合或嵌入了数学教师专业学习的理念、情感、互动、交流等诸多个性化成分的实践因子①，在具体实践方式上既有数学教研组层面数学教育教学知识的社会化过程，又有数学教师个体已有内隐性专业知识的外部化过程，还有以数学教师个体知识内化、提升过程以及以教师个体发展为中介促进学生或其他教师发展的过程②。由此，数学教师专业学习的模式甚至受到了相关研究者的质疑。尽管这种质疑并非完全合理，但是，质疑本身的存在至少说明数学教师专业学习的模式并不是静止、固定或单一化的。相反，动态、发展与多样或许更应当成为数学教师专业学习模式的存在方式。

意识到并合理地选择或建构专业学习模式对数学教师的专业发展具有十分重要的意义。就具体的专业学习实践而言，数学教师通常会根据个人的求学经历、从学经验、对数学教育教学和个人专业发展的信念，选择一些具体化的专业学习方式，或者建构与个人专业学习需求适配的专业学习实践模式，并据此进入数学教师个体或群体所构建的专业学习场域。与之相对应，各种理论形态的专业学习模式经数学教师本人选择、再建构和实践运用后将转换为数学教师个人的专业学习思维和实际的专业学习行动取向。那么，在数学教师专业学习中，有哪些基本的专业学习模式呢？根据不同的分类标准，数学教师专业学习的模式可以分成不同的类型。比如，以专业学习中实际主导的形态为标准，数学教师专业学习既可以分为意义导向型专业学习模式、应用导向型专业学习模式，也可以分为以问题探究为导向的专业学习模式、以知识积累为导向的专业学习模式，或者可以分为以理论为主导的学习模式和以实践为主导的学习模式，后者有时也可分别称为学院式的专业学习模式和现场式的专业学习模式。以专业学习过程偏好为标准，数学教师专业学习可以分为基于理论导引的自主学习模式、基于行动研究的专业学习模式、基于情境响应的专业学习模式、基于

① 罗先德."模式"真的那么重要吗？[J].人民教育，2016(6)：6-7.

② 王晓芳，侯舒艨.组织学习视角下教师学习过程中知识的多层次转换：一项个案比较研究[J].全球教育展望，2019，48(9)：114-128.

问题解决的专业学习模式、基于群体交往互动的专业学习模式①。以专业学习的过程方法为标准，数学教师专业学习可以分为获得性专业学习模式和建构性专业学习模式，它们有时也分别对应于他主型专业学习模式和自主型专业学习模式。根据专业学习是否被立项，数学教师专业学习可以分为项目化的专业学习模式和兴趣式的专业学习模式。根据学习过程中具体体验、实际研究或参与活动的不同程度，数学教师专业学习可以分为体验式的专业学习模式、实践导向型的专业学习模式、知识为本型的专业学习模式、活动探究式的专业学习模式。根据专家嵌入教师工作实践方式的不同，数学教师专业学习可以分为“专家进课堂指导”的专业学习模式、“专家引领研学助教”的专业学习模式，这两者虽然都重视专家对数学教师专业学习的影响，但是有着相对不同的指导与学习方式。一般地说，“专家进课堂指导”的专业学习模式更为重视从数学教师的现场教育教学中进行指导与学习，“专家引领研学助教”的专业学习模式更为重视从数学教师所在校情学情中进行指导与学习。根据学习内容的偏重，数学教师专业学习可以分为基于 MPCK 的专业学习模式、基于 MLCK 的专业学习模式、基于 TPCK 的专业学习模式。

从技术角度来分析，数学教师专业学习有着许多不同的模式。事实上，在传统意义下，技术对于教师专业学习的影响并不是十分明显，主要是通过基于外部的一些立场对教师的专业学习施加影响，技术不仅游离于教师的身体之外，而且没有真正嵌入到教师的专业实践，难以从教师专业学习的立场深入评估不同的技术对于教师专业学习所具有的意义，当然也就谈不上不同技术之间的最优化运用。为此，国家层面越来越重视教师专业学习中的信息技术应用能力的提升。比如，早在 2013 年，全国各地虽然都通过多种途径开展了教师信息技术的相关培训，也取得了许多积极的成效，但是，实践也表明教师信息技术应用能力的学习与培训仍存在着诸如项目分散、标准不全、模式单一、学用脱节等突出问题。为了改变这些现实不足的问题，更好地贯彻落实国家教育信息化总体要求，全面提升教师信息技术应用的能力，教育部印发了《关于实施全国中小学教师信息技术应用能力提升工程的意见》，在这一文件中明确要求各地将网络研修与校本实践有机结合起来，推行混合研修的专业学习模式。在人工智能教育背景下，不仅产生了“泛在化”或“移动化”的专业学习模式，而且通过技术

① 桑国元.教师作为学习者：教师学习研究的进展与趋势[J].首都师范大学学报(社会科学版)，2017(1)：142-148.

可以帮助教师的专业学习从“游离身外”转向“具身模拟”,通过模拟特定的专业性活动过程,帮助教师发现相关知识的独特价值和自己更切实际的专业学习需要,并因此从深层的意义上更清晰地理解自己的专业学习①。比如,为了提升新手教师的专业学习效果,可以利用包括微信群、QQ群、在线视频会议、Mathematics等数学软件,针对新手教师专业学习的特殊需求,搭建专业学习平台,建立“老中青传帮带”相互关联的专业学习模式、线上线下混合专业学习模式、在线教学观摩与实时指导专业学习模式。这些模式通过技术支撑并强化新手数学教师专业学习,营造互动化、体验式、沉浸式的专业学习情境,缓解新手教师专业发展的孤单感,通过不同教师之间的教育教学思想交流和教育教学实践经验分享,改进新手教师专业学习的效果,引导新手数学教师经由专业学习实现自我认同。在新冠疫情防控期间,有不少学校采取了师生居家进行线上教学的措施,数学教师的专业学习也由传统的模式变化为基于虚拟共同体在线交流的居家专业学习模式,并且取得了相对较好的实践效果。当然,在网络化、人工智能化的教育背景下也存在负面影响数学教师专业学习的相关因素。比如,尽管网络资源因其内容的丰富性、检索的便捷性、形式的多样性、形象的直观性等特点已逐渐地成为广大数学教师进行教学设计等工作任务时的重要工具,但是,由于网络资源本身也存在着诸如“资源泛杂”“良莠不齐”“鱼龙混杂”“水平不一”等现实的因素,如果数学教师不能搜索到既科学又合适的资源就会负面影响他们的教学设计。一些教师照搬照抄网上的东西,不仅弱化自己的教学设计能力,而且误导了学生的数学学习。此外,由于信息的过量或冗余,数学教师在专业学习中也有可能产生阅读疲劳、思维惰性等方面的问题,时间一长,数学教师对于专业学习的参与意愿就会衰减。多种不同的因素叠加在一起,就会造成数学教师专业学习实际效果不断弱化的现象。为改变这种情况,数学教师需将自己的专业学习内需和外部信息资源进行无缝的耦合,需要学会探寻并重构适合自己的专业学习模式。作为前提条件之一,数学教师需要对一些基本的数学专业学习模式进行识别与利用,需要将个人学习动机与外部信息资源对学习支撑及其可实现性进行对接。

从复杂性、系统性思维的角度来分析,数学教师专业学习既需要合理运用不同的专业学习模式,又需要通过进行专业学习模式的必要拓展,通过提升数

① 谢泉峰,刘要悟.具身模拟:人工智能赋能的学习变革[J].课程·教材·教法,2020,40(12):116-122.

学教师专业学习模式应有的“拓展力”[①]，促进数学教师将“数学专业知识的学习”“教育过程的理解”“数学教学设计的训练”“现代信息技术的掌握”等专业学习目标及其内嵌的学科领域进行融合，通过跨越相关学科域界推进跨界课例研究[②]，促进数学教师之间及与不同学科教师之间进行有效的相互交流、相互学习。数学教师专业学习不仅有多种不同的模式，而且每种模式又可以分为若干亚模式，分析这些不同的模式需要对它们进行动态和辩证的理解，将数学教师专业学习的活动框架和关系要素从以由因导果的线性模式转变为因果互动的关系模式，以更好地理解数学教师专业学习的发生及其所需条件。根据日本东京大学教授、知名学者佐藤学(Manabu Sato)的对话学习理论，数学教师应成为“付诸行动的研究者”，数学教师的专业学习应突出三种对话性的实践，即数学教师与外部客观世界的交往、与教师自我进行的对话以及与专家、领导、同事或学生等重要他人的对话，通过对话实现专业学习中的关系重建和个人专业的可持续发展[③]。为了从因果互动的关系解释中理解并构建数学专业学习的模式，需要全面审视数学教师专业学习作为一个系统所包括的各类对话主体，从教师个体、专业学习活动和组织环境等子系统及其所内蕴的复杂性互动关系理解数学教师的专业学习，并因此从整体性、实践性和对话性的学习思维理解并创新数学教师专业学习模式，构建数学教师专业学习的研究框架[④]。

第二节　基于课例分析的数学教师专业学习模式

数学教师专业学习有多种模式。在众多模式中，基于课例分析的专业学习无疑是一个非常重要、更加有效的专业学习模式。一方面，数学课堂不仅是数学课程与教学改革的“主战场”，而且是数学教师专业学习效果检验的“平台”。只有真正聚焦于数学教师在课堂上创生的教学案例，才能从实处、深处评估数学教师的专业学习，才能真正推动数学课堂变革的发生。另一方面，无论从理论层面还是从实践层面看，经由课例分析产生的学习不仅有教师的学习，而且有学生的学习。通过课例分析不仅能深入分析学生在数学教学过程中诸如情

---

① ENGESTRÖM Y. Studies in expansive learning: learning what is not yet there[M]. Cambridge: Cambridge University Press, 2016: 9.

② 陈向明. 跨界课例研究中的教师学习[J]. 教育学报, 2020(2): 47-58.

③ 佐藤学. 学习的快乐：走向对话[M]. 钟启泉，译. 北京：教育科学出版社, 2004: 38-40.

④ 王敬，于伟. 复杂学习观：国外教师专业学习研究的新视角[J]. 外国教育研究, 2018, 45(4): 3-14.

景感知、概念获得和思维发展等因素[①]，由此使它成为数学教师教育教学水平提高和学生数学学习效果提升的一个重要手段，而且能分析数学教育教学团队中教师个体或群体对于数学课程与教学的深入理解，并因此促进他们在数学教育教学专业知识、数学课程教学能力、协同创新实践、数学教育教学理念转变等不同方面的有效发展。

一、课例及课例分析

所谓课例通常指"一节课""一类课"或"一个片段"的教学案例，强调讲述某一节课、某一类课或某一教学片段背后的故事，也就是说，课例可以是针对某一节课、某一类课或某一片段所进行的教学过程解说，也可以是对特定课程的教学设计、教学实施、活动安排、教学评价或实践现象背后所蕴含意图、意义的诠释。就某一节课的课例而言，主要内容包括两方面：一是具体的教学方案设计，二是教学方案实施所呈现的现象与问题。与此相对应，某一节课的课例分析就是指以特定的课程主题、教学焦点或者教学过程中所涉及问题的解决为研究目标，围绕某一节课的教学设计、实施过程所展开的分析和探讨。就类型而言，这里的课例分析既可以是学习者对他人课例的分析，也可以是他人或学习者本人对"我"所执教课例的分析。分析他人的课例，是"我"本人作为一个主体对别人所执教的课堂教学或教学设计进行必要的评估、分析、解释、诊断与探究。分析自己的课，是"我"本人或他人对"我"所设计或执教的某一节课进行必要的评估、分析、解释、诊断与探究。就数学课例分析而言，如果采用其他的分类标准，还可以分成其他不同的类型。以数学课本身的类型为标准，数学课例分析可以分成概念教学数学课例分析、命题教学数学课例分析、解题教学数学课例分析。以数学课例的来源为标准，数学课例分析可以分为命题式数学课例分析、自主式数学课例分析。以数学课例形态的构成为标准，数学课例分析可以分为多形态数学课例分析、单形态数学课例分析。以数学课例内含教学内容的完整程度为标准，数学课例分析可以分为整体性数学案例分析、片段式数学课例分析[②]。

作为教师学习的一种方式或模式，课例分析常被许多人视为最早起源于日

---

① 张虹，何宇恒，朱惠莲. 国内外课例研究述评(2009—2019)：现状与展望[J]. 中国外语，2020(3)：55-62.

② 沈威，陆珺. 数学教学课例研究的若干形态[J]. 数学教育学报，2018(3)：76-80.

本的一种舶来品①。然而,这并不是真正的事实。有文献表明,即使日本教育界也倾向于认为课例分析是源于其他国家而非日本,具体地说,是认为源于波兰教育家 W.奥根(Wincenty Okoń)所著的《教学过程》。即使有一些学者不完全认同源于这本书,但也承认日本的课例分析受这本书的影响确实比较大。奥根这本书的波兰文版出版于 1956 年,德文版出版于 1957 年,日文版则在 1959 年由德文版翻译而成。

尽管课例分析不是源于日本,但经在日本传播后有了更为广泛的发展与应用却是不争的事实。特别地,芝加哥大学斯迪格勒(James W. Stigler)、黑巴特(James H. Jehart)的著作 *Teaching Gap: Best Ideas from the World's Teachers for Improving Education in the Classroom*(教学差距:来自世界各地关于课堂教学改进的最佳观点)出版之后,学者们对课例分析产生了浓厚的兴趣,课例分析在实践中被认为是有力促进教师专业学习的一个途径②。在我国,课例分析被视为理论转化为实践的一种载体、中介③,陈向明、顾泠沅这两位资深教育教学专家分别在北京、上海组建团队开展了“以课例促进教师学习与发展”的理论研究与实践探索,取得了系列研究成果,并得到理论界与一线教师的广泛认同④。

一般性的课题研究通常需要明确的研究问题,研究者需要不断地聚焦研究的问题并据此展开深入的课题研究。与此不同的是,课例分析本身有时并没有明确的研究问题。一方面,研究的问题需要在课例分析的过程中进行寻找,找到了问题本身就意味着课例分析的深入与突破。另一方面,课例分析本身更需要突出实践导向,即较之于关注理论性的研究问题,课例分析是一种嵌入性、生成性的工作场景,浸润于具体化的教学实践过程,更需要关注课程教学中实践性的主题,或者聚焦课程教学过程中实践性的焦点。没有具体、明确的研究问题只是说明课例分析需要进一步思考、挖掘和聚焦,是指课例分析正在进行的过程中,而不是意味着课例分析目标的迷失。

---

① 胡庆芳.课例研究的作用、特征和必要条件:来自日本和美国的启示[J].外国教育研究,2006(4):29-33.

② 杨玉东.课例研究国际动向及其对教师教育政策研究的启示[J].教育参考,2019(5):5-10.

③ 王洁.课例研究:理论转化为实践的中介:以课例为载体的校本教学研修[J].教育发展研究,2006(23):50-53.

④ 穆慧翔.让书香在自由中弥漫开来:质疑朱圣燧等老师的《理论学习未必都枯燥》[J].中小学管理,2008(4):16-17.

二、课例分析对数学教师专业学习的价值

当前，互联网+、智能化、大数据等新技术层出不穷，随着新理论、新方法的不断涌现，数学课程改革提出了许多新的要求，与时俱进的学习对于数学教师在专业上的发展既重要又必要。但是，不同的学习方式与学习内容，对数学教师常常意味着不同的学习效果。调研表明，大多数数学教师都不怎么喜欢别人自以为是地对自己进行既“枯燥无味”又“纯粹无用”的教育教学理论讲解，他们认为各种形式的“说教”都不利于自己教育教学认识的提高和真正有效学习行为的发生。究其根本，这是因为，大多数看起来既系统又严谨的理论讲解或者说明不仅因其过度的学术化而显得抽象、枯燥，而且理论本身可能的理想化或极端化使其缺失了实践指导的针对性。由此，教师虽然基于外部的制度或纪律强迫自己通过静听的方式进行了数学教育教学理论知识的学习，但是所学习的内容并不能被自己有效地消化，更谈不上真正地吸收、运用。教师教育的实践表明，不仅由别人讲解、奉送、告知的数学教育教学理论并非是数学教师所“确证”“信奉”的理论，而且即使数学教师确证、信奉了某种数学教育教学理论，也不等于在数学教育教学中运用了这些理论。“信奉”与“使用”本身有着许多不一致甚至不协调的地方。为了获得更好的专业学习效果，数学教师需要架构数学教育教学理论与数学教育教学实践有效对接、沟通的平台。在这个平台上，数学教师可以更深入地理解数学教育教学的理论与实践，经由数学教育教学理论的确证、选择和实践，积极拓展理论的应用价值，经由理论与实践的融合互济进一步凸显、提升数学教育教学理论对实践的指导价值。简单地说，通过对接、沟通的平台，不同的数学教师既可以更好地实现数学教育教学理论学习的明了、确信和运用，也可以进一步检查所学的理论，检视发生的实践，寻找教学者在理论认识或实践行动中可能的缺陷，结合教学反思，对相关教育教学理论进行必要的适对性改造。

数学课例分析是数学教师专业学习的一个“认知性支架”，一方面具有激发数学教师教学研究兴趣、志趣和意愿的功能，即数学教师借助于课例分析，更好地实现数学教育教学、专业学习、研究讨论的深度结合，由初步研究的兴趣体验，走向深度研究的志趣和意愿，另一方面具有数学教育教学理论与数学教育教学实践沟通、交流的中介功能、平台功能，对于提升数学教师专业学习的效果及由此促进数学教师专业发展有着十分明显的作用。对新手数学教师而言，通过参与老教师或教学骨干的数学课例分析，可以学习他们的数学教育教学经

验，对标找差；通过对自身所授课例进行分析，可以更好地听取同行或专家对自己教学的意见或建议，可以更快地适应作为数学教师的专业身份，从数学教育教学及其研究的边缘逐步转向中心。对老教师而言，独立完成或参与自己及他人的数学课例分析，既有利于不同教师之间的相互协作，从他人的评价、批判或建议中获得更有价值的教学反馈①，又有助于深入反思自己可能性的经验与不足，逐步提高个人专业发展的层次。

尽管不同的数学教师会参与各种各样不同的专业学习活动，并取得相应的专业学习效果，但从有效性、互动性来分析，不同数学教师专业学习的交集更容易发生于以数学教研组为平台的数学课例分析。一方面，数学课例分析为数学教师的课堂教学与专业发展提供了实践与理论相互对话的平台，促进数学课例分析的参与者将公共、抽象或晦涩的数学教育教学理论外显为数学课堂有效教育教学实践的行动。另一方面，数学课例分析可在将数学教师内隐的数学教育教学经验外化的同时进行理念性提升，并赋予理论性的阐述，既从宏观层面推动数学教育教学理论与实践的共同进步，又在微观层面改变数学教师教育教学的信念和思维。

由于课例分析并非是单个教学主体独思的数学教育教学研究活动，而是基于数学教师共同体进行教学思维相互碰撞的过程，所以无论是对自己设计课例的分析，还是对他人设计课例的分析，都有利于相关主体对教学中可能存在问题的诊断以及问题导致原因的探究，更好地聚焦学生数学学习的模式②，并因此可以有效避免数学教育教学理论与数学教育实践的脱节。许多数学教师虽然在数学教育教学实践中积累了丰富的数学教育教学经验，但是由于所积累的经验并没有能得到有效的理论提升，所以常常出现“原地踏步”的现象，即虽教书教了几十年，教育教学的质量与水平还是停留在原有的层次。通过课例分析这一独特的专业学习方式，不仅可以促进个人数学教育教学实践经验向数学教育教学理论的升华，而且因此促进数学教师教学能力和水平的提高。事实上，在课例分析中，数学教师常常需要联系具体的教学设计或实施进行研讨、反思，他们不仅关注教什么、怎么教，而且关注：为什么这么教？不同的教法中蕴含着怎样的数学教育教学本质？不同的教学方式方法从长期或近期来看，分别有着怎

① 蒋盛楠.美国威斯康星大学教师发展的有效途径：课例研究[J].外国教育研究，2012，39(10)：106-112.

② 黄兴丰，黄荣金.预设的学习轨迹转化为课堂实践的课例研究：以相等分数为例[J].数学教育学报，2021，30(3)：25-31.

样的效果？正是通过数学课例分析，数学教师逐渐学会了用理论指导自己的教学设计、教学实施，努力提升数学教学设计、实施的理智性。为了能在数学课例分析活动中凸显自己的价值，数学教师除了要关注已有数学教育教学实践，还要自觉地加强理论知识的学习。通过学习，数学教师能在数学课例分析活动中与他人更有效地进行数学教育教学理论对话，提升数学教育教学理论运用的自觉性、能动性。实践表明，越来越多的数学教师愿意通过数学课例分析改进自己的专业学习，无论发起还是参与相应的数学课例分析活动，主体意识较强的数学教师都能从课例分析活动中获得自己或他人数学教育教学得失的信息，他们在比较中求优，不断积累自己的数学教育教学经验，既扬长又补短，在追溯、反思、评判、探究等连续化性的数学教育教学思维分析过程中不断深化个人对于数学教育教学更具理智性的认识，努力形成更具适切性、合理性的数学教育教学模式。(图 4-4)

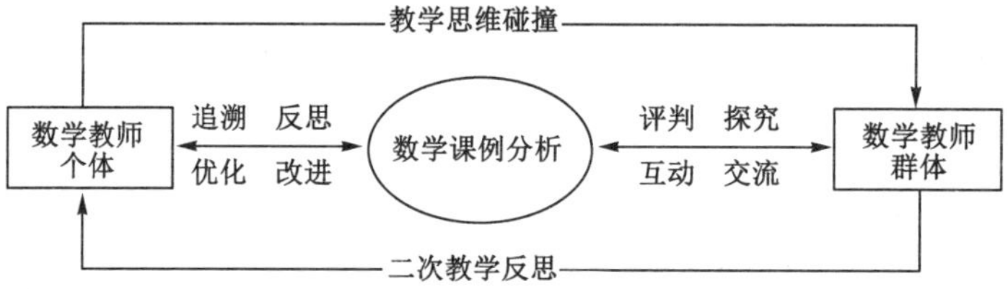

图 4-4 基于数学课例分析的专业学习

三、课例分析改进数学教师专业学习的机制

在课例分析中，数学教师需要分析自己或他人组织实施的课堂教学中蕴含着哪些数学教育教学原理、数学教学思维、数学教学方法、数学教学目标，以课例为载体阐明特定课例中所体现的数学教育教学理论要素，从中获得对于自己今后进行教学设计或者优化教学活动组织、实施的具体启示。通过与自己或他人(既包括同伴、领导也包括专家)以课例为平台进行教学思维互动、教学观点争鸣，通过就某一具体性的教学环节或整体性的教学架构所进行的反复研磨，数学教师将能更清楚地认识到自己在数学教育教学上潜在的优势与现实的不足。通过课例分析，不仅可以更清楚地透视执教者在教学目标与教学过程方面的问题，比如，所分析的课有没有达到预设的教学目标？师生、生生之间有没有产生有价值的情感交流、思维互动？教师有没有创造性地使用了数学课程教学资源？教学过程是否存在着诸如政治性错误、科学性错误等“内伤”？教学过程

是否尊重了学生数学认知发展的规律？而且可以对数学教师的教育教学个性、课程教学技术等方面进行一些更深入的评判，比如，执教的教师在课程与教学上有哪些显然的长处？有哪些潜在的不足？所执教的课程、课堂教学或课堂教学的某些环节需要做哪些更加深刻的反思？有哪些值得认真汲取的经验、教训？有哪些“盲点”“难点”“疑点”没有被处理好？没有处理好的原因是什么？有哪些教学难点没有真正突破？有哪些教学重点没有真正强化，没有能突破或强化的原因分别是什么？整个课程与教学已有哪些有价值的创新点？还可以进行哪些创新？基于课例分析所提供的课堂教学分析性框架，执教者本人或者参与课例分析的其他教师可以开展相对较深入的课前教学设计、课堂活动观察和课后教学反思，把这些问题真正搞清楚，并据此进一步地引导相关教学主体发挥个人已有的优势，弥补潜在的不足，通过深化教学研究、加强教学创新，更有效地突破教学难点、强化教学重点、优化学生知识建构。对于一个进取心强的数学教师而言，扬个人教学优势、补个人教学不足的关键是非常清晰地把握自己在数学教育教学理念、思维、设计、实施等层面与他人的“差距”。找到了“差距”并有志于改变“落差”，会进一步刺激数学教师专业学习的需要，并因此形成了改进数学教师专业学习的内在动力。

数学课例分析除了激发数学教师专业学习的动机，还能促进数学教师数学教育教学行为的积极变化，如图 4-5 所示。

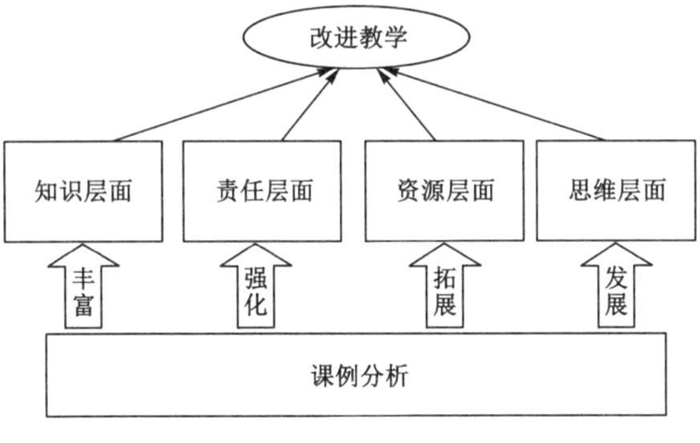

图 4-5　基于课例分析的教学改进

首先，课例分析可以从知识层面强化教师对于自己教学的改进，比如，对特定的教学，自己究竟还需要丰富哪些知识？自己能否判断学生的数学思维？自己是否有效选择了相应的数学教学内容？自己的教学是否促进了学生数学知识的结构化？是否促进了学生的数学理解？自己是否拥有了如何进行再创造和数学探究的知识？自己的数学活动设计与数学教学目标之间是否有内在、密切的联系？其次，课例分析可以从责任层面强化教师教学行为的改进，比如，有教师以前上课只是偏重于以教师为主体的讲解，不注意给学生进行观察、分析、思考、测量、操作、运算、归纳、猜想、讨论、建模等数学活动的机会，但当他从其他人数学课例中认识到数学活动的价值后，他就会更自觉地引导并保障学生在数学课堂上的数学活动机会。对于低年级学生，认识到数学活动价值的教师还会因势利导、因材施教，努力让每一位学生主动积极地进行必要的动手操作活动，通过动脑、动手、动口的有机结合，引导学生更好地体验自己所学的数学，掌握诸如“数的认识”“数的运算”等最基本的数学知识和数学技能，初步了解、适应数学活动的思维方式、实践方式。通过引导学生在解题等数学活动中兴趣的激发、理智的投入、成功的体验，驱散部分学生数学难学、不会做题的“恐惧症”。对于高年级学生，认识到数学活动价值的教师努力使学生的思维在数学抽象和数学现实世界间不断往返，从中培养学生数学观察的敏锐性、追根溯源的兴趣性、数学思考的理智性、问题探究的专注性、求解策略的创新性，引导学生欣赏、理解数学的思维方式与实践方式。在整个数学活动过程中，数学教师本人不仅体现出“以深刻的思想启迪学生”的责任①，而且体现出创设“再创造”数学学习环境、创建有价值数学活动共同体、引导生生思维互动、响应学生数学认知需求、激发学生数学探究欲、评价学生数学素养发展等方面的责任。再次，课例分析可以从学习资源层面强化教师对于自己教学的改进，比如，教师不仅可以以成功的典型课例为指导，将学生现实生活的相关案例引入数学课堂，使数学与生活建立联系，基于具体的实例启发、引导学生在数学学习中学以致用、融会贯通所学数学知识，而且可以超越自己所有的数学教材，将所有教科书视为学生学、教师教的一种常规性教学资源。为了适应学生数学认知的发展，教师可以深入调查了解学生对于数学学习资源的需求，教师不应局限于或完全依赖于某一地区、某一版本的数学教科书，而应对相关数学教科书中的内容进行必要的审视，结合教学需要对相关的教材内容进行必要的调整、整合、扩充、改编、优化。必要时，数学教师还可通过调整教学计划以鼓励学生进行深入的数学思考，通过学习、借鉴同行课例中关于数学教与学工具的使用，进一步发挥现代教学媒体与技术对于数学课程教学的优化功能。特别地，需要借助于互联网技术、移动技术与时俱进地进行数学学习资源的拓展。最后，课例分析可以从思

---

① 郑毓信.“数学深度教学”的理论与实践[J].数学教育学报，2019，28(5)：24-32.

维层面强化数学教师对于自己所从事数学课程与教学工作的改进，这不仅是指通过学习其他教师的课例获得数学思维教学更有针对性的方法，更好地落细、落实学生数学思维发展的课程与教学目标，而且是指教师本人改进、转换自己的数学课程与教学思维，通过改进数学课程与教学思维促进数学课程教学目的与数学课程教学手段的统一，通过反思自己或他人的教学课例革新自我数学课程与教学思维中诸如惯习性、过度功利性等不恰当的模式。在数学课例分析的后期阶段，数学教师本人可以用“假如我来教这节课”进行数学教育教学认知的分析，这不仅是指教师要就个人的数学课程教学思维和具体的教学行动方案进行必要的讨论，而且是指教师要面向具体的课例分析，聆听数学教育教学共同体可能性的解释或批判，更清楚地说明“为什么选择或使用相应的教学方案?”“为了强化学生的数学思维训练，教学中会采用哪些教学决策?”“在我教学方案的背后，究竟有着怎样的数学教学理念?”“主导自己教学设计的数学教学思维是什么?”等与数学课程与教学密切相关的问题。

四、数学课例分析的关键环节

数学课例分析本质上是数学教师对自己或他人所授数学课堂教学的研究，研究的关键既不是了解课例是什么，也不是“就课论课”，而是着眼于理论联系实践的整体考虑，通过课例深化数学课堂的教学研究，通过深入研究推动数学教学的变革或改善。研究性是数学课例分析区别于传统意义上随机性听课、应景式评课和抽查性说课的本质特点。课例分析要求数学教师带着平时教学中需要解决的问题进行备课、观课、评课，关键的环节可以概括为：选择、确定课例分析的课题，制订课例分析计划，做好分析前的“观课”“评课”，组织研讨与反思，修订数学教学方案①。

（一）选择、确定课例分析的课题

为了不改变学校正常的教学进度，课例分析可以选择学校常态化的课进行研究，但是究竟选择哪一种常态化的课或者哪一位老师、哪一节具体的课进行研究还是有一些考究的。毕竟，课例分析的课题并不等于教师平时的轮流开课或者一般性的相互听课或专家评课。如果课题选择不恰当，有可能花费了很大的精力，但并没有取得较理想的课题分析效果。为了使课例分析产生较好的学

① National Association for the Study of Educational Methods. Lesson study in Japan[M]. Tokyo: Keisuisha Co., Ltd., 2011: 1-15.

科教学研究价值，应尽可能选择那些具有较大意义的课题或者能触类旁通、教师本人有强烈兴趣的课做课例分析。比如，在初中数学教学中，“函数”就是一节具有较大意义并因此值得进行课例分析的课题。这因为，第一，在整个中学数学学习中，函数是一个核心的内容，它与代数式、方程、不等式等内容有着非常密切的联系，学生掌握了函数概念可以更深入地研究现实世界中的数量关系，在应用所掌握的函数知识解决问题的过程中进一步提升对其他数学学习内容的理解能力。第二，就初中与高中数学学习的衔接而言，初中的函数内容及其教学也是一个关键的契合点。特别地，正是由于一些初中数学教师对函数的教学内容缺少了数学学科逻辑和学生认知逻辑较为深刻的认识，在教学中采用的教学方式不恰当（比如，缺少函数概念建构的过程，只是通过老师讲学生听的方式把函数概念人为地硬塞给学生，造成学生机械学习，或者虽有函数概念的建构过程，但建构不到位，仅是通过几个具体而不典型的例子就一步到位地归纳了函数的概念）导致了学生高中阶段数学学习的障碍。第三，就学生的数学核心素养建构而言，函数的内容有利于学生数学思维的发展，特别地，通过突出函数观点，可以引导学生基于函数思想更深入地思考、理解相关的数学学习内容，基于“函数为纲”的教学展开可建立更能体现整体关联性、相互贯通性的数学认知结构。

所谓能触类旁通的课是指针对某一具体类型的课进行课例分析，可以带动教师对同类型数学课如何更好地教学有着更深入的理解。比如，初中数学教学中“完全平方公式”这一课的教学就具有“触类旁通”的课例分析价值，这是因为，它体现了初中数学公式法则类型课教学的一些特点。比如，公式法则类型的课不仅要会推导、运用相关的公式或法则，而且要让学生在探究相关公式、法则的过程中建立不同知识间的纵横联系，让学生明白相关公式、法则的来龙去脉，结构化地再组织所学习的数学内容。就“完全平方公式”的教学而言，教学要超越传统意义上的知识教学，比如，教师只为学生直接讲解“完全平方公式”这一显性数学知识的具体意义，然后引导学生展开、推导完全平方公式，得到“完全平方，首平方加上末平方，二倍首末放中央”的结论，帮助学生熟悉所学公式的基本性特征，最后要求学生进行公式的简单应用。为了促进学生对数学公式更深入的理解，教师要突出学生“数学经验再造”，注重所学知识的多重表征，可以借助几何图形进行公式探究情境的引入，把抽象的代数公式与图形的直观、形象有机结合起来，运用可视化进行数学公式的表征（如用面积表示“平方”概念，探究数学公式与几何直观的转换，从几何角度分析代数问题，抽象问题到形象化、基于形象再抽象化,不断加深对所探究数学知识的理解)。经历诸如此类的数学探究,教师不仅会积累公式法则数学课例的教学经验,而且会提升公式法则数学课例的理性反思能力,并因此更全面地理解公式法则数学课例的教学。

课例分析课题的选择也要与数学教师本人的兴趣结合起来,对于不感兴趣的数学课题,教师缺少课例分析的内在动力。即使作为一项任务强硬要求教师进行课例分析,也会导致实质上的“消极对待”“研无所得”。教师对于感兴趣的课题,即使这节课很难教、很难分析,他也会专心致志地投入,会知难而进。当然,选择大多数教师感到较难上的数学课进行课例分析本身就具有较好的价值,这是因为,这种课例分析通常会给参与课例分析的教师带来数学教育教学策略或数学课程建设更多有益的启示。事实上,有一些数学课之所以难上,通常是因为相应的数学知识更多是一种事实性而非事理性、事用性的数学知识,它们在教材中以叙述性、抽象性、结论性的数学语言进行呈现,教材中没有配置相应的例题、习题。教师开始往往不知道如何确定相应的教学目标,定不准教学重点,体现不了教学内容的中心所在,抓不准教学难点,不能帮助学生突破认知上的困难,不知道如何创设问题情境,不会设计包括数学活动、数学实验等在内的教学任务,不知道如何配置相应的例题、习题。已有的教学策略倾向于“照本宣科”“就题讲题”“题海战术”,教学效果不佳,学生反映教学活动枯燥乏味。透彻地进行这种“难上课”的课例分析,有助于破解数学活动及其教学策略的设计,有助于更好地构建数学教学的认知情境,深化学生数学核心素养的培养。

按照课题选择的标准对课题初步筛选后,在正式确定课例分析的课题之前还需要对所选课题的历史、现实两个背景作必要的分析、了解。对所选课题历史背景进行分析、了解可通过文献阅读的方式进行,主要是了解、分析同行或专家对该选题已有的研究情况,包括他们的观点、方法、结论和不足,学以致用,避免重复劳动和不必要的错误路径。对所选课题现实背景进行分析、了解主要是调查师生教与学需要,从现实角度提出一些值得深入研究的问题,并因此构思课例分析的具体计划,制定课例分析的实施方案。值得指出的是,课例分析的最终目的并非是打造一份完美无瑕的教学方案,而是通过课例分析获得对特定题材或类型课堂教学新的认识。尽管在选择课例分析的课题时,希望通过课例分析对以后的教学有更多的借鉴作用,但是并不能寄希望于通过一个具体课例的打磨,形成某一个或某一类课的完美范本,今后都按照课例分析得出的范本展开教学。能一劳永逸固然好,有这种愿望或想法也没有错,但关键是,这种愿望或想法是行不通的，毕竟数学课程教学的情境是非常复杂的，面对不同的学生、不同的教师，数学课堂充满着许多动态性、生成性和不确定性，因材施教、因需施教、与时俱进是更本真的教学思维。

（二）制订课例分析计划

选择好课例分析的课题之后，教师需要计划如何先备课、观课，然后分析、提炼具体的数学课堂教学。某种意义上，课例分析也是一种 PDCA 的过程，即需要按着先计划（plan），再实施（do），然后检查（check），最后落实行动（action）的过程。当然，这种过程并非是线性的，而是可以循环往复的。观课之前先备课常为许多课例分析者忽视。教师在观课前先做必要的备课工作，有利于形成特定选题的课如何上的大概思路，在后续的观课、评课等环节可以进行比较，也有利于自己提出相应的问题。为了真正备好课，在观课前可以找一些与欲观之课相关的典型教学设计，以具体了解所选主题的课怎么上，可能存在着哪些需要探究或突破的问题，对于不同的教学环节，教师需要提出哪些针对性的问题？对于不同的问题，学生有着哪些可能的反应？对备课环节进行计划之后，需要对课例分析的其他环节进行计划，为此，可以尝试提出相关环节需要重点解决的问题，比如，为了观课，我需要做什么准备？我通过哪些方法进行课堂观察？我在课堂观察中需要使用观察量表吗？量表会不会限制我分析课例的思路？会不会导致课堂上有一些生成性问题不能被有效地记录？我如何观察、记录课堂中发生的关键事件？我如何分析它们？对于不同的事件，不同的分析者会不会产生一些误读？原因是什么？由于课例分析计划的制订有可能与课例分析课题的确定存在着重叠或交错，所以，制订课例分析计划的相关工作也可以作必要的前置。同时，为了后续的评课与分析，在制订课例分析计划环节也要有针对性地进行教学思考，比如，我所谓分析的这一节课，学生学习的目标究竟是什么？学生的学习起点和路径是什么？教学设计的关键任务是什么？

制订课例分析计划的过程本质上是一个行动研究的过程，需要通过行动研究不断调整、校正课例分析的计划。以笔者所负责的江苏省数学教育教学团队的一个例子来说明情况。团队的一位老师在小学“下水”做数学课例分析时发现，许多小学五年级的学生虽然学习了“长方体和正方体认识”的知识，但是，学生在课后的练习中有着较高的错误率，于是，这位做课例分析的老师就去找执教这一节的小学老师们了解情况。小学老师们也觉得这是一件值得反思的课例，因为，自己在上课时已运用了多种教学方法，比如既进行了一些示范，也让学生进行动手操作，特别地，还让学生拿着实物教具一个一个地看，一个一个地摸，还通过小组讨论揭示长方体和正方体的特征，学生们在课堂上总结得也不错，可是，为什么到了做具体的数学题时就发晕了？于是，这些小学老师反过来向我们团队中的老师提出了要解答的问题：学生能说出长方体的特征，能否等于他们真懂了教学的内容？如何确保他们在练习时不会犯错？背后的原因是什么？对于这些问题，我们团队中的老师也无法直接解答。怎么办？他觉得最好的方法和小学数学老师们一起做一些调研，因为没有调研就没有发言权。于是，他们就一起访谈了若干名小学生。通过深度访谈，他们了解到：原来问题产生的根源于不在于教师有没有讲知识，而在于教师在知识讲解时所采用的实质性的教学方法，在于有没有关注并利用好小学生的数学思维。有的教师虽然设计了课堂探究的环节，但是由于结论是由教师给出的，所以表面上看教师是完成了所谓的教学任务，实质上却是由于学生缺少了充分的想象、操作、联系和转化，数学活动与学生的数学思维不对等，学生数学思维没有被有效激活，在现有层次下多数学生必然发现不了正方体或长方体六个面之间的关联。那么，如何解决问题呢？通过进一步研究发现，教师应当在引导学生进行充分想象的基础上进行动手操作，通过动手操作、动脑想象进行长方体特征的口头表达和关系分析，初步建立长方体模型，想象如何根据给出的三条棱确定出长方体，并结合想象和操作进行推理，逐步引导学生的数学思维完成“由实物到模型”以及“由二维到三维”的转化。

课例分析的计划也是解决课例分析中产生问题的行为方案，由此，在制订课例分析计划环节需要思考的问题还包括：为了发挥课例分析的作用，在后续工作中，怎样进行相关行为的跟进？怎样使课例分析的研究方式成为数学教育教学常态化的研究行为？

（三）做好课例分析前的“观课”“评课”

课例分析前的观课，不仅指课堂观察，也包括在课堂上认真地听、记录和思考，是以“全息透视”的方式观察、记录和思考课堂中师生教与学的行为。观课者不是观望者，课例分析前的观课需要参与听课的数学教师在观课过程中履行好应有职责，既要依据数学教育教学研究的理念及具体的观课目标，以学生的数学活动为焦点，对数学课堂中师生在课堂教学中的具体行为以及所在教育教学环境进行认真细致的观察和有理有据的描述，准确再现师生在数学课堂中互动的方式和成效。不同的教师可以根据在观课中不同的身份和目的进行有针对性的听课。对于新手教师而言，参与课例分析，可以以一个学习者的身份去观课，他可以像学生一样认真地倾听、详细地记录，及时捕捉课堂中发现的关键事件，并注意用心感受上课教师的课堂行为，理解课堂上的师生互动，梳理上课教师如何进行问题情境的创设、思维的引导、知识的揭示、重点的强化、难点的突破，如何合理运用不同的方法、策略，并认真思考自己从上课教师的教学中学到了什么。对于老手教师或同行专家而言，可以从批判者的角度深入课堂观课，即通过听课，找出执教者可能的不足，分析相关的原因，在促进执教者进行教学改进的同时，提升自我教学能力和水平。为此，观课者不仅是听、看、想，而且更要侧重于观课中的审视与评价。比如，应当审视执教者有没有完成教学目标？教学目标是否合理？教学目标的达成度如何？教学内容是否适切？有没有经过必要的整合？教学内容的精准度如何？对不同的学生而言，是否都是适宜、恰当的？整个课堂教学是以传统为主还是以现代为主？教学是封闭的还是开放的？开放度如何？有没有体现学生的主体性？有没有合作学习？有没有探究学习？效度、深度如何？不管是新手还是老手，为了有效地观课，都需要研究并设置好相应的观察点，制定更加科学的观课程序，掌握记录、统计和分析等与观课紧密相关的方法。观课的教师都应当学会记录，这是因为，记录关联着观课者的视觉、听觉和思维，做好观课记录不仅可以为后续的课例分析积累原始的资料，而且可以更精准地聚焦上课教师对于特定数学知识意义的建构，串联教师在课堂数学意义表达、数学思考激发、课堂评价实施等各个环节的方式方法，可以依靠所记录的课堂教学内容概括出特定的数学课堂所蕴含的整体性和部分性课程与教学意义，可以据此更好地提高数学课堂观课的效果。那么，在课堂观察过程中的记录究竟应记什么？又该怎么记呢？尽管对不同的观课者而言，可能有不同的侧重点，但是，就基本内容而言，应当对预设的课堂观察点及时进行记录，既记录所观课的基本情况，也记录所观课中动态生成的关键性教学信息，比如教师对于教学内容的取舍、教学思路的调整、学生思维的引导、教学环境的构建、课堂行为的管控。为了形成观课者本人对于所观课有价值的思考，观课者也需要捕捉自己当时的情绪反应或教学思考。在发达的现代信息技术条件下，可以用录像等方式记录整个课堂，在做课例分析时可以反复观看课堂录像，并根据需要将录像转录成相应的文字。尽管这也同时意味着观课者可以只看录像不进课堂，但是，为了确保有更多的现场体验性，更应当提倡观课者本人进入课堂，可以将录像作为一个辅助手段。毕竟，不进课堂只看课堂实录的效果并不是很理想。由于大多数稳定的教学行为是能够被识别的，为了在后续的评课环节基于授课教师可观察外显行为进行有依据的分析，在观课过程中需要对课堂中师生的教学行为进行记录。不过，观课的核心目的不是为了获得所观之课教学行为发生的已有事实及相关影响性的因素，而是为了发现所观之课所发生的现象和事实对观课者专业学习的意义。除了对于录像的过度依赖，观课者也要防止对观察表、统计表等其他客观量化工具的过度依赖，防止用所谓的现代化信息工具把复杂的数学课堂简化成课堂提问、练习、知识与技能点等可测性变量，防止因对课堂中师生某种教学行为是否发生及其发生频率等客观数据的过度关注，而忽视观课者本人内心对于所观课堂教学的真实感受，使作为数学课例分析重要环节的观课活动迷失本真的意义。

课例分析前的评课是指在观课之后，对所观课堂教学做出价值判断的活动，关键是通过学生在课堂上学习的状况及相关行为反应评判教师的教。评课既不是毫无依据的草率定性，也不是基于预设固定标准的狭义量化，更不是完全依赖于外部理论、专家经验的理实分离活动。高质量的评课可以悬置固定的理论标准，同时以欣赏性、批判性的眼光审视所观之课，描述观课者真实的心得体验，基于理实融通的对话交流，基于教学目标的理性审视，基于内容进程的整体把握，基于教学过程的精准点评，基于学生学情的全面了解，基于课堂观课的感性体验，基于课程教学的理性思维，对所观之课进行有深度的价值分析和意义探究。作为数学课例分析重要环节的评课，不仅仅是针对教学内容所进行的教学行为与教学效果之间关系的揭示，而且也包括基于评课者的体验、理解对特定的课程与教学的目标、内容、过程、方法、评价和体系等要素所进行的深度反思和改进教学实践的具体行动，需要关注学生经由教师的有效指导和思维启发的学习收获，需要关注教师"教以育人""教以导思"的数学核心素养落实情况以及蕴于数学教育活动过程中的教育学意义和数学化精神。为了能更有效地评课，评课者需要认真审视评课活动主要的目的、整体的内容、基本的流程，既防止评课过程中目的的模糊、笼统和评课内容的泛化、异化，也防止评课流程的随意性、实践路径的指向不明和缺少可操作性。在大数据背景下，有评课者强调评课中量化测量的方法和统计推断的手段，认为只有方法或手段才是科学的、精准的、有效的，这在实践层面很容易形成一定的误导。尽管量化的评课方法可以合理地使用，但评课本身并不是也不需要只限于量化的方法或手段，相反，片面或过度的量化很容易影响评课者对课堂本质直观化的深度透视。正确的做法应当是定量、定性方法的合理使用，必要时可以提倡两者的有机结合。为了更准确地评价授课者教学目标的落实情况，可以请授课者介绍个人对于教学目标的理解及预设目标时的考虑，然后共同审视教学中过程中关于教学目标的把握有没有到位。在此过程中，评课者不仅可以评价授课者有没有突出数学核心素养，有没有突出学生数学思维的培养，不同维度的教学目标有没有被有机地整合，同时也可评价授课者对数学课程标准和数学教材的理解与落实情况。为了评价所观课堂中学生学情的情况，评价者需要结合教学过程的展开，分析授课者的教学有没有真正基于学生已有的数学认知结构及现实的生活经验，有没有尊重不同学生之间可能的差异。为了评价授课者的教学组织技能，评课者应基于资料的收集及认真的分析，评价授课者在数学语言运用、教材内容处理、教学方法选用、现代媒体与信息技术手段优化运用、课堂师生互动、习题与作业处理、课堂总结提炼、板书设计与思维导图运用等方面的具体情况。

（四）组织研讨与反思

组织研讨是不同教师群体基于民主协商、对话交流对观课、评课的活动进行更深入反思的过程，本质上是基于特定课例的反思性数学教研实践，是关于某一具体数学课例进行的教学深度分析，体现了数学教育教学共同体的群体性数学教育教学思维碰撞，是观课者、评课者的坦言诚谏，是执教者的自我解剖，是数学课例分析中各类主体履行职责、分享教育教学理念和策略的过程，是研究数学课堂中一些“关键事件”科学把握、妥善处置的过程，是各类主体协同思考数学课堂教学行为后续跟进的过程，是关于如何改进数学教育教学的集思广益、群策群力的过程，是倒逼部分数学教师从“教学主张的固化者”“封闭的教学的设计者”“孤独的教学承担者”逐步走向“教学主张的分享者”“课例研讨的参与者”“合作交流的贡献者”的过程。组织研讨的目的，是帮助数学教师优化数学教研的方式，提高数学教研能力，更好地提升数学课程教学理念，强化数学教育教学技能，提升数学课程教学水平。

在研讨过程中，无论是观课者还是执教的教师，都应当聚焦教学研讨的主题，合理控制发言的时间，自觉地关注数学课堂中教学问题的研究以及学生是否有效学习、深度学习等事实的分析，自觉摒弃相关数学教学主张、理念、理论、方法“高低优劣”“先入为主”“非此即彼”的偏见，从满足数学课程教学深度变革、向高质量方面发展等角度领会课例分析中的观点与主张，跳出固化的“双基”教学思维，对标“三维教学目标”，聚焦“数学核心素养”培养。观课者要以课堂观察相关细节为依据，对执教数学教师在课堂上具体的数学教学行为及相关行为对学生数学活动可能性的影响进行分析与讨论，可以向执教的教师简明扼要地说明自己在数学课堂上“看到了什么”“想到了什么”“学到了什么”，并以真诚、友好、商议、研讨的态度询问执教的教师“你怎么看待我所观察的教学现象”“你怎么看待学生在课堂上的这些行为”“数学课堂上出现的这些情况又说明了什么？有没有一些值得关注的问题？这些问题与现象之间可能的关系是什么”，既关注执教教师在数学教学目标设置、实施和教学评价运用等方面的合理性，在数学教学内容和方法等方面的适切性，在例习题和作业布置方面的精选性、适量性和分层性，又关注学生在数学教学过程中的情意态度和认知行为，以及蕴含于师生互动中的数学教育组织与课堂文化，从深层次探索已有数学课程与教学的改进路径。

执教教师在研讨过程中也要端正自己的态度，不要一听到一些有批评味的评价或者围绕教学中疏漏、缺失而给出的不顾情面、一针见血的指正就立刻“跳”起来，甚至当场与评课者较劲。其实，作为数学活动的具体执教者，需要明白这样的道理，即使在课前进行了非常缜密的数学教学活动设计和精心的教学准备，也不意味着自己的教学设计是绝对完美的，容不得别人“挑刺”“批评”的。有时，好话虽然中听，但不利于自己的进步。海纳百川，有容乃大。作为数学活动的具体执教者，自己既是相关数学教育教学理论的实践者，也是数学教育教学活动的研究者，需要学会倾听、理解其他教师对于自己所教之课的建议或者一些或偏激或温和的质疑，对于不同的意见、建议进行必要的整合，对于确实是有价值的意见、建议主动地吸纳。为了不断提升自己的数学教育教学质量与水平，在研讨过程中，执教的教师一方面需要自主、理性地思考观课者、评课者和自己各自不同的教学主张，分析彼此之间的差距及其形成原因，重新审视已经发生了的数学教育教学活动过程，反省自己在数学教育教学活动中是否存在着值得进一步改进的行为，是否需要进行数学活动及其教学设计的优化处理；另一方面也需要主动寻求来自外部的指导和帮助。事实上，根据维果斯基的活动理论，教师作为一名学习者需要借助于专家和同行更专业的视角和知识获得更深入的理解，在教师专业学习过程中，无论专家还是同行的观点都起着一种中介性的作用，引领那些有志专业学习的教师进行更深入的教学思考，及时关注、把握到那些仅仅依靠个人的能力难以发现却真实存在的教育教学问题①。因此，执教的教师不仅不应排斥观课教师、评课教师的意见或建议，相反，还应主动向参与研讨的同行、专家讲解自己教学的意图，具体说明自己对于数学活动的构思及相关数学教学活动设计的依据，并主动交流自己在执教过程中的内在体验或理性思考，既包括积极的感受、成功的喜悦、动态的调适和可能的想法，

① 徐晓东，李王伟，曹鑫．如何在教师专业发展项目中指导教师转变?：来自质性研究的发现[J]．电化教育研究，2021，42(7)：99-105．

也包括一些挫折感、不良反应或者实践中的困惑、困难，对于自己觉得合理的教学方案调整和动态生成的实践调适做一些解释，以开放、积极的心态与观课者、评课者进行互动。某种意义上，观课教师、评课教师、执教教师中的某一个人或某两个人通过研讨协助其他的人来获取数学课程教学知识，形成数学教育教学的新理解，是数学教师专业学习中既平常又重要的实践。借助他人之力量改进自己的专业学习，改进自己的数学课堂教学，这本身就是一种有价值的行动研究或专业发展方式。

通过研讨与交流，观课者与执教教师可进一步探讨“如何让学生在数学活动中有自主思考的权利和时空”“如何更有效地引导学生数学思维展示和相互碰撞”“如何解决数学课堂上事实上存在且必须要解决的一些问题”“如何进一步改进教师的教与学生的学”，并分享自己从研讨中的收获，比如，“我从听课中学到了什么”“我从评课中学到什么”“我从研讨中学到什么”。在研讨过程中，观课的教师可以向执教的教师提出一些建议，但不应是就某个具体的教学情境或教学环节强调“应当怎样教”，即使观课者的某些建议有可能是更“高明”的“教法”“方案”，但这种略带“武断”“霸权话语”的建议在特定情境、特定教学对象和特定交流环境中并不具有真正的合理性。这是因为，数学教育教学说到底也是因人而异的艺术，“教法”从来不唯一，也没有绝对的“正确”“最好”。相反，对不同教法进行必要的对比分析、相互借鉴或许更有教学创新的实践性意义。正是基于这样的意义，在课例分析的研讨中，应当倡导所有的参与者学会认真倾听、尊重他人的观点，对符合数学课程与教学改革发展方面的实践进行肯定性分析，引导或帮助执教的教师形成或固化已有的数学教育教学经验；对明显不当或违背数学教育教学规律的一些做法或细节，引导执教教师进行反思，用理性对待盲从，用思考代替固执，用改进代替说教，用目标达成分析代替泛泛而谈，要自觉地避免“观课者、评课者高谈阔论，上课教师唯命是从”的不民主现象。这是因为，在这种不民主背后其实是一种单向性、层级化的权力关系。从长远来看，这种权力关系将从深层次上妨碍教师更有效、更持续的专业学习。可以认为，“只要这种权力关系不消弭，在校本教研中教师之间的相互学习是不可能的”①。

反思是对于一些信念或者假设性知识，按照它们所依据的基础以及进一步

① 佐藤学.学校的挑战：创建学习共同体[M].钟启泉，译.上海：华东师范大学出版社，2010：168.

所推导的结论，进行主动、持续和周密的思考[①]。反思对于提升研讨效果和课例分析水平都是非常重要的力量。在课例分析中，没有反思就没有教学理念提升和教学行为改进，反思是促进深度研讨的利器。课例分析中的反思既有对数学课程与教学目标、内容、过程、评价与效果的反思，也有对课例分析活动的反思，包括对听课、观课过程和研讨方式方法的反思。以初中二年级上学期“轴对称图形”[②]这一课例的分析为例，研讨中的反思不仅要弄清楚这一节课教学的目标、内容、过程究竟是什么？课堂评价和教学效果究竟怎么样？而且要弄清楚为什么要有这样的教学目标？相关教学内容的取舍是否恰当？教学过程展开的依据是什么？有没有基于学生的数学活动经验、经历或认知结构？是否创造性地使用了教材？有没有促进学生对于相关数学知识本质的理解？评价有没有体现核心素养的价值导向？教学效果可从哪些方面作进一步的改进？为什么说教师照本宣科或无视学生以前所学知识、完全以新授课方式展开教学是不恰当的？课堂中要不要激活学生已有的知识基础？如何激活？如何看待学生在小学二年级上学期“观察物体”中对“轴对称”相关知识已有所接触的事实？如何利用这一事实？如果说这一事实意味着学生能初步感知生活中的一些对称现象，对于“轴对称图形”有初步的认识，那么，学生在小学五年级下学期“图形变换”知识学习中对“图形的轴对称”的学习又意味着什么？学生在小学学习过与轴对称图形有关的知识，但是他们真的理解、掌握了这一知识了吗？他们的思维停留于什么层次？他们真的理解了轴对称图形的特征了吗？他们的理解是在什么层次上的？他们对“存在一条直线”“能够对折”“图形的两边完全重合”等轴对称图形特征的理解是清晰的还是模糊的？学生从数学意义上理解“轴对称”概念有哪些困难？如何帮助学生解决这些困难？学生小学阶段的学习，对于初二的数学学习有何影响？哪些是积极的影响？哪些是负面的影响？小学生能初步“探索四边形成轴对称图形的特征和性质”，初二“轴对称”教学的目标究竟是什么才合理？教学的内容、过程怎样才恰当？学生进行数学认知的实际发展水平、潜在发展水平分别是什么？如何进行数学认知的建构？认知建构的脚手架是什么？为了避免照本宣科，教者应如何对教材进行创新的处理？教材中让学生把一张纸进行对折，剪出一个具体的图案，提示学生折痕处不要

① DEWEY J. How we think: a restatement of reflective thinking to the educative process[M]. Boston: D. C. Health and Company, 1933.

② 本书均以苏教版数学教材为准。

完全剪断，然后要求学生观察有什么共同点，类似的操作性活动看起来很细、很实，但是真的是有效的吗？你如何看待大多数学生已在美术课中学过剪纸的事实？可否不必花时间告知学生如何剪纸？节省的时间如何利用？如何使学生的数学学习更有效地进阶？如何让学生听指令式的剪纸操作变为有自主数学思维的剪纸创作？如何引导学生在操作中进行数学的思考与发现？如何帮助学生形成轴对称图形的“意义建构”？如何引导学生进行轴对称图形概念的准确表达？如何引导学生比较轴对称图形和两个图形成轴对称的相同点、不同点？如何引导学生运用所学的概念解决有一定挑战性的数学问题？如何改进数学活动的设计以促进学生数学思维的发展？在评课过程中，大家对于本节内容教学的理念是什么？大家在研讨中提出了哪些观点？不同假设、不同观点的教育教学理论依据是什么？研讨过程中，不同的教师在观点、理念或操作层面有哪些冲突？这些冲突可否成为进一步深入学习的起点或者动力？对不同的教师而言，如何从“同课异构”或“同构异课”中汲取更多、更有益的营养？如何经由本节课的教学更一般地理解数学概念课的教学？对于概念课教学需要注意什么？如何结合实践真正有效地学会数学概念课的教学？这种类型的教学有哪些值得关注的理论？从理论到实际进行教学转换，还存在哪些可能的差距？总体而言，课例分析中的反思不仅包含了教师教学与课例研讨中诸如实践、事件、效果等显性的内容，也包含了教师教学与课例研讨中诸如情意理念、目标价值、观念认同等隐性的内容。无论哪方面的内容，有效的反思都需要反思者加深对数学课例及其相关知识的深度理解，对特定的数学教育教学进行目标、内容、过程和方法的系统思考，对数学教育教学过程中关键性教学要素进行必要的概括、抽象和提炼，通过反思对教学要素进行必要的概念化处理，探讨不同教学要素间可能的关系及现实的功能，对旧有的教学行为与研讨中所归纳的新的理念或经验之间的差距进行剖析，思考如何在后续方案调整阶段有效地将更新的理念付诸具体的行动，如何完成数学教育教学理念向数学教育教学行为的转移，对数学教育教学中的个性问题、共性问题及关键性事件进行由表及里、由浅入深、由点到面的研讨。

（五）修订数学教学方案

数学课例分析并不是在研讨与反思结束后就结束了。为了实现课例分析中观课、评课、研讨和反思已有成果的转化，需要对原有的数学教学方案进行必要的修订，这也是结合具体课例实现教学方案设计、实施由“旧知”到“新知”再到“行动”的过程，是执教者结合教学实践的经验和课例分析已有成果的理解，进一步深研课程标准、精准把握学情、科学定位教学目标、合理安排教学内容、精选教学方法手段、精心设计例习题的过程，是参与课例分析的数学教师基于学生数学学习结果和教师教学过程的深度诊断进行二次备课和教学流程再造的过程，是对原有的教学方案进行必要的调整、补充、修改和完善的过程，是课例分析的共同体对特定题材数学课程与教学进行教学主张与理念重塑、教学目标与内容重构、教学结构与活动重组的过程，目的是更好地适应执教者自身的教学个性，更好地实施数学核心素养的教学目标，更好地照顾学生的个性差异。由于观课、评课、研讨和反思过程中，并非所有的观点都正确，也并非所有正确的观点都有针对性、适应性，所以修订数学教学方案时需要对前一阶段的相关观点进行必要的扬弃，即既非简单地肯定在课例分析中观课、评课、研讨和反思等环节产生的所有观点，也非简单地否定这些环节所产生的所有观点，而是肯定中有否定，择其善者而用之。对于执教者原有的教学方案，既注意克服其不当之处时，又注意保留原有方案中被实践证明属于优点的做法，保留执教者已有方案和课例分析中已有成果中积极合理的成分。

修订数学教学方案的关键是基于执教教师原有教学方案不足的认识与反思，进一步学习、借鉴专家和同行的新知识、新理念和成功的教学经验，更充分合理地使用已有的数学教育教学资源，主动改进数学课堂教学的脉络，以研促教，不断实现自我的教学突破。曾有一个小学教师，虽然多年从事小学高年级的教学，但他自己感到教学中收获不大，特别是在教学设计中，他觉得自己主要是凭借经验和直觉确定教学目标、制定教学方案，多年来自己的教学一直处于同水平反复状态. 有一天，他觉得自己应该改一改了，于是主动申请加入了由笔者所主持的省级数学教育教学团队组建的一个课例研修小组。研修小组结合他所执教的“图形的放大和缩小”一课展开了深度的教学研讨。在讨论中，课例研修的共同体成员发现，执教的数学教师虽然教学功底不错，责任心也强，但是教学理念并没有跟上数学核心素养的要求，于是结合具体的内容，指出了本节课基于核心素养目标与基于双基教学目标的不同，帮助执教教师建构了新的目标参照系，并强调数学知识、数学思想层面要突出“识别形状不变的本质特征”，在教学方式、手段层面要为学生核心素养培养目标服务；教学过程中之所以采用动画模拟过程，目的是使学生在一种可视化的、认知系统模拟的数学活动过程中，自主探究“相似变换”“全等”等数学概念，并发现它们之间的区别与联系，促进学生对于数学本质特征更深入的理解。基于课例研修小组的帮助，执教教师主动进行了二次备课和教学流程改造，他既听别人的课，也请别人听自己的课、评自己的课，自己则结合“备课”“听课”“评课”不断落实“改课”的任务。实践表明，这位教师的做法是非常可取的，他取得了令人骄傲的教研教改成果，先后被评为小学的名教师、特级教师。某种意义上，修订数学教学方案是基于学生深度学习的教学再创造，是由“教案”到“学案”的转型，是基于已有教学经验和群体教学思维引导的自我重生，是基于课例分析相关证据的教学改进，基于学生数学深度学习和核心素养发展的教学设计重构，是基于学生数学学习状态、学习结果评判的教学方案调整、优化。其中关键的主体是执教的数学教师，他需在课例分析新理论和个人教学实践新经验引领下开展一些的新教学尝试。

五、课例分析的实践案例

（一）研究案例的背景资料

数学是数学活动的教学，是培养学生数学核心素养，发展学生数学思维能力、数学语言表达能力、探究创新实践能力的一门学科。图形与几何是义务教育阶段数学课程教学中非常重要的一个领域，对学生的数学核心素养有着独特的价值。在图形与几何领域的教学中，教师要善于引领学生经历观察、操作、实验、猜想、思考、验证等数学活动，学会发现问题、提出问题、分析问题和解决问题，积累数学活动经验，改善数学思维品质。为了加强图形与几何领域的教学研究，苏中某地级市某一地方本科高校的附属中学开展了系列化的课例研修活动，本课例是其中之一。这一节课的教学主题是“全等三角形的判定及其应用”。本课例有其特殊性，这是因为，通过这一教学内容的分析，可以研究图形与几何教学如何由实验几何教学向论证几何教学有效过渡，因此具有标志性的价值。就具体内容而言，所教内容对应于华东师大版数学教材中初二上期第12章第2节的内容。该内容是在学生已经学习了三角形的认识、图形全等和全等三角形等知识的基础上展开的。由于全等三角形判定方法最终要以定理形式给出，并且与等腰三角形相关的习题中会大量用到“全等三角形判定方法”的知识，所以“三角形全等的判定”在整个章节中起到既“承上”又“启下”的作用，并因此成为本章教学的重点内容。学生在初一上学期时曾学习过“图形的初步认识”“相交线与平行线”等知识，初一下学期曾学习过“多边形”“轴对称、平移与旋转”等知识。基于教材内容的特殊地位和学生对三角形全等判定条件学习的已有基础，针对具体的教师、班级和特定的教学内容进行教学深入的研讨，不仅有利于提高教师的教学能力和水平，也有利于深化数学课程与教学改革，提升人才培养的质量。

教学研讨的时间是2021年6月7日(星期一)。研讨先由一名有5年教龄、本科学历、中级职称的男性教师(简称T)在上午第一节课开设了一堂对外公开课,学校所在区教育局教研室部分教研员、所在学校教研组没有课的数学教师和本地高校从事数学课程教学论的老师应邀参加了观课。当日下午两节课后,学校组织观课的教师和执教教师本人参与了评课和教学研讨等教研活动。下面呈现执教教师主要的教学环节以及观课者(对多人的内容进行了整合)给出的相关记录与点评。

(二)课堂观察结果呈现

1. 教师的教学引入

T:同学们,前面我们和大家学习过全等的概念,请问大家什么叫全等图形?下列图形中,哪两个图形是相互全等的?并用多媒体进行呈现(图4-6)。

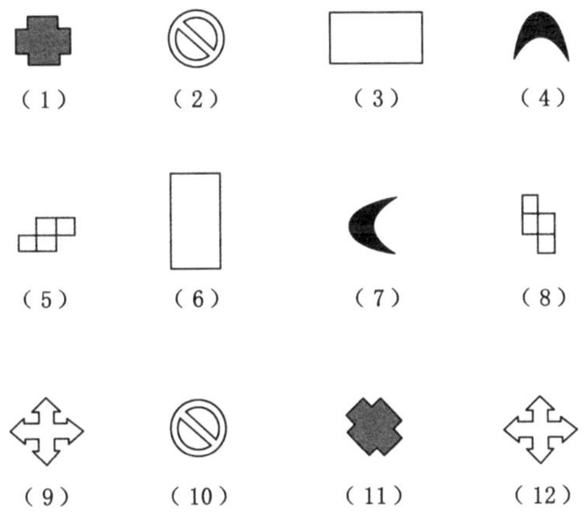

图4-6　各种图形示例

教师T指定学生1回答。学生答"能够互相重合的两个图形叫作全等图形",根据这个概念,图中(1)和(11)是全等图形,(2)和(10)是全等图,(3)和(6)是全等图形,(4)和(7)是全等图形,(5)和(8)是全等图形。教师T对学生的回答给予肯定性的评价。然后继续引导:"两个三角形如果能够完全重合,那么这两个三角形称为全等的三角形。如果两个三角形全等,那么,它们的对应边相等,对应角相等。反过来,根据三角形全等的定义,如果两个三角形的对应边、对应角都相等,那么,这两个三角形一定能全等。我给出的问题是:一定要满足三条边分别相等,三个角也分别相等,才能保证两个三角形全等吗?在这6个条件中,有些条件是相关的,能否在这6个条件中选择部分条件,简捷地判定两个三角形全等呢？今天，老师就和大家一起来讨论这个问题。”

（观课视角：教师复习旧知，教学引知，引导中抽象与具体相结合，突出了问题导向。只是，这里的问题显然是由教师提出的，学生自己能提出这个问题吗？他们能感知到这个问题的意义与价值吗？）

2. 教师的课堂讲解

抛出问题后，教师T一边说，一边打开了事先准备好的多媒体PPT，呈现了第一个探究的问题：

已知两个边及其一边的对角相等，能判断两个三角形全等吗？为什么？

教师T让学生思考了约3分钟，指名坐第三排的一名男同学（学生1）回答，学生1回答说“不能判断”，但说话的声音比较小。

教师T问：“学生1的回答对不对？”台下有一些学生说对，但多数学生没有回答。教师T接着说：“这道题会的同学请举手。”全班有5人举起了手。

见此，教师T继续说：“学生1的回答是正确的，我们把其中的道理讲一讲。”于是教师T用多媒体显示了如图4-7所示的图形：

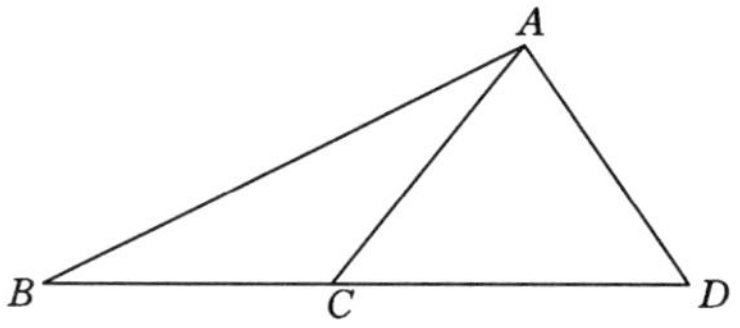

图4-7　判断两个三角形全等示例

教师T：“请大家看图4-7，在$\triangle ABC$、$\triangle ABD$这两个三角形中，尽管有

$$\begin{cases}AC=AD\\AB=AB\\\angle B=\angle B\end{cases}$$

但是，$\triangle ABC$和$\triangle ABD$并不全等。”

观课视角：教师的教学引入，似乎直接将人教版教材上的内容照搬了过来，不知是教师有意为之，还是恰巧与人教版教材的做法不谋而合，这需要课后进一步求证。学生1的回答声音小，似乎有点不自信。看台下，只有5名学生举手表达了想回答问题的愿望。来自学生的这种课堂教学反馈好像让教师T感到有点不自在、不适应。尽管这个例子比较经典，不过，让学生自主地判断两个三角形是否全等，再到举出相关的错例，学生在认知上其实有很较长的距离。对于类似的判断定理，要求学生举例对于掌握定理确实重要，但较之于举出正例，举出反例的难度较高。教师 T 所举例子中的两个三角形本身在同一个图形中，让学生从中“找关系”“说清楚”有可能存在着一定的困难。

讲完第一个探究题后，教师 T 通过多媒体 PPT 展示第二个探究的问题：

“你能画出这样的三角形吗？所画三角形一边的长是 4 cm，另一边的长是 3 cm，边长是 3 cm 的这条边所对的角是 45°。”

接到教师 T 的任务后，学生开始动手操作，尝试画出教师 T 要求的三角形。在学生操作、画图的过程中，教师 T 离开讲台进行巡视、指导。教师 T 发现，许多学生好像不知道如何下手。有一些学生，由于没带直尺、圆规、量角器，要么随手画了一个示意图给教师 T 看，要么坐在那里看其他同学画，要么和其他同学借直尺、圆规、量角器进行画图。

观课者视角：教师 T 的意图似乎是通过画图这一具体性操作让学生探究三角形形成的可能性，但不少学生事先的学习准备没做好，反映了教师教学的常态化情况，部分学生操作能力好像有问题，反映了动手操作能力的薄弱。

大约 2 分钟后，教师 T 回到讲台，在黑板上示范画图：取两条线，长分别为 4 cm，3 cm……画图，如图 4-8 所示。

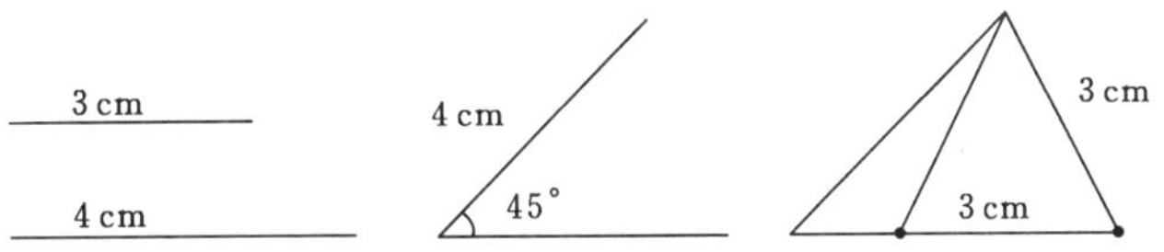

图 4-8　画三角形示例

观课者视角：从教学的效果来看，学生无论是在具体的操作层面，还是在理解为什么要进行这样的操作层面，都有一定的不足。尽管教师进行了操作的示范，学生也能看懂教师的所画之图，但是，学生对操作本身的数学思考力不够，缺少应有的数学思维活力。作图题所涉及的不仅仅是具体几何知识的运用，还有学生的数学探究和思维，操作是表层的数学活动，思维是深层的数学活动。另外，从数学工具的运用来说，好像利用几何画板软件可以更动态、直观地画图，可以通过操作更好地进行数学探究，使学生画图的兴趣与数学探究的思维更有效地结合起来。

教师 T：“在两个三角形中，如果选取的两条边对应相等，一条边所对的角也相等，那么，这两个三角形不一定全等。我们把条件变化一下，同样是在两个三角形中，有两条边对应相等，有一个角也对应相等，不过，这个角不是已知两边中一边所对的角，而是已知两边的夹角，那么，这两个三角形是不是全等呢？

我们先来做一个试验：先任意画出一个$\triangle ABC$，再画出一个$\triangle A'B'C'$，使$A'B'=AB$，$A'C'=AC$，$\angle A'=\angle A$(即两边和它们的夹角分别相等)。把画好的$\triangle A'B'C'$剪下来，放到$\triangle ABC$上，它们全等吗？”

教师T先让学生画、剪、拼，并问学生是否全等，得到肯定的答复后，又亲自示范操作了一遍。如图4-9所示，先画$\angle DA'E=\angle A$；再在射线$A'D$上截取$A'B'=AB$，在射线$A'E$上截取$A'C'=AC$；最后连接$B'C'$。把画好的$\triangle A'B'C'$剪下来，放到$\triangle ABC$上，发现这两个三角形确实全等。

教师T：“这样我们就发现了一个规律，即两边和它们的夹角分别相等的两个三角形全等(可以简写‘成边角边’或‘SAS’)。这个规律还可以怎么说呢？我们还可以这样说，也就是，三角形的两条边的长度和它们的夹角的大小确定了，这个三角形的形状、大小就确定了。以后呀，我们就用它作为判定两个三角形全等的一个判定定理，就是‘边角边’或‘SAS’判定定理。”

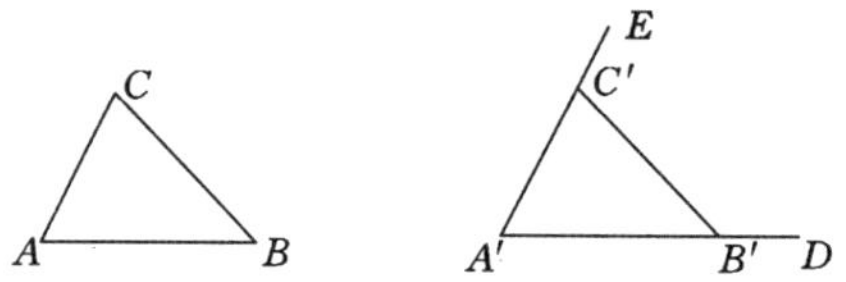

图4-9　判定三角形全等

观课者视角：这节课的教学目标是什么？这里运用的教学策略是什么？这里的数学活动本质上是一种什么样的过程？是对问题情境的数学化吗？是相关数学概念、数学事实、数学程序或数学推理的运用吗？对于相关数学结论的解释、应用和评价吗？个人感觉上有点担心教师在教学任务、教学目标、教学策略之间不匹配，有可能导致教学有效性的弱化。从理解性学习来分析，教师需要进一步分析相关新知与已有旧知之间的关系，要考虑学生自己会怎样画图，有没有什么可能的误解，在后续的学习中学生会遇到哪些难点？这些难点与他们的学习能力限度之间有着怎样的关系。

在观课者思考的过程中，教师T推进了自己的教学进程——下面，我们来看一个证明题(用多媒体PPT显示例题1)。

例1　如图4-10所示，$OA=OD$，$OB=OC$，求证：$\triangle AOB\cong\triangle COD$。

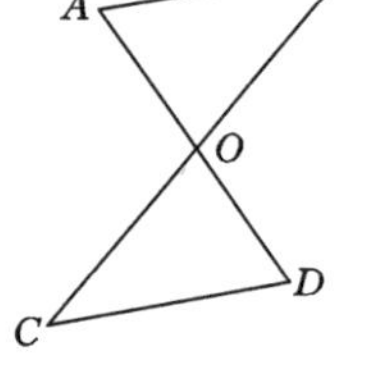

图4-10　例1

教师T：“大家看看题目，首先弄清题意，这里是讨论的哪两个三角形？哪两个对应的边相等？条件中没有给出角的关系，大家能不能找到？我们先请学生 2 到黑板上演板，其他同学在下面做，同桌之间可以相互讨论。”

学生 2 的板书：

在$\triangle AOB$、$\triangle COD$ 中有：

$$\begin{cases}\angle AOB=\angle COD\\ OA=OC\\ \angle AOB=\angle DOC\\ OB=OD\end{cases}$$

所以$\triangle AOB\cong\triangle COD$。

这一结果完全出乎教师 T 的意料，他的本意是想让学生 2 利用边角边(SAS)判定定理进行证明，可是学生板演给出的表达并非是他想要的结果。他向下面的学生望去，有的学生在笑，有的学生默不作声。

教师 T：“我们看到有的同学在笑了，说明学生 2 的证明是有问题的，问题的根子在哪？是他没有理解我们所讲的边角边判定定理。我们一起来修改一下他的证明。修改后教师继续开展预设的教学活动。”

观课者视角：教师以为所讲的知识非常简单，可是学生为什么出错呢？在例题讲解中，教师没有一出示题目就让学生直接地运用边角边定理证明，因为教师 T 意识到学生在证明中可能遇到“不好直接用”的问题。于是，教师 T 在题目出示后花了少量时间做了一些必要的引导和启发，或许他认为这样就可以帮助学生扫除证明中的障碍了，可为什么他所给的启发、引导还是显现无效性？从感觉上，问题的根子应与例题求解之前关于“边角边定理”讲解与分析过程有关，特别这一定理如何让学生“再创造”“再发现”？学生真的理解了这一定理吗？在该判定定理的学习中，“两边的夹角”中的“角”的位置是认知的一个关键。在已知两边分别对应相等的前提下，教师引导学生通过操作得出“角是两边与其中一边的对角”对于三角形全等判定的否定性，并通过画图、剪拼的方法得到“角是两边相交形成的角即夹角”对于两个三角形全等判断的肯定性。在这一过程中，学生看起来经历了多种形式的数学活动，但就实质而言，大多数学生似乎都是被教师 T“牵着鼻子走”的，因为，学生在他们所经历的这些数学活动中缺少了主动的猜想，缺少了验证的意识，缺少了归纳与总结的过程，数学思维的活动性、智慧性没有被真正激发。通过操作，形成边角边这一三角形全等判定定理结论，要引导学生将外部的动手操作与内在的数学思维结合起来才更有教学效果。教师可以让学生用数学语言描述一下：究竟是在什么情况下所选取两个三角形的两边、角对应相等，两个三角形就可以全等？用图形语言怎么表示？用文字语言、符号语言呢？另外，本题是一个形式化的数学证明题，在几何知识的学习中属于高级阶段的认知，如果不能掌握其实质与要义，就容易出错。淡化形式，注重实质，一般说来，学生学习几何与图形知识，要经历多个阶段的认知发展水平。在直观几何阶段，学生在图形与几何的学习中是不需要证明的，主要是通过折纸、剪拼等做一做的操作活动，积累图形与几何操作的活动经验。在变换几何阶段，主要是从图形与几何的变换等活动中理解图形与几何，图形与几何不仅是静态的数学对象，而且是可以进行对折、平移、拉伸、旋转等操作的动态的数学对象。学生对图形与几何变换的学习，既需要动手操作，又需要动脑思考、想象，只有经历真正的图形变换内在的思维操作过程，学生才能产生图形与几何认知的飞跃。在此过程中，需要关注学生理解的困难点，通过有效的方式对学生进行指导、帮扶。

多媒体显示（问题探究 3）。

例 2　如图 4-11，$AC=BD$，$\angle CAB=\angle DBA$，你能证明 $AD=BC$ 吗？说明理由。

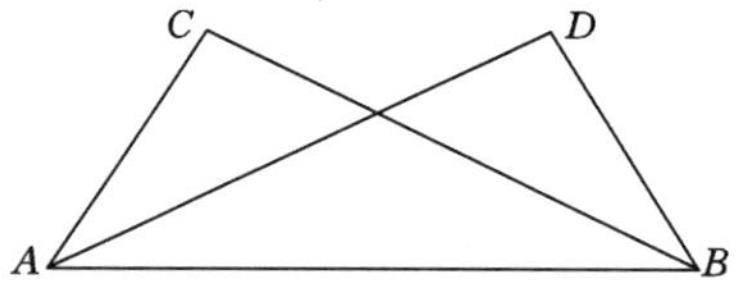

图 4-11　例 2

教师 T 出示题目，让学生思考了 2 分钟后请学生回答。第一个同学说不会，教师 T 就喊了第二个学生。第二个学生说："把 AC、BD 分别延长，假设它们相交于一点 E（图 4-12），根据题设 $\angle CAB=\angle DBA$，所以在 $\triangle EAB$ 中一定 $\angle EAB=\angle EBA$，该三角形一定是一个等腰三角形，也就是 $EA=EB$。由于 $EC=EA-AC=EB-BD=ED$。考虑 $\triangle EAD$ 与 $\triangle EBC$，由于 $EA=EB$，$\angle AED=\angle BEA$，$ED=EC$，所以 $\triangle EAD\cong\triangle EBC$，所以 $AD=BC$。"教师 T 等第二个学生说完之后，请他在黑板上把解题过程板演了一下。对于学生的板演，教师 T 给出了正确的评判。不过，教师 T 继续说："这位同学的解答虽然是正确的，但有没有更简洁的解法呢？可不可以不作辅助线呢？"对于教师 T 的提问，全班只有一个学生举手，教师 T 请他回答。他说："在 $\triangle CAB$、$\triangle DBA$ 中，由

于 $CA=DB$，$\angle CAB=\angle DBA$，$AB=BA$，所以根据边角边定理有 $\triangle CAB \cong \triangle DBA$，所以 $AD=BC$。"对于该生的回答，教师 T 在全班进行了表扬。

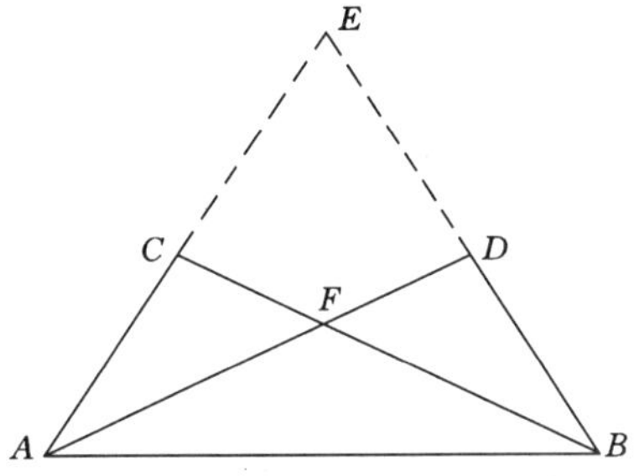

图 4-12　例 2 的变形

观课者视角：教师 T 的教学意图就是最后这位学生的解答，可是为什么有多名学生不会？第一个说会的同学，在解答中为什么要通过作辅助线来解答呢？在这种兜圈子的背后，是什么原因呢？如何从变换几何的角度，引领学生进行数学想象呢？学生为什么不会运用平移、对折、旋转这三种变换来寻找全等三角形呢？

3. 当堂练习与讲解

讲完一道例题后，教师要求学生当堂进行课堂练习（发放事先印好的作业纸，同时在多媒体上显示题目）。

课堂练习：如图 4-13 所示，已知 $AB=AC$，且点 D、E 分别在 AB、AC 上，BE 和 CD 相交于点 F，$AD=AE$。证明：(1) $\triangle ABE \cong \triangle ACD$；(2) $\angle B=\angle C$；(3) $BD=CE$。

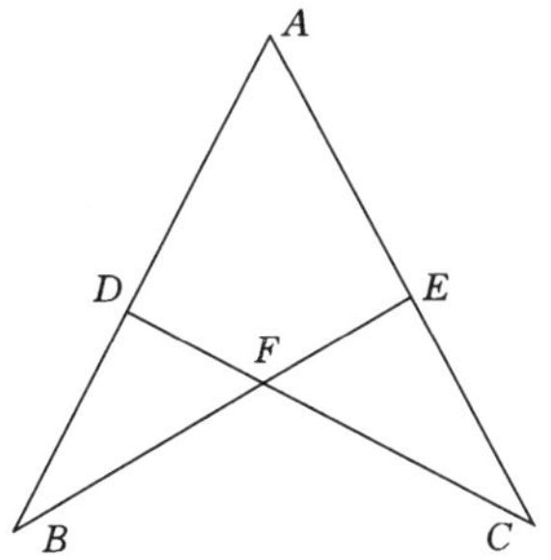

图 4-13　课堂练习题

学生练习时，教师 T 巡视。学生练习完成后，教师 T 结合自己的巡视选择了3个同学的解答进行展示，其中两个同学的解答是正确的，一个同学的解答有错误（直接把已知条件重抄了一遍，就给出了要证的结论）。教师对解答正确的同学进行了表扬，通过同桌互判确认全班有多少同学的解答是正确的，结果是47名学生中有41名同学的解答正确，正确率约87%。教师T询问了包括展示中解答有错误的同学在证明时的想法。一个学生说因为找不到判定两个三角形全等的条件，所以只好把题目已知的条件重抄了一遍，并通过“所以”给出了题目中要证的结论。一个学生说，自己见到证明题就害怕，肯定会出错，另有4名同学说，认为之所以出错是因为没有意识到$\angle A$既是$\triangle ABE$的角，也是$\triangle ACD$的角，是两个三角形的公共角，而且是相等的角。教师T对出错的同学进行了引导，认为知错改错一定会有进步，对于怕证明的情况要注意克服心理障碍，并强调尽管今天学习了用“边角边定理”进行三角形全等的证明，但是如果不能找出对应的条件，就可能感到“无从下手”或者只能“瞎写交差”，避免出错的方法是耐心仔细观察，思维要灵活，不能死板。

观课者视角：教师T通过当堂的课堂练习检验本节课有没有达到预设的教学目标，自己还需要哪些教学改进，这一教学环节既重要又必要。较之于证明题，教师在设计当堂检测的练习时也需要分层次，可以用一些更简单的选择题或判断题让学生口头回答，并据此判断学生学习中可能存在的问题。当然，这一道证明题也是可以的，题目本身比较典型，有利于帮助学生检测所学定理的应用。教师T能关注学生的错解并进行原因分析，体现了因材施教，有利于全面分析、确定边角边判定定理学习中的不足，并更有效地制定纠正措施。

4. 例题讲解

当堂进行课堂练习之后，教师T给出了本节课的例3。

例3　如图4-14所示，有一池塘，要测池塘两端A和B的距离，可先在平地上取一点C，从点C不经过池塘可以直接到达点A和B。连接AC并延长到点D，使$CD=CA$。连接BC并延长到点E，使$CE=CB$。连接DE，那么量出DE的长就是A和B的距离。为什么？

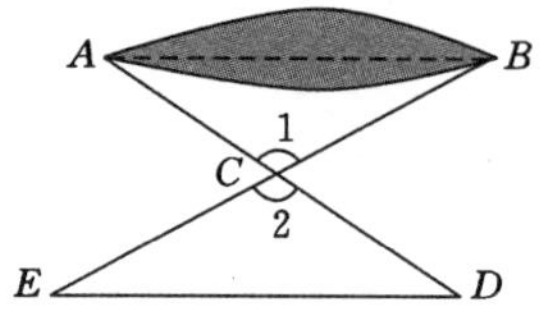

图4-14　例3

用多媒体 PPT 给出题目后，教师 T 立即和学生共同分析：如果$\triangle ABC$与$\triangle DEC$全等，那么就能得出 AB 与 DE 相等。根据题意，我们可以考查$\triangle ABC$与$\triangle DEC$全等是否具备“边角边”的条件。得到学生的肯定答复后，教师 T 一边说一边在黑板上写下了证明过程。

证明：在$\triangle ABC$和$\triangle DEC$中，

$$\begin{cases} CA=CD \\ \angle 1=\angle 2 \\ CB=CE \end{cases}$$

$\therefore \triangle ABC \cong \triangle DEC$(SAS)。

$\therefore AB=DE$。

证好后，教师 T 向学生强调：“因为全等三角形的对应边相等，对应角相等，所以证明线段相等或者角相等时，常常通过证明它们是全等三角形的对应边或对应角来解决。”

这道例题讲完后，教师 T 和学生进行了本节课的教学小结。首先，他从整体上给出了本节课内容在“全等三角形”这一知识体系中的脉络(图 4-15)，然后布置了本节课的课后作业。

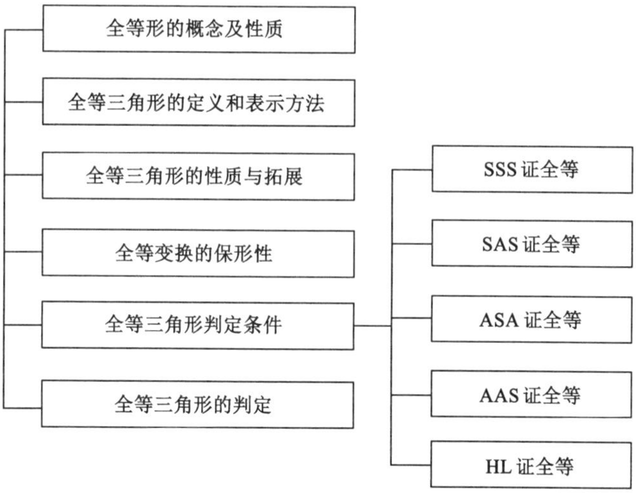

图 4-15　全等三角形的知识体系

观课者视角：三角形是“图形与几何”这一领域的心脏，这是因为其他的直线形基本上都可以转化为三角形进行研究，学好三角形知识不仅重要，而且必要。对于三角形全等的知识，适时给出整体性的知识脉络，也具有一定的价值，特别是有利于启发学生思考不同定理之间的联系。不过，最好是在复习课时给出，现在给出有点为时过早的感觉。就教材或教学中几个定理的安排顺序而言，以前先是“SAS证全等”，然后再依次学习“ASA证全等”“AAS证全等”“SSS证全等”“HL证全等”，现在大多数是先“SSS证全等”，然后再依次“ASA证全等”“ASA证全等”“AAS证全等”“HL证全等”。边角边定理由以前的第一判定定理改为现在的第二判定定理，主要是为了更好地遵循学生认识三角形的逻辑顺序，基于学生思维，体现“从整体到部分”知识学习的逻辑。

（三）组织研讨与反思

1. 关于三角形全等及其判定的再认识

教师T在复习引入中先是通过具体的例子巩固了几何图形全等的概念，然后和学生共同回顾全等三角形的概念，即“两个三角形如果能够完全重合，那么这两个三角形称为全等的三角形”。这里的复习有其合理性一面，这是因为几何图形的全等相对于三角形的全等是一个更具抽象性、概括性和包容性的概念，可以起到“先行组织者”的作用，即它是先于“三角形全等”这一概念呈现的一种引导性学习材料，能与学生认知结构中相关观点和任务建立必要的关联。不过，教师T可能并没有意识到“先行组织者”对于教学的意义，后续的教学也没有好好利用“先行组织者”。从利用“先行组织者”的角度，教师可以先让学生谈谈对于两个三角形全等的理解，引导他们思考如何利用已有知识（如通过能否重合确定两个图形是否全等）理解、探究两个三角形全等的条件，通过引导学生的思考将复习深入到认知层面，遗憾的是，教师T的复习在思维上仍然是浅层次的。因为，这里关于全等三角形的定义本质上是依赖于直观认识的，是一种初级的抽象，这是因为，“完全重合”本身是一种日常性的生活语言，数学的意义还不是很深刻。

就本质而言，三角形全等判定定理揭示了唯一确定三角形大小及其形状所需要满足的最简条件。为了进一步赋予“三角形全等”更深的数学意义，提升数学认知的抽象层次，可以对“完全重合”作进一步的解释，即两个三角形全等，必须是两个三角形要素间的完全重合，即对应的顶点要重合、对应的线段要叠合、对应的角要叠合。那么，如何考查两个三角形是否“完全重合”呢？可以考虑能否通过平移、翻折或旋转等方式将一个三角形变换成另一个三角形。是不是每次都要通过这样的变换进行印证？或者说，如果要判定两个三个角形是否全等，既准确又简洁的方法是什么？根据对两个三角形全等概念的理解，显然要研究三角形要素间的相互关系，那么，是不是每次都要从三角形的6个要素进行判定呢？有没有最少的条件呢？所谓最少的条件，就是指由寻找两个三角形6个要素中至少几个对应相等才能保证两个三角形全等。这样，就可以让学生带着问题进行探究，通过必要的归纳发现“最少条件”及其相关的共性。事实上，SAS、ASA，与SSS这几个判定定理有一个共性就是：三个要素，其中至少有一条对应边。除了通过探究三角形要素之间相互关系得出三角形全等定理的判断外，还可以通过三角形中要素与相关要素之间的关系进行探究，并因此得到相关数学命题，使三角形全等的判断成为培养学生“四能”、引导学生学习数学地思考和习得认知方法体系的契机。图4-16即是“三角形全等判定”学习中数学认知方法体系的建构与实践。

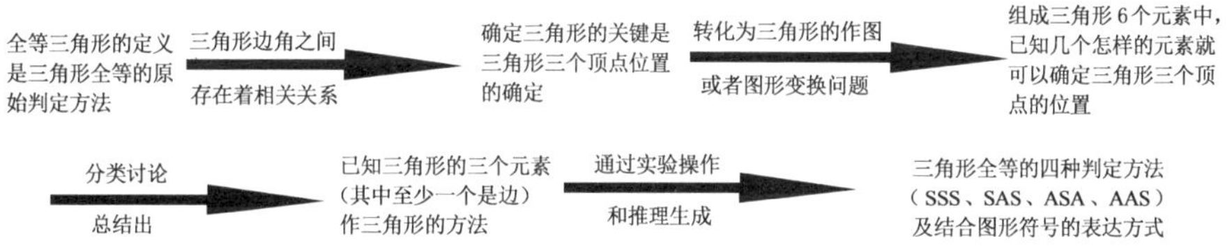

图4-16 三角形全等制定

2. 关于课堂教学的容量与教学目标

2009年的教师节前夕，温家宝在北京三十五中听了初二(5)班一节数学课，教学内容就是讲如何进行三角形全等的判定，教师讲了三角形全等的几种条件。温家宝结合自己的听课感受，对于改进数学课的教学提出了自己的一些意见：“40分钟的课包容的量还可以大一点”“一堂课只教会学生三角形全等判定，内容显得单薄了一些”。温家宝的这种指导意见是有价值的，更一般地，数学课堂教学要向40分钟要效益，就包含了数学课堂中教学容量的问题，这是因为，数学课堂教学的容量是数学教师设计数学课堂教学时的一个要点，教学容量是否合理直接影响着数学课堂教学的效率性、数学教学方式的适切性，学生数学活动的参与度。尽管温家宝主要是从知识层面提出他个人的看法，但从深层次上看，数学课堂的教学容量显然不仅仅是在知识或认知层面，除了知识与认知层面，教学目标中的思维与情意对于数学课堂容易的影响也很大。片面地理解数学课堂的容量，或仅仅局限于考查一堂课中教师究竟讲了多少知识点，并企图通过拓展知识面、加快教学节奏等方式增加数学课堂的教学容量，很容易导致诸如“贪多不化”“欲速不达”等极端的负面效果，对于学习基础不好或者思维速度慢的学生更容易加剧学习上的困难。

就本节课的教学容量而言，前后共讲了5道题，表面上看教学容量并不小，但是由于在关于问题的探究过程中，没有真正关注学生的数学思维，当学生在演板中出现错误时，教师仅仅给出了正确与错误的判断，而没有引导学生反思相关错误的深层原因，没有真正深入到学生数学思维发展的层面，缺少对学生错误思维过程暴露机会和二次表达、阐释和自我修正的关注。学生在数学学习中如果只是被动地接受来自教师的修正，不敢进行思维的表达，不愿进行数学错误的反思，那么，教师即使讲得很多，教学进度快，也不能说课堂教学中有很好的容量。有广度没有深度，数学活动参与的不足，深层学习缺失，最终会导致学生数学学习中主体性的缺失。由此，本节的教学还需要进一步推敲目标，要立足于正确地使用边角边判定定理引导学生更有深度地学，教师的教学不仅需要创设相应的教学情境，而且需要进一步突出教学重点。在学习方式上，需要在探究活动过程中，进一步突出问题导向。在例2的讲解中，教师除了在评价学生证法的基础上给出第二种证法，还可以将例1、例2进行联系，通过图形的旋转、平移和对折等变换，展现不同的图形固有的内在联系，促进学生的深度学习和知识迁移，参见图4-17。

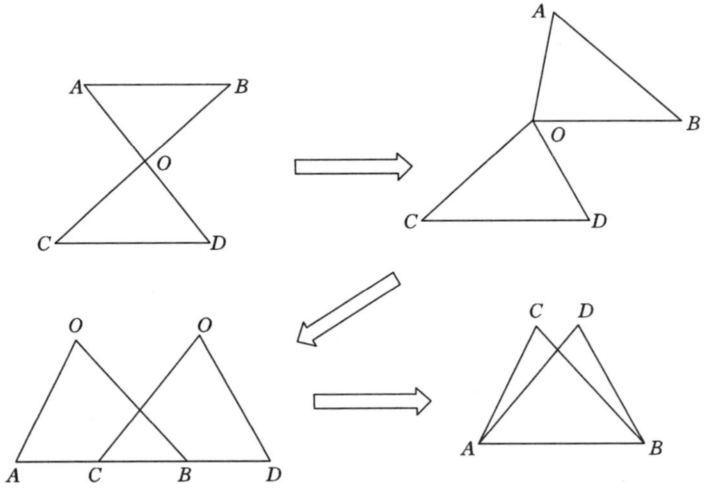

图4-17 例1和例2的关系

3. 关于数学课堂互动

数学课堂互动不仅是数学教学方式变革的重要体现，而且是落实学生数学核心素养培养、强化学生高阶思维发展的重要手段。重视数学课堂互动本质上是以学生为中心强化数学化的实践性和数学活动的社会性，学生的数学化不是教师控制、主导的数学化，而是学生在数学探究中建构的数学化，是学生基于问题探究、群体讨论和实践反思的数学化，数学活动不是静态的数学活动，而是以学生自主探索、师生交流、相互启发、思维碰撞的数学活动。数学课堂互动将学生带入再创造、数学化的数学活动中，通过深度思维、互动交流建构数学知识，渗透学法指导，落实课程思政，健全学生积极参与数学探究的品格和人格。因为判定三角形是否全等不仅需要全等的概念及判定的定理等相关知识的储备，而且需要学生将数学思维从实验几何转向论证几何，要有较为严密的逻辑推理能力，这对初二学生来说内容并不容易。所以，教师有必要与学生进行深度的数学课堂互动，这种互动不仅为了让学生能更好地配合教师的教学展开，更顺畅地推进所预设的数学教学进程，而且为了评价学生的数学理解，促进学生数学深度学习的发生，提升数学核心素养教学的有效性。课堂教学语言是师生在数学课堂上进行互动的载体，教师要用学生听得懂的语言和学生进行互动，既重视数学问题的本质内涵，更重视数学问题的提出方式，通过必要的知识背景铺垫，引导学生提出有价值的问题，通过增强问题的开放性引导更多的学生参与互动。为此，教师需要提前思考，问题提出及相关知识的讲解、分析需要达到怎样的程度？需要维持怎样的节奏？需要给学生多少自主的时间？如何在互动中做好学生数学思维成果（如解法、证法）的展示？什么时间介入集体交流？如何结合师生的课堂互动进行有深度的总结？

4. 关于课例分析中的认知学徒问题

艾伦·柯林斯与约翰·西利·布朗开发了认知学徒制的理论，他们认为，无论教师的教还是学生的学，某种意义上都是学徒性质的。儿童学习说话、农民学习种植、裁缝学习做衣裳、木匠学习打家具，都是在家庭或社区的环境中，由长辈的示范、引导、帮助，然后才学会的。在现代社会，虽然学校的教育教学代替了旧有的学徒制，但是，基于特定的学习愿望、需求和资源，学习者仍可雇用类似于教练或者结对教师的方式引导自己的学习。在教师教育领域，无论是"一践行"（践行师德），还是"三学会"（学会教学，学会育人，学会发展）都可以从学徒制中获得一些启示。特别地，认知学徒制比较注重"实践内容""实践方法""学习顺序""学习活动社会性"等四个维度学习环境的建构，就此进行借鉴并合理运用到数学课例的分析中，可以促进学生的学和改进教师的教，优化数学课堂教学的设计与实施。

（1）实践内容

数学教学的设计与实施是实践性很强的专业活动，与此相关的课例分析也具有很强的实践性，在内容上需要包括概念、事实和程序等特定的实践性知识进行支撑。就本课例而言，涉及的具体概念是全等三角形，事实是全等的定义及判定，实践的程序是对“边角边定理”的探索与运用。由于“边角边判定定理”的运用有相应的条件，所以教师 T 在教学活动中设计了具体的反例、正例和旁例以帮助学生更好地理解，这说明教师的教学设计有相应的教学策略，是基于设计的教学。但是，从总体上说，这种设计还不能说就是以学生为中心的教学设计。事实上，该教学更多偏向教师主导的讲解、分析与示范，教师 T 并没有能真正深入到学生的思维中。教学结果也表明，部分学生经由教师讲解在知识理解方面尚存在着深度不足、迁移不畅的缺陷。

（2）实践方法

在认知学徒制中，师傅示范、学习辅导、脚手架搭建、实践者表达、实践反思、探索改进是六种主要的实践方法。对应这六种方法，可以看到本课例中教师教学的得与失。

就师傅示范而言，在认知学徒过程中，师傅有时并不讲什么，而是做一些示范给徒弟看，徒弟通过观察师傅的示范常常在无意识之中掌握了相应的专业知识与技能，本质上是师徒之间进行了默会知识的传递。可以用更形象的说法来阐明这种学习，即作示范的师傅好比是一条大鱼，观察、模仿的徒弟好比是小鱼，师徒的关系好比引导者和跟随者的关系，实践的环境好比大鱼和小鱼共同依赖的水。师傅的示范很重要，但是它们只是掌握某些专项技能或知识的前奏，是一种必要性的准备。真正熟练掌握某种知识与技能，需要大量的实践、尝试和反复的练习、体悟。在本课例中，教师 T 的示范不仅比较少而且不够规范，该板书的没有板书，该画图的没有画图，满足于口头交流，对学生的错误分析引导不到位，纠错性练习不到位。由于教师示范、引导不到位，部分学生在证明时表达上出现了障碍。

就学习辅导而言，本身是促进、改善人的认知与实践的专业性的活动，这种实践有时确实需要一定的程序，但这种程序并非是一种机械性、僵化的程序，或者这种程序有别于师傅教徒弟按着预设的、机械的程序做某种活计。毕竟，实践中的人有其自身的复杂性。较之于机械性、僵化的操作程序，师傅应当避免自顾自式的讲解与说教，不注意观察徒弟的反应，没有进行认真倾听与及时的点拨。好的师傅在授徒过程中充满了艺术，这种艺术既有讲解、教导的艺术，也包括了对徒弟进行必要的、适时性的“提醒”。对徒弟而言，需要基于师傅潜移默化的辅导进行自主且有创造性的学习，需要结合自身特点建构并发展具有个人独特风格的学习方式。为了达到较好的学习辅导效果，教师需要认真、细致地观察学生在数学活动中的表现，既考量学生数学学习的效率，即有没有把相关的事情做好，也考量学生数学学习的效果，即有没有按照优化的方式展开自己的数学学习活动，教师需要基于自己的观察和评价为学生的数学学习提供及时、有效的建议或反馈。本教学案例中的T教师并没有做到这点，因为，他对于个别学生明显的学习困难并没有进行认真、细致的辅导，只是提供了一些改正说明，不利于学生数学思维和学习方式的转变。

就脚手架搭建而言，对于学生的数学活动，脚手架应当与学生数学活动最近发展区建立关联，并因此可以为学生的数学学习提供结构化、系统化的引导与支持，数学教师在教学设计中能否找准学生的最近发展区对于脚手架搭建至关重要。对于数学教师的专业成长，通过课例分析不仅分析教师的教学技能及其运用，而且可以管窥教师在教育教学理论与教学实践上有没有较好地对接，是否存在着理论与实践相互脱节的问题，并因此为教师教学信念重构、教学知识发展搭建脚手架。在本课例中，教师T设计的例题虽然都是较为典型的问题，但是这些并没有构成学生有意义学习、深度学习的脚手架，学生的学习反馈也佐证了这一点。事实上，当学生觉得很难、教师觉得很简单时，师与生在教与学认知的中间差距就表明了学生数学活动中脚手架的真实存在性及其搭建的必要性。作为改进，可以降低一下问题的难度，对学生的数学活动提供一些更有效的指导。

就实践者表达而言，一个实践者可以通过模仿、探究、练习、反思等实践获得知识，也可以通过互动与交流促进对所学知识的理解，表达在其中发挥着非常重要的作用。就数学活动而言，实践者的表达既需要数学文字、数学符号和数学图表等不同语言的转换，也需要内部思维向口头语言的转化，特别地，可以通过学生有声的思维表达更准确地分析学生对于数学概念、数学命题的理解程度。学生的有声思维不会主动、自觉地发生，教师能否进行恰当的课堂提问对于引导学生有声思维表达具有非常重要的作用。本课例中，教师T虽然提出了许多问题，但是由于问题过于封闭或者跨度过大，所以既不利于学生数学探究的深入，也不利于学生数学课堂中思维的有效互动。

就实践反思而言，无论是反思学生在数学活动中知识构建的方式，还是反思师生在课堂交往互动中的深度以及经由教与学获得的体验，对于学生的学与教师的教及由此获得的发展都具有相应的意义。数学教师作为一名研究者，需要在数学教育教学中进行自主的实践反思。数学教师作为一名反思性的实践者，需要一边实践一边反思，他在实践反思中所生成的数学教育经验会成为他独特的默会知识，是改进教学实践的锦囊库。正是重视了实践的反思，作为研究者的教师可以更深入地审视"教学问题的探究性与适切性""教学过程的规范性与启思性""教学评价的引导性与合理性"。意识到数学活动反思重要性的教师，更善于捕捉学生数学思考的契机。面对学生错误的课堂解答，这些教师不是简单、直接地就学生的对错进行判断，而是引导学生分析、阐释、说明，在师生、生生的思维碰撞中激活更有深度的数学思考，目的是挖掘、提升学生所存在的错误对于教学改进、认知纠偏、知识查漏和思维发展的价值。对于课例分析实践活动而言，分析中见仁见智、观点争鸣甚至意见相左都是正常现象，关键是克服对固有教学思维的依赖和所谓专家指导的服膺，既与教学同行或专家导师的教学设计模式进行比较，必要时进行教学设计的"模仿""重播""抽象"，也对自己的教学实践进行回顾总结，进行有深度的实践反思和理论升华，结合特定的教学环境既合理又合目的地运用相关的理论。就本课例而言，无论教师还是学生，自主性的深度反思偏少，许多学生的学习思维仍停留于记忆或者模仿，教师本人则满足于相关的教学内容"讲过了""学生会做题了"，缺少数学问题情境的设计与引导，教与学缺少深度思维与有效行为的参照系和可重复性的指引，难以形成一种可深度迁移的教与学模式。长此以往，会对师生教与学的内在观念、数学核心知识、数学关键能力、持续发展动力产生负面性的影响。

就探索改进而言，无论是教师的教学设计，还是教学实施过程，都需要立足于促进师生更有价值的发展探索实践活动的改进，这不仅是指合理规划数学课堂教学中探索性的教学内容，防止因不当的数学活动探究影响数学课堂教学效果，而且指因对探究性数学活动不当的教学设计降低了学生数学探究能力的发展。由于当下的数学课堂教学是以学生数学核心素养建构为导向的，所以数学教师应当基于数学核心素养的深度性理解与情感性认同，积极探索、改进已有的数学教学设计。由此，数学课例分析就需要识别个人在教学中存在的问题，探索改进的路径，通过必要的论证与尝试进行数学教学方案的优化与调整，通过更加适宜的教学方案的实施引导学生学会自主地寻找数学问题解决的策略，建构相应的问题解决模型。在本课例中，虽然例题中有了数学探究的形式，但是学生并没有呈现出较强的自主性意识。教师 T 的教学方法设计也不是真正意义上的探究性教学设计，这不仅体现在教师所给问题的封闭性，而且体现在教学过程中基本上都是教师问、学生答，当学生不会或者出现了错误，教师只是满足于给出正确的答案是什么，而没有引导学生自主纠正或者暴露自己错误的数学思维。在这种教学模式下，不仅不能产生真正意义上的数学探究，而且实质性地弱化甚至抑制了学生的主体性。

(3) 学习顺序

学习顺序是学生在课堂中数学活动的先后顺序。由于数学学科本身有较强的逻辑性，所以数学课堂中的学习顺序很容易偏向线性的、结构化、连续性、知识传授型的教学方式。这种教学方式本质上是基于数学知识的顺序学习，属于事先预定好的借鉴性而非经验性的学习方式。在这种教学方式下，主要是数学教师主控着数学课堂教学的组织方式、学习顺序和活动进程，有着较强的独奏型特征。尽管这种方式也有一定合理性，显现了教学内容的计划性和教学活动的教师主导性，但是这种方式也很实质性弱化了学生的数学活动经验，忽视了数学教学活动中一些特定的因素，比如，忽视了学习者作为新手与教师作为专家在思维方式上的差异，忽视了个别学生在学习方式上的特殊偏好，忽视了不同教学内容之间可能的整合性，忽视了知识学习循序进阶过程中必需的支架，忽视了基于师生、生生相互交错的数学思维、数学活动以及由此动态生成的课堂教学。一般而言，在师徒制学习过程中，学习有集中呈现和交错呈现两种相对典型的学习顺序。集中呈现强调既集中又连续地呈现同一类别的学习内容，学习者学习完规定内容之后学习新类别的内容。交错呈现强调交替呈现相关的学习内容，在螺旋上升中学习不同类别的内容，可以先学习一个类别中的部分内容，再学习另一个类别中的部分内容，回过头再学习最初类别中的其他知识内容，在不断交错、反复与往返中学完所有类别的内容。为了帮助学生建构数学知识、发展数学思维、积累数学活动经验，数学教学需要结合数学教学内容、数学教学对象等特点，合理选择、运用数学教学的顺序，既注意数学知识内在的逻辑性，又注意学生心理发展的逻辑性，循序渐进，拾级而上，逐步提高，整合内容，优化教与学的过程。在本课例中，教师虽然有复习旧知、引入新知识的教学设计，但在后续的相关问题设计中知识的难度缺少应有的梯度，与“边角边”定理相关的知识与重点虽然全面，但也存着罗列的倾向，学习的顺序功能未能充分体现，探究问题的情境性与开放度还有待进一步优化。

从总体上看，有许多教师根据初二上册教材的教学编排，在“探索三角形全等的条件”教学设计中通常安排了 8 个教学课时，每课时介绍一种三角形全等判定定理，并穿插一些习题课。这种教学设计基本上是按照教材原有的结构展开的，也有一定的合理性，至少给人以平稳的感觉。但是，教学实践也表明，按此顺序展开课堂教学，一是学生没有新鲜感（许多学生课前已将教材通读过了），二是给许多学生“盲人摸象”“只见树木，不见森林”的感觉，他们不知道为什么要学习这些判断定理，这样不同学习内容之间究竟有着什么样的关系？在数学活动过程中所经历的也更多是一个方向、方法双向弱化的探索过程。为了避免这些可能的误区，在教学设计中可将学生的学习顺序作适当的结构性调整。比如，可以首先从整体性的认知入手，上好“三角形全等”的起始课，引导学生“从三角形 6 个元素中，任意选出其中的 3 个元素”，构建三角形全等条件探索的研究性框架，逐个进行初步判断和探究（只说道理，不作严格的论证），并从总体上形成三角形全等所有的判定方法及其结构图式。当学生有了整体性的认知后，再具体到部分的深入认知，即对所列的各种判定方法分类研究，即“分而治之，各个击破”，根据学生的学习需要，可对“SSA”等内容作必要的拓展探究，在此基础上再回到整体性认识与思考，通过必要的梳理、总结，形成知识体系，开展相关的综合应用。

（4）学习活动社会性

学生的数学学习活动虽然是一种智力为主的认知活动，但由于这种活动依赖的数学知识离不开特定的数学语言，而数学语言无论是符号、规则还是约定，本质上都是社会性的建构，并且学生的数学认知活动离不开以人的交往为支撑的师生、生生互动，所以，学生的数学学习应当是一种具有社会性的认知活动。根据英国学者欧内斯特(Emest)的研究①，学生数学学习属于社会性的建构，除了构成数学知识基础的语言知识、约定和规则属于社会建构性质外，个体所拥有的主观性数学知识只有发表转化为客观性数学知识后才有更大的价值，而发表与转化本身离不开交往与交流，它们都是社会性的。此外，与数学知识主观性相对的客观性本身意味着社会性的认同。就实际的数学教学而言，在数学课堂中，师生、生生之间不仅有着思维碰撞，而且基于不同的学习动机、生活背景、知识基础、活动经验，不同个体之间会构成一个具有认知差异的社会性学习群落。当一个学生回答问题错或对之后，教师或学生给出的反应，师生在课堂教学评价中的语言，特定的教学方式及其内蕴的力度，小组成员之间的相互认同，所有这些行为背后都有社会性的因素。合理运用学生社会化的学习资源，可以对数学课堂教学活动方式的创新起到更好的智力支持或相关的中介性作用。

---

① EMEST P. 数学教育哲学[M]. 齐建华，张松枝，译. 上海：上海教育出版社，1998：1-103.

在认知学徒体制中，关注学习活动的社会性，就是要关注学习者学习的情境、共同体、动机、互动、交流、合作，就是要关注数学学习活动中的教师支持、同伴支持，就是要突破局限于智力认知的封闭性，就是要关注不同学习者的经验生长，关注教学中解决学生数学认知问题的具体方式和力度，既强调数学概念的科学性、简洁性、合理性、贯通性和深刻性，也强调概念建构过程中不同主体的思维碰撞，强调数学活动的背景及蕴于其中的数学知识、数学思维、学习者行为变化。在课例中，教师T的教学更多地体现了以往的惯例和习惯性的做法，疏于实践共同体的建构，疏于师生互动、生生合作的深入推进，学习活动的社会性较为缺失，基于不同学生数学活动经验的教学协调力与基于不同学生个体对数学概念、数学命题认知的协调力都比较弱。从课堂中师生的"话语模式"来分析。基本上是"呈现问题，师问生答""学生不会，教师讲解""学生错解，教师改正"，群体思维、因材施教、深入交流的力度不够，教学方式有待进一步改进。

5. 知识建构

学习不仅是学习者以个人已有的知识与经验作为基础展开的一种认知性活动，而且也是拥有不同背景的学习者在特定的环境中进行社会文化互动的过程，或者说，所谓学习其实是有需求的学习者借助特定的文化支持，参与共同体实践活动，内化知识意义的建构性活动过程①。学习本身具有建构性。由于数学内容具有深度的抽象性，数学知识具有体系的结构性，所以数学学习较之于其他学科学习的建构具有自身的特殊性。就数学抽象而言，抽象本身是在数学活动中进行的，是基于数学活动的建构，通过数学活动不仅建构了数学概念及其相关的研究对象，而且给数学学习活动本身赋予了意义性，即数学语言符号、抽象概念所代表的数学知识与学习者头脑内部认知结构中已有观念建立起"非人为"与"实质性"的内在联系，使数学的抽象性、结构性成为主体可以理解、把握和运用的思想材料。根据杜宾斯基(Dubinsky)等学者提出的APOS理论，在数学教学活动中，如果教师引导学生经过必要的思维操作、活动过程和对象建立等几个阶段后，学生可以在建构、反思的基础上把所学知识组成特定的图式，并因此能更清晰地理解问题的情景，更顺畅地解决问题②，这就表明，尽管数学学习需要学生主动地、积极地操控特定的概念、对象、观念，并形成相应的图式，

---

① 陈琦，刘儒德. 教育心理学[M]. 北京：高等教育出版社，2005：156-157.

② DUBINSKY E D, MICHAEL A. APOS: a constructivist theory of learning in undergraduate mathematics education research[J]. The teaching and learning of mathematics at university level, 2002, 7: 275-282.

但是,学生在数学学习活动中形成相应的数学图式并非总是一种非常自觉的行为,而是需要教师的帮助、引导,需要提供一些活动经验打破旧有的教学平衡,并因此促进学生在不知不觉中进行知识的建构。

较之于认知建构主义对数学知识是学生主体主观、积极的建构以及是个体数学活动经验反应的强调,社会建构主义更加强调数学知识是在群体交往、是在人类社会活动中建构的,不仅重视学生个体自身的数学认知活动过程,而且重视不同学生个体之间的相互交流与思维碰撞,强调要在一种社会化的情境中进行积极的交流与互动,强调教师要帮助学生搭建数学活动的脚手架,指导学生的互动。以社会建构主义为导向的教学主张,教师如果能在学生之间成功发展建构主义的学习导向,那么在数学教学实践中就需要强化"社会协商""标准重建"。之所以进行这样的教学主张,更多的是因为,在这样的课堂中很容易建构出诸多解法"不同"的方案,尽管这些方案或方法所产生的结果是相同的,但它们所表征的学习过程是不同的数学思维或数学认知过程,教师在数学教学中不仅要让学生认识到所建构观点或方法的独特性,而且需要引导必要的比较,在思维发散中求优,强化学生对于数学思维活动过程的监控与反思。总体而言,以社会建构主义为导向的数学教学,更加重视数学教师对于学生数学学习的帮助、引导,在教学思想、教学策略上有别于以教师为主导的向学生进行数学知识的传递行为,毕竟,学生并不能被动地吸收来自外部、硬塞过来的知识。通过师生相互作用,基于已有知识、经验,通过必要的活动主动地建构知识,更容易赋予所学知识的意义。为了帮助学生进行数学知识的建构,教师在数学课堂上的引导要着力于师生、生生的思维互动、对话交流与活动反思,要关注学生拥有着怎样的数学现实,积累了哪些数学活动经验。教师应当树牢数学活动的教学观,即数学教学是一个具有动态性、生成性和再创造性的活动过程,个体在数学教学活动中不仅进行着知识建构,而且进行着文化建构,数学教学活动的设计要创设必要的问题情境,引导学生进行数学问题的探究,并由此建构数学活动的意义。就本课例而言,教师虽然在最初的阶段,引导学生借助旧有知识进行必要的复习与思考,基于"下列图形中,哪两个图形是相互全等的"判断,构建全等三角形认知与判定的数学活动经验,为了实现对三角形全等判定这一新知识的再创造,教师 T 在教学中提出了相关的问题,但在解决问题的过程中,则没有充分发挥学生知识建构的功能,或者知识建构不到位。从教学设计改进的角度分析,应通过提高问题的层次性、开放性,引导学生在知识建构过程中强化主动性、交往性,并因此真正提升学生的数学核心素养。

6. 数学学习的进阶分析

学习进阶(learning progressions,简称 LPs)作为教育教学领域的专有概念,最初源于美国科学教育的测量与评价。在与 K-12 科学成就测验有关的政府工作报告中,美国国家研究理事会(NRC)提出了这一专业术语。就其内涵而言,当时主要用来描述学生在某一主题的推理探究学习中思维方式的变化和思维发展的轨迹,突出推理探究中概念应有的"发展序列"或者学生对于概念学习应有的"发展路径"①。基于这一概念,学生的学习进阶不仅要与学科知识发展逻辑一致,而且要以探究内容为载体,关注不同知识之间的相互联结,强调既依次进阶又逐级深化复杂的科学探究方法②。由此可见,学习进阶并非是一个结果性的概念,它更加突出学生学习的过程,即指向学生对于学习主题思考、逻辑推理和问题探究的过程。随着学习进阶研究的不断深入,学习进阶不仅是对学生核心概念认知发展中典型路径的描述,也可以用来描述学生的学习进程以及基于特定的教学影响实现的包括认知目标、思维目标、情意目标等多种目标维度发展的蓝图,并在教育测量中成为评价学生核心概念学习及其过程建构的发展性模型③。与"自上而下"的学习进阶思维不同,基于学生教育教学现实的学习进阶思维主要是一种"自下而上"的教学思维,强调学习进阶要反映具有差异的学习者在不同学段或思维发展阶段的学业表现,如施瓦兹(Schwarz)就较为关注学生学习过程中如何建构和发展相关的知识模型④,Linn 则关注学生学习过程中不同知识之间相互关联的特征及其可能的变化。在核心素养背景下,学生的学习进阶已超越了某些具体概念、命题或者相关知识体系的进阶,正逐步深入到与一组概念、一类命题或者一类知识相关的学生学科核心素养的发展。以数学学科为例,基于数学核心素养的学习进阶在教学设计中不仅强调相应学习目标的确定,而且强调更有价值教学内容开发、更有效果教学反馈的运用。

① ROSEMAN J E,CALDWELL A,GOGOS A,et al. Mapping a coherent learning progression for the molecular basis of heredity[C]. San Francisco,CA:The annual meeting of the national association for research in science teaching,2006.

② SMITH C L,WISER M,ANDERSON C W,et al. Implication of research on children's learning for standards and assessment:a proposed learning progression for matter and the atomic molecular theory [J]. Measurement,2006,4(1-2):1-98.

③ 姚建欣,郭玉英. 学习进阶:素养的凝练与范式的演变[J]. 教育科学,2018,34(4):30-35.

④ SCHWARZ C V,REISER B J,DAVIS E A,et al.,"Developing a learning progression for scientific modeling:making scientific modeling accessible and meaningful for learners"[J]. Journal of research in science teaching,2009,46(6):632-654.

就学习目标的确定而言，不仅立足于教材的分析、课标的分析，而且深入到学情的了解，把握学生现有的数学学习表现以及相应的层级水平，诊断学生可能性的学习障碍，评估特定教学内容在知识体系上的缺陷，基于学生的数学现实建立数学核心概念的网络图，依据数学核心概念的发展层级研究并制定学生在数学活动中的学习表现，刻画学生的数学思维品质，要基于各因素的综合考虑来明确教学目标。就数学教学内容的开发而言，需要认真推敲教学内容的顺序，科学整合相关零碎分散的数学知识，形成更有系统性的数学知识序列或者数学概念网络，既要进行相关教学内容的挖掘、拓展，又要注意教学内容供给的精准、有效，既要关注教学内容的层次性、阶段性和连贯性，又要关注学生学习的可接受、挑战性和发展性，平衡好数学知识发展的内在逻辑和学生认知发展的内在规律。就数学教学评价而言，要合理运用好前测与后测的评价手段，通过科学有效的教学反馈确保教学内容和学习进阶的吻合，要通过评价前置，更有目的地设计、实施数学教学活动任务，开发、利用好相应的数学活动工具和教学资源，多措并举促进学生数学学习进阶。基于核心素养进阶的教学设计如图 4-18 所示。

7. 改进教学设计的意见

在已有课例分析活动中，为了改进自己的教学设计，参与教学设计与具体上课的教师需要虚心倾听观课者、评课者的有关意见或建议。为了取得较为理想的研讨效果，参与教学设计与具体上课的教师需要诚恳地将自己当时教学设计的想法及上课过程中遇到的困惑、已有的经验或有关心得体会注入集体对话中，通过必要的质疑、交流、交锋与共鸣，生成意义更加丰富的课例分享，并在此基础上，进行各自的教学实践反省，及时修正、完善教学设计方案，推进数学教育教学创新。（图 4-19）

就本课例而言，通过分析、研讨，对原教学设计方案的修正、完善意见、建议如下：

（1）进一步明确教学目标

教学目标的设计需要关注一节课中最基本、也是最重要的知识与最核心和最有价值的能力，特别是对学生而言，究竟什么能真正有效地迁移，或者说，学生究竟能带得走什么。基于通过前面的分析与讨论，可以确定本节课的教学目标有如下三点：第一，探索并正确理解“SAS”的判定方法；第二，会用“SAS”判定方法证明两个三角形全等；第三，了解“SSA”不能作为两个三角形全等的条件。在这三个教学目标中，重点是用“SAS”判定方法证明两个三角形全等，并能进

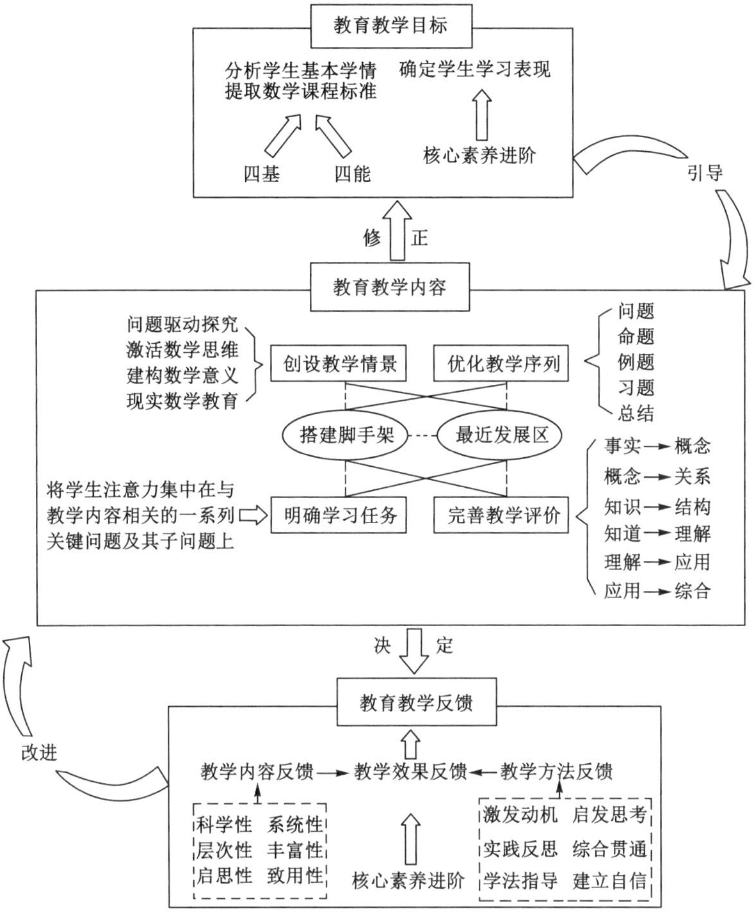

图 4-18　基于核心素养进阶的教学设计

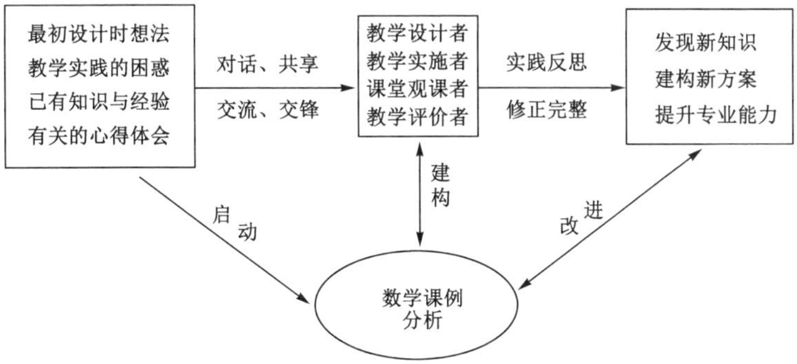

图 4-19　基于数学课例分析的教学改进

行简单的应用。

(2) 复习思考，引入新知

开始仍旧用原来的问题："同学们，前面我们和大家学习过全等的概念，请问大家什么叫全等图形？下列图形中，哪两个图形是相互全等的？（多媒体呈现原来的图形）。"

追问："有人说世界上没有完全相同的树叶，老师想问大家：世界上有完全相同的三角形吗？"

学生回答后，再追问："什么叫三角形的全等呢？全等三角形有什么性质？如何判定两个三角形是否全等呢？"

对于"全等三角形有什么性质？"可以用如下的练习：如图 4-20 所示，若 $\triangle AOC \cong \triangle BOC$，那么对应边：$AC=$ ________，$AO=$ ________，$CO=$ ________；对应角有：$\angle A=$ ________，$\angle C=$ ________，$\angle D=$ ________。

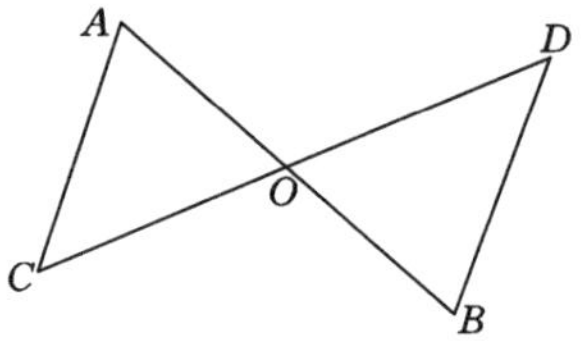

图 4-20　练习题

对于"如何判定两个三角形是否全等呢？"进行如下引导：

根据三角形全等的定义，重点是两个三角形能重合。如果两个三角形的边、角共 6 个元素分别对应相等，那么我们肯定可以判断它们重合，即两个三角形全等。但是，我们是否每次都要验证两个三角形的边、角共 6 个元素都分别对应相等呢？能否用更少的元素间关系进行两个三角形全等的判定？追求简捷与简洁是人类的天性，我们有必要进行这样的探索。那么如何进行探索呢？如果两个三角形中有一个元素（角或边）对应相等，它们是否全等？（可以画图等实验法进行否定）；如果两个三角形中有两个元素（两个角、两条边或一角一边）分别对应相等，那它们是否全等？（也可用画图等实验法进行否定）；如果两个三角形中有 3 个元素分别对应相等，那它们是否全等？重点就此进行探索。

让学生一一列出 3 个元素对应相等的各种情况，并进行猜想。

本节课，重点就边角边对应相应的情况进行探索。引导学生做画图的数学试验：先任意画出一个 $\triangle ABC$，再画出一个 $\triangle A'B'C'$，使 $A'B'=AB$，$A'C'=AC$，$\angle A'=\angle A$（即两边和它们的夹角分别相等）。把画好的 $\triangle A'B'C'$ 剪下来，放到△ABC上，它们全等吗？在此过程中，教师就具体的做法进行示范与指导：先画∠DA′E＝∠A；再在射线A′D上截取A′B′＝AB，在射线A′E上截取A′C′＝AC；最后连接B′C′。把画好的△A′B′C′剪下来，放到△ABC上。

确认“边角边”能作为三角形全等的判定定理，并分别用文字语言、符号语言、图形语言（图4-21）进行描述。

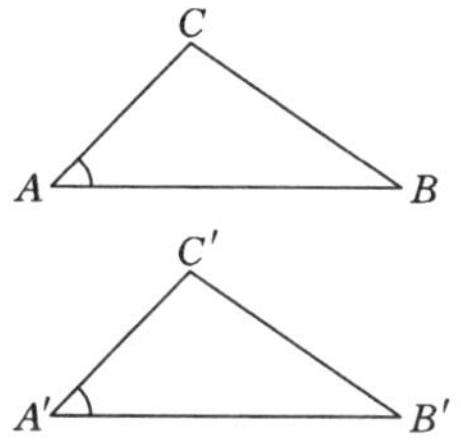

图4-21　两个三角形全等

文字语言：两边和它们的夹角分别相等的两个三角形全等。（简写成“边角边”或“SAS”）。

符号语言：在△ABC和△A′B′C′中

$$\begin{cases} AB=A'B' \\ \angle A=\angle A' \\ AC=A'C' \end{cases}$$

∴△ABC≌△A′B′C′（SAS）。

（3）例题讲解，巩固应用

开始仍旧用原来的问题。为了巩固定理，先给出例题。

例4　图4-22中有没有全等三角形，并说明全等的理由。

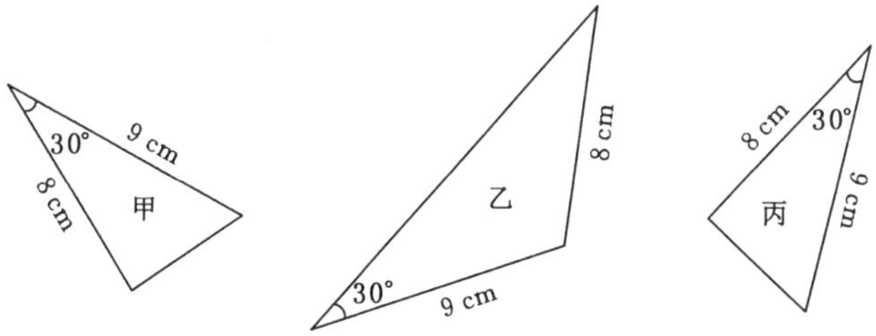

图4-22　例4

例5　如图4-23所示，如果AB＝CB，∠ABD＝∠CBD，那么△ABD和

$\triangle CBD$ 全等吗？学生有了正确的判断之后，让学生变成证明题，并书写证明过程，教师结合学生证明过程进行相机指导。完成证明后，对题目进行变式处理：已知条件不改变，将问题改变成：$AD=CD$ 吗？BD 平分$\angle ADC$ 吗？让学生回答，并说明理由。

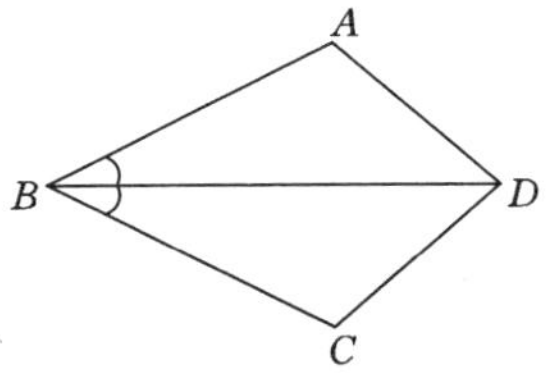

图 4-23　例 5

在例 5 的基础上，教师出示例 6、例 7，目的是应用“SAS”判定方法，解决简单实际问题。

例 6　吉祥同学不小心把一块三角形的玻璃从两个顶点处打碎成两块(图 4-24)，现要到玻璃店去配一块完全一样的玻璃。如果只允许带一块碎片去配玻璃，请问：应该带哪一块去呢？你能说明自己的理由吗？

图 4-24　例 6

例 7　如图 4-25 所示，正在修建的某高速公路要通过一座大山，现要从这座山中挖一条隧道，为了预算这条隧道的造价，必须知道隧道的长度，即这座山 A、B 两处的距离。你能想出一个办法，测出 AB 的距离吗？

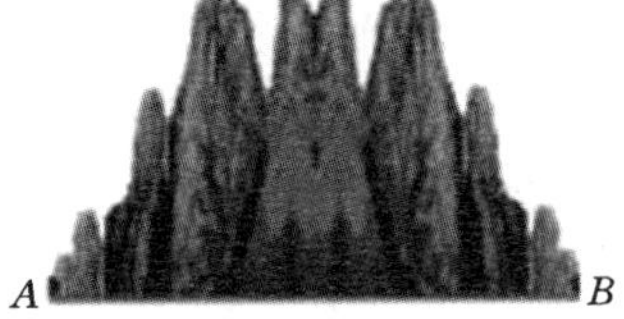

图 4-25　例 7

分析：要想直接测出 AB 的距离是不可能的，怎么办？我们可考虑间接测出 AB 的距离。如图 4-26 所示，我们可以在大山外的开阔地选择一合适的地点 O，使得从点 O 可以到达 A、B 两处，并测出 AO 与 BO 的长度。延长 AO，BO 至 C，D，使得 $OA=OC$，$OB=OD$，连接 CD，只要测出 C、D 两点之间的距离，就能得到 A、B 两处的距离。这是因为：

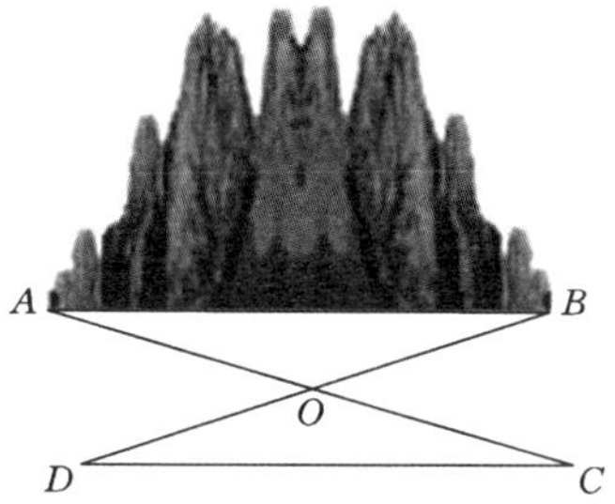

图 4-26　例 7 的变形

在$\triangle ABO$和$\triangle CDO$中，

$$\begin{cases}OA=OC\\ \angle AOB=\angle COD\\ OB=OD\end{cases}$$

$\therefore \triangle ABO\cong\triangle CDO$(SAS)。

$\therefore AB=CD$。

在“SAS”定理应用的基础上，探索“SSA”能否识别两个三角形全等。

问题：两边一角分别相等包括“两边夹角”和“两边及其中一边的对角”分别相等两种情况，前面已探索出“SAS”判定三角形全等的方法，那么由“SSA”的条件能判定两个三角形全等吗？

教师先让学生进行必要的画图、操作或想象，然后引导学生交流探索的方法和结论。如图 4-27 所示，在$\triangle ABC$和$\triangle ABD$中，$AB=AB$，$AC=AD$，$\angle B=\angle B$，但$\triangle ABC$和$\triangle ABD$不全等。

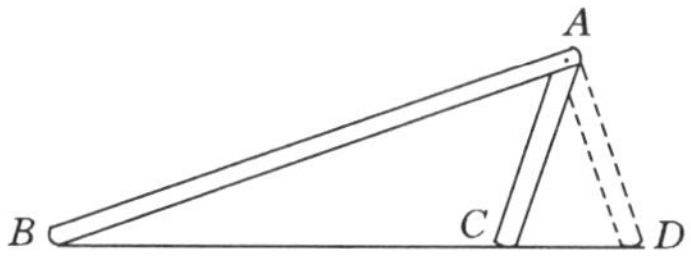

图 4-27　SSA 判定三角形全等

(4) 课堂练习，及时反馈

提供事先准备好的作业纸，上面有三道题。分发给学生进行练习。在学生练习的过程中，教师可以进行巡视。学生练习完成后，教师选择有代表性的学生证明进行分析、讲解，并就解题的规范进行说明和强调。

练习 1　如图 4-28 所示，$AD/\!/BC$，$AD=BC$，求证：$\triangle ABD\cong\triangle CDB$。

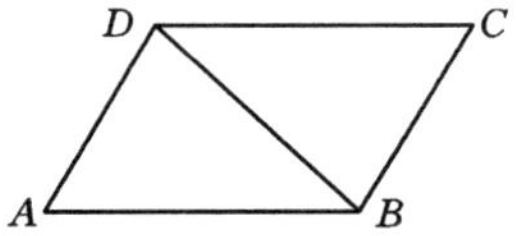

图 4-28 练习 1

证明：∵ $AD /\!/ BC$（已知）

∴ $\angle ADB=\angle CBD$（两直线平行，内错角相等）$/\!/ BC$

在 $\triangle ABD$ 和 $\triangle CDB$ 中

∵ $\begin{cases} AD=BC(\text{已知}) \\ \angle ADB=\angle CBD(\text{已证}) \\ DB=DB(\text{公共边}) \end{cases}$

∴ $\triangle ABD \cong \triangle CDB$（SAS）。

指导：在证明三角形全等时，一是要注意指明相关的范围（如在 $\triangle ABD$ 和 $\triangle CDB$ 中），让学生说出判定定理使用的根据，写出结论；二是要注意利用公共边、公共角相等类似的隐含条件。

练习 2 如图 4-29 所示，$AB=AC$，$AD=AE$，求证：$\triangle ABE \cong \triangle ACD$。

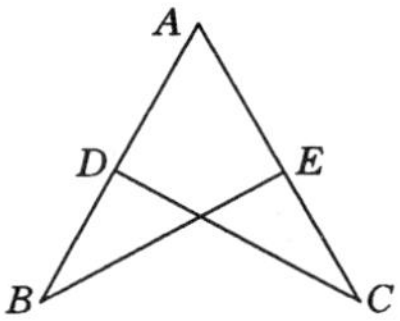

图 4-29 练习 2

证明：在 $\triangle ABE$ 和 $\triangle ACD$ 中

∵ $\begin{cases} AB=AC(\text{已知}) \\ \angle A=\angle A(\text{公共角}) \\ AE=AD(\text{已知}) \end{cases}$

∴ $\triangle ABE \cong \triangle ACD$（SAS）。

引导学生进行反思：在这个图形中你可以得到哪些相等的线段和相等的角？你能否从对称性或图形的变换分析这个题目？

练习 3 如图 4-30 所示，已知 $AB=AC$，$AD=AE$，$\angle 1=\angle 2$，求证：$\triangle ABD \cong \triangle ACE$。

证明：∵ $\angle 1=\angle 2$（已知）

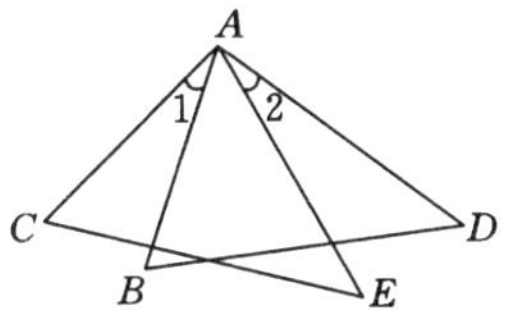

图 4-30 练习 3

$\therefore \angle 1+\angle EAB=\angle 2+\angle EAB$

即$\angle DAB=\angle EAC$。

在$\triangle ABD$和$\triangle ACE$中

$$\because \begin{cases} AB=AC(\text{已知}) \\ \angle DAB=\angle EAC(\text{已证}) \\ AD=AE(\text{已知}) \end{cases}$$

$\therefore \triangle ABD \cong \triangle ACE(\text{SAS})$。

(5) 课堂总结,布置作业

本节课所学的定理内容是什么?条件是什么?结论是什么?我们是如何得到这个定理的?用该定理证明时有哪些注意事项?

本节课我们主要运用了平移、旋转和轴对称等知识推导出了判定三角形全等的一种方法:边角边定理(SAS)——有两边和它们的夹角对应相等的两个三角形全等。

用 SAS 判定定理证明时,每一个步骤都要做到有根有据,特别需要注意的是全等形的对应顶点一定要书写在对应的位置上。

8. 本课例分析及相关工作的进一步反思

通过课例分析促进教师教学能力提升和专业学习能力迁移,是课例分析的一个重要目标。为了达成课例分析的预设目标,在课例分析过程中,课堂观课者、评课者还是相关的研讨人员不仅讨论了教学内容的组织,分析了相关教学内容的前后联系、层次水平、逻辑理路,而且讨论了与教学内容密切相关的教学目标定位及教学过程关键性环节。

课例分析过程中需要发挥教学设计者、教案执教者的主体作用。这是因为,对一节课堂教学案例的分析,更本质的因素就在于"情境+思考=知识+应用"①,

① CARTER M, COOPER T, ANDERSON R. Teachers' use of a pedagogical framework for improvement in mathematics teaching: Case studies from YuMi Deadly Maths [C]. Opening up Mathematics Education Research, Adelaide, 2016.

为了深入教学案例的分析，常常需要教学设计者、教案执教者将某个具体的教学片段或发生在课堂中的事例精准地转化为具体的课例，这不仅需要教学设计者、教案执教者对教学的展开进行必要的回顾与总结，更需要教学设计者、教案执教者对自己的教学理念、教学思维进行整理与分析。在本课例分析中，基于用“边角边”定理进行三角形全等判别教学的设计、实施与反馈过程，包括教学设计者、教案执教者在内的课例分析者，共同聚焦学生数学核心素养的发展，分析数学课堂的教学任务及对应的教学策略。具体而言，课例分析过程中关注了该教学内容对应的教学目标，考虑了预设的合理性及实际的达标度，同时考查了本节课在教学引入、例习题设计、教学评价、巩固练习、总结反思等教学任务的各个方面与所预设的教学目标是否具有真正的一致性，评估了课堂教学过程中所运用的教学策略以及教学策略对于教学目标实现的有效性。

作为对本节课教学的诊断，研究者通过本课例分析指出，教师在教学中应当更加关注学生的学习，关注学生已有知识基础，关注不同数学内容内在的逻辑联系，关注学生学习环境、问题情境的创设，重视学生数学学习中认知与元认知策略的构建与发展，重视师生、生生的数学课堂互动与交流，所有这些意见或建议都有一定的针对性。在课例分析过程中，原有这节课的教学设计人员和上课的教师 T，也能跳出原有的教学认知，突破自我固设的分析框架，积极参与课例分析，积极反思个人教学设计和教学实施中的不足，体现一定的问题意识与教学思维能力，经由教学过程的重视审视、重新解释，体现教学教研和实践反思的统一。

课例分析是教师通过系统合作，分析、研究课堂中教与学的行为，致力于教师教学经验、学生学习经验改善的综合过程①，课例分析的水平和最终取得的效果与课例分析各主体专业的素养密切相关。这是因为，在课例分析中相关人员如果更多的是凭借已有的经验与个人的感觉、直觉来发现相关课例中的问题，发表相关的意见或建议，或者提出一些方案，那么相关的研讨活动很容易囿于一种同水平反复的状态②，既不易于发现课例背后的深层问题，也不利于旧有惯习、常规的突破，并因此不利于教师专业深度学习的发生或持续。为了提高课例分析的效果，课例分析的各相关主体在课例分析之前需要进行必要的沟通，

① TRIWARANYU C. Models and strategies for initial implementation of lesson study in schools [J]. International forum of teaching & studies，2007，3(3)：48-62.

② 顾泠沅，王洁. 教师在教育行动中成长：以课例为载体的教师教育模式研究[J]. 课程·教材·教法，2003(1)：9-15.

并有意识地加强课例分析理论的学习与研讨。比如，可以借鉴 PCK 的结构框架对教师如何进行课例分析进行指导，可以借鉴 PDSA（plan-do-study-act）的行动框架，引导教师基于真正的学习需求强化沉浸式的现场教学研究，结合具体的教学设计思考已有的设计有什么问题？需要做哪些方面的改善？如何判断自己的工作已经促进了改善？如何判断相关的变化是真正意义上的进步？还能做出哪些改变以持续改善自己的专业发展？

尽管课例分析是“就课研课”，既具体又深入地进行了某堂课的教学分析及其改进路径，但是，由于这种专业学习主要是就某一具体的教学内容而展开的，所以很容易形成了如下的现状，即有时只是让参加课例分析的教师学会了某一具体内容的教学设计与实施，在专业视野上对教学的分析与思考产生“只见树木，不见森林”的局限。为了实现“举三反一”“举一反三”的课例分析效果，课例分析可由单节课的课例分析转向某一类型课的课例分析，这也就是说，要将课例分析有意识地拓展至特定课型的分析与研究，引导教师对所教的数学课进行系统性分类，构建出既能分层又能分类的数学课型网络，并因此基于特定的“课型”展开更有深度的数学课例分析。

第三节　基于同济互助的数学教师专业学习模式

同济互助作为教师专业学习的一种模式较早见于 1983 年乔伊斯（Joyce）与肖沃斯（Showers）所进行的教学实验研究。研究发现，教师如果组成同济互助的小组（peer as-sistance team），将有助于分享教师的学习过程，提升教师的教学胜任力，节省教育经费的投入和人力资源的输入，弥补或强化教师在教学、教研经验与专业素养等方面的缺陷和不足，对学习小组内的教师予以更多的精神与文化支持。在后来的一系列研究中，研究者将同济互助的专业学习模式定义为获得课程与教学反馈的专业学习模式。在我国，“青蓝工程”“教研组”“名师工作室”等可以归入同济互助的专业学习模式。那么，这种模式有什么特征？有什么价值呢？大量的实践表明，同济互助类的专业学习模式强调在民主、平等、自愿和互助的教学与科研氛围引导下，教师个体及其同伴以行动研究和经验反思为导向，将诸多分散性的课程教学知识整合为可分享、具有支持功能的专业知识体系，并在教育教学实践中将获得的教育教学理念、方法、策略有效渗透到教育教学共同体的价值体系中，实现教师教学创新和学生知识建构的双赢。

一、基于“青蓝工程”的数学教师专业学习模式

“青蓝工程”的数学教师专业学习模式源自传统师徒结对的数学教师专业学习模式。我国战国末期著名的思想家、教育家荀子在《劝学》一文中曾有“青，取之于蓝，而青于蓝”的名言，比喻一个人只要认真地学习或有效的教育就可以得到提高，“青”不仅是青色的意思，而且比喻认真学习或接受教育的学生，“蓝”不仅指蓝色或制取靛蓝的蓝草，而且喻指引导学生学习的老师。在数学教师的专业学习领域，“青蓝工程”指向青年数学教师与中老年数学教师的合作。中老年数学教师通过“上示范课”“观课评课”“教研引领”“评价反馈”等方式对青年数学教师指导，青年数学教师通过“观摩模仿”“分析思考”“活动参与”“即知即改”等方式接受中老年数学教师的指导，在此过程中，指导者与被指导者都不断内化、转化、运用和交流数学教育教学的实践性，并因此使“青蓝工程”不仅成为青年数学教师提升数学教育教学业务水平的一种机制或方式，而且成为中老年数学教师与青年数学教师互动交流、发展自己实践性知识的平台（图 4-31）。“青蓝工程”不仅对青年数学教师专业能力发展、核心素养提升有重要的意义，而且对中老年数学教师审视自我、与时俱进、提升品质具有特别的意义。这是因为，中老年数学教师通过把个人专业实践的核心经验向青年数学教师和盘托出，不仅实现了专业知识和教学经验的分享，而且进一步促进了个人的专业实践反思，并据此促进数学教育智慧的增值。在具体实践中，基于“青蓝工程”的数学教师专业学习有三种不同的教师结对学习模式。

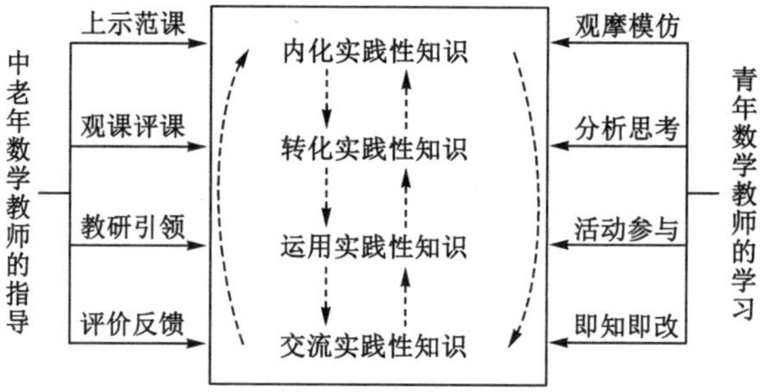

图 4-31　中老年教师与青年教师基于教学实践的互动

（一）师徒结对传帮带专业学习模式

这种模式是指资深中老年数学教师（通常是具有较长教龄或副高以上职称的

数学教师)对青年数学教师在数学课程与教学中进行传承、帮扶、引导(图 4-32)。

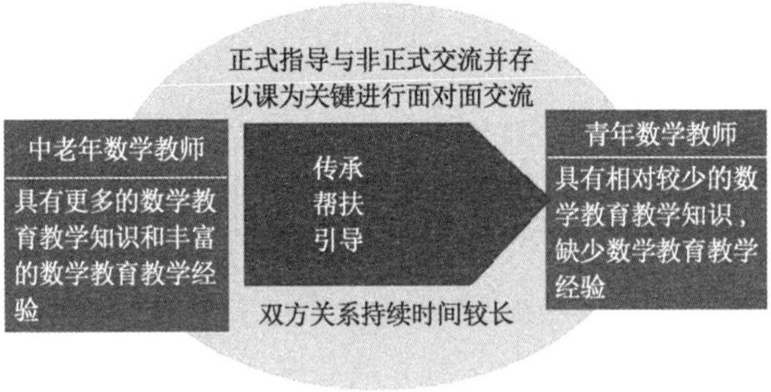

图 4-32　“传帮带”的专业学习模式

就传承、帮扶、引导的具体形式而言,是多种多样的。比如,资深中老年数学教师可以给青年数学教师上研究课、观摩课、示范课,可以定期检查、指导青年数学教师的教学准备(课标分析、教材分析、撰写教案),可以研究数学教材分析与处理的方法,注意剖析数学知识教学中关于宽度与深度之间的矛盾,根据教师学习或业务培训计划安排、组织诸如课例分析、教学观摩(含听课、评课、说课)等活动,定期开展诊断课、公开课、汇报课、优质课等教研活动,根据需要进行课后辅导、作业批改、阅卷评分、教学进度、教学札记等常规教学检查,带动青年数学教师重温教师职业道德规范和相关规章制度,根据学校要求做好青年数学教师进岗课、定级课、推优课的评价与筛选指导青年数学教师练好“三字一话”“板书设计”“教具制作”等教学基本功,鼓励青年数学教师写教研论文、教后记、课程与教学反思、教学周报,多措并举引导刚入职青年数学教师在教学业务上提到提高和发展。根据青年数学教师业务发展阶段性的不同情况,资深中老年数学教师对青年数学教师的带教又可分为“适应性带教”“发展性带教”“特色性带教”。在不同类型的带教中,资深中老年数学教师会有着相对不同的带教职责,指导的侧重点也大不相同。适应性带教主要是针对刚入职青年数学教师,目的是通过资深中老年数学教师的帮扶、指导完成从大学生到数学教师角色的转换。发展性带教主要是针对有一定教学能力和水平的青年数学教师,通过一些“跳一跳,够得着”的高质量发展考核目标,对标找差,进一步提高能力和水平,更好地胜任如毕业班数学教师、重点班数学教师等关键性数学课程与教学的岗位。特色性带教主要是针对在教学或教科某一方面冒尖的青年数学教师,按照“课程特色的培育、教学特色的构建、课堂特色的优化、活动特色的提升”为思路进行特色性带教路径的整体规划。通过给青年数学教师更多的机会、学习和更深入的指导、打磨，实时跟踪他们数学课程与教学的活动过程，帮助他们审视数学教育教学的目标与方案，分析数学教育教学的思维与方法，评判数学教育教学的行为与效果，思考具有个性化、创造性的数学教育教学特色，不断挖掘他们的数学教育教学潜能，以培养有特色的教坛新秀、骨干教师、教学名师为带教中的渐进性目标，不断提升被培养青年数学教师的知名度，促进经由专业学习不断成才、进阶。

尽管“传帮带”历史悠久，并且对青年数学教师的学习与成长发挥了积极的促进作用，但也存在着许多值得关注的、有待克服的现实困境。其一，有一些资深中老年数学教师不仅高估了自己的专业能力，以为自己各方面都比青年数学教师强，把指导青年数学教师片面地理解成对青年数学教师单向知识与技能传授或教育训导的过程，没有看到青年数学教师也有许多知识、能力值得自己学习，没有看到学习是彼此互动与交流的过程，没有看到师傅带徒弟不仅是一个教育训练过程，更是一个情感沟通、相互影响的过程。其二，许多资深中老年数学教师由于已经获评高级职称，在业务上追求进步的动力不足，教学、教研通常停留于感性或原有水平，缺少有深度的理性思考，课程与教学有着严重的路径依赖，不愿进行深度变革或主动转型。在这种情况下，虽然重视了对青年数学教师在教学规范、专业知识上的灌输和教师品德、教学行为上的塑造，但也会弱化青年数学教师在数学课程与教学中的主动性与创造性。其三，由于大多数“一对一”的师徒关系主要是一种规约型的师徒关系，存在着学校组织科层化管理的指令性安排、刚性化要求。囿于一些指标性考核和本位主义的利益观，一些资深中老年数学教师很容易固化教育教学的小团体，只允许自己所带的徒弟关注、关心与师傅密切相关的团体或派别。这些类似的做法，必然会忽视更广泛的数学教师共同体对青年数学教师更有效的引导和促进作用，也不利于青年数学教师与师傅之外的其他中老年数学教师之间的互动与交流。其四，由于有影响的资深数学教师（名教师、特级教师、正高级教师）人数比较少，通过“一对一”师徒结对的形式所带的青年数学教师人数就比较少，学术影响小或水平一般的资深数学教师对青年数学教师难以形成较大的吸引力，青年数学教师之间也会形成攀比自己“师傅”的效应，这对处于个人专业发展关键期的大多数青年数学教师来说都不是一件好事。最后，就活动开展而言，传统师徒制的专业学习活动基本上是独立的且相对分散的，这种做法不利于一个学校或所在区域内数学教师整体研修活动的开展和教学教研学力的提升，对数学学科的建设也难以发挥出应有的积极作用。

（二）师徒结队共同体专业学习模式

传统的师徒结对本质上采用了“火车头”式的带教方式，即俗话所说的“要让火车跑得快，要找车头带”，强调资深的中老年教师带领青年教师，师徒之间是指导、带领与被指导、被带领的关系。比如，北京小学数学特级教师吴正宪是全国著名的数学教师专家，为了指导青年教师的专业学习，由她牵头成立了工作站。在实践中，该工作站以培养小学数学教师教学实践能力为目标，优化小学数学教师专业学习的机制，探索并创新实践了“名师引领”“课例研究”“课后访谈”“同伴研修”“资源建设”等与小学数学教师专业学习有关的研修策略。吴正宪老师还以“好吃又有营养”为要求创设了教师研修的课程。基于农村小学数学教师专业学习的实际需求，吴正宪老师开发了“创建儿童喜爱的数学课堂实践”“提高教师数学专业素养”等系列化的教师研修课程，通过这些课程循序渐进地引导基层小学数学教师进行数学教学学术创新，更有目的感地学习和应用数学课程新理念。师徒结队共同体专业学习模式则是对传统师傅结对教学制度的变革，是基于不同类别教师“伙伴共生”关系的实践创新，是对已相对固化或有较强依赖性教师专业学习路径的突破。仍以吴正宪老师为例，她曾在北京延庆带徒弟，开始是按着传统的方式进行师徒结对，老师把自己的想法、教法和秘诀向徒弟们倾囊相授，但是效果并不明显。后来她就和自己的培养对象一起进行思考：对广大农村数学教师而言，真实的学习需求是什么？如何提高不同类别数学教师的数学执教能力？面对普遍专业学习需求，仅靠带徒弟、结对子就能解决问题吗？数学教师专业发展的基础究竟是什么？通过研究，他们认为，师徒结队本身就是一个共同体，应当关注每一位数学教师自身的职业经验积累，要充分尊重每一位数学教师个体实践性的经验，要引导广大数学教师基于数学教学实践进行教研，引导广大数学教师积累、总结并提升自己的数学教学实践知识，要突破传统师徒结对模式，引领更多的数学教师主动参与基于数学课堂深度互动的专业学习活动。国家“万人计划”教学名师、江苏省特级教师、江苏省泰州市九龙实验学校正高级教师顾广林在指导青年教师时将育人、教研和团队建设进行了有机融合，培养了一批非常出色的中青年初中数学教师。顾广林老师认为，数学教师培养、数学教学研究都是非常复杂的系统工程，为了将青年数学教师培养和数学教学研究有效地落到实处，不仅要加强数学教师专业知识、专业信念的培养，而且要强化教师立德树人和数学教研的意识。为了培养青年数学教师和做好学校的数学教学研究工作，各个层次的学校都需要广泛集聚人才资源。如果一个农村学校在高水平教师和研究力量上有所不足，那么可以通过“专家外引”“虚拟团队”“名师工作室”等方式，构建跨区域的数学教育教学研究团队，加强数学教育教学教研的体系建设。在实践中，顾广林老师受市区教育局委托，以所在学校初中学段的数学课程与教学研究为点，整体布局了跨区域的数学教育教学研究，不仅强化了其自身作为名师在数学教育教学研究中的专业引领作用，而且以数学活动为核心带动、加强了当地农村初中的数学课程建设，切实优化了农村初中数学学科的教研活动，有效提升了数学教研活动应有的内涵和价值。在顾广林老师的指导和影响下，徐秀峰、陈建、邓昌滨、帅建卓、叶新和、孟学荣、陆成、孙友权、田锁勤、唐秋、朱月红等一批骨干教师不断成长，他们积极投身初中数学教育教学研究，不仅提升了自身的数学教学专业素养，而且促进了所在学校初中数学教育教学的高质量发展①。

初入职青年数学教师并非是一张白纸，他们各有其自身的资源与价值，正视这种资源与价值，自觉地对原来已经习惯了的“一对一”师徒制专业学习模式进行超越，将会形成更有价值的团队合作和更深入的专业学习共同体。根据霍德的观点，专业学习共同体本质上是由拥有共同性价值观念的课程教学教师与教学管理人员所构成的团队，团队成员开展活动基于“契约”而非“规约”，注意建立自觉、自为、动态的合作机制，基于机制凝聚大家学习的意愿、愿志、行动，改进大家的行为，强调以专业学习为导向，优化课程与教学实践，推进教学共同体专业持续发展②。在一个专业学习共同体中，教师不仅是学习者、合作者，而且是一个施教者，施教的目的，既为了自己，也为了他人。事实上，当教师为了学习而置身于一个感兴趣的专业学习共同体时，他会非常乐意和其他教师分享自己的教学技巧、教学思考、备课心得、课堂管理，并愿把自己面对教学困难、教学问题时如何解决问题、如何寻求的做法向大家进行必要的展示，通过施教，既使那些缺乏经验或在某方面有待提升、改进的教师受益，也促进自己进一步理解教学、深化教学认识。

在专业学习共同体机制引导下，可逐步改变原来一位师傅带一位徒弟且片面重视听专家讲座、接受师傅指导、单向接受式的专业学习模式，自觉地把作为徒弟的青年数学教师和作为师傅的中、老年数学教师放置在具有平等交流的问题解决平台上，并因此促使师徒双方挖掘各自的资源和潜力，互学相济、双向激

① 顾广林.对跨区域团队开展教学研究的思考[J].教育视界，2020(1)：50-51.

② HORD S M，SUMMERS W A. Leading professional learning communities：voices from research and practice[M]. Thousand Oaks CA：Corwin Press，2007.

励、协同创新、优势互补，与时俱进建立新型的师徒关系、同行关系、团队关系。师徒结队专业学习共同体模式在教育教学实践中倡导建构更加适切的专业学习目标、专业同行关系，不断优化师徒互动、师师互动、徒徒互动的内容和方式。在师徒结队共同体专业学习模式中，通常会以多个资深中老年数学教师构成的教练组或导师团队指导一个或多个青年数学教师，青年数学教师可以根据自己的学习需要拜师，大胆地生成自己的教学教研问题，主动寻找中老年数学教师的帮扶、指导。为了更有效地指导青年数学教师，中老年数学教师需要激活自己可能沉睡了的实践经验，并进行必要的抽象概括，以应对多个“徒弟”随机性的请教及相互的思维碰撞，进一步升华自己的数学教学经验，深化数学教育教学的实践反思(图 4-33)。从专业学习中参与主体的数量分析，师徒结队共同体专业学习模式已从“一对一”师徒制学习模式走向“一对多”“多对一”“多对多”师徒制学习模式，这种专业学习模式用师徒结队代替师徒结对，强调数学教师专业学习过程中供需对接的现实性、开放性，以专业学习组织的创新及青年数学教师在专业学习中的主动作为为前提，兼顾青年数学教师和资深中老年数学教师在专业学习中各自不同的内在需求，注重师傅之间、师徒之间和青年教师之间的多主体合作与协同，注重专业学习社群的培育与建构。与传统师徒制数学教师专业学习模式中资深中老年数学教师诸多“封闭”“保守”做法不同的是，师徒结队共同体专业学习模式中的资深中老年数学教师更愿意开放或者部分开放个人专业“门户”，不再强调片面的“直属性质”的师徒关系，允许自己的徒弟向其他同行学习，通过广泛的学习体悟不同数学教师教育教学的隐性经验，掌握数学教育教学的专业技能、实践智慧，并从中建立更加广泛、动态、互惠、非直属性和非正式的师徒关系、边缘性学习关系。

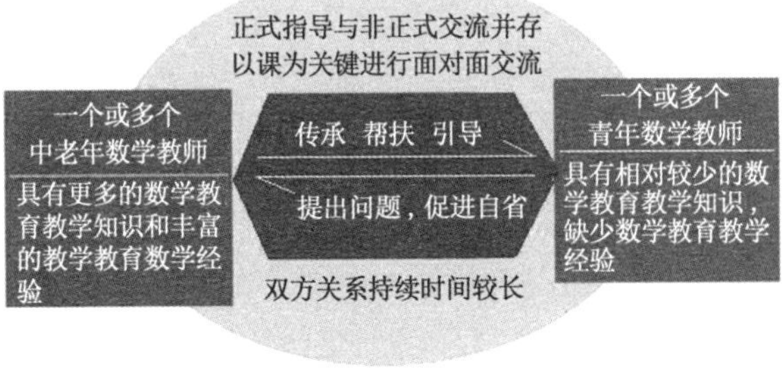

图 4-33　多元合作的专业学习模式

由于所谓的师傅本质上是相对而非绝对的师傅，所谓徒弟也是暂时、相对而非永远、绝对的徒弟，所以在师徒结队共同体专业学习模式中，既要强调资深中老年数学教师指导青年数学教师，也要关注青年数学教师身上有哪些值得资深中老数学教师虚心学习的东西。对资深中老年数学教师而言，尤其要注意在指导青年数学教师防范、克服存在诸如“眼高手低”“目中无人”“缺少章法”等弊端的过程中，帮助自己走出教育教学的高原期或职业倦怠期。调研表明，在师徒结队共同体专业学习模式中，师徒之间更愿意通过自主双向选择，确定正式或非正式的师徒关系，平时能结合相关的教研主题进行相互学习，展开对话、交流和合作，以教学问题的研讨、分析和解决为专业学习的价值导向，以教学目标与任务的实现以及教学过程、教学模式的优化、改进为共同体教学合作的驱动力，以相互之间的备课、研课、观课、评课及师徒同台课、教学片段或案例分析等日常性数学教学及教研活动为基本载体，调动更多的数学教师从事数学教育教学及研究的积极性，在引导青年数学教师以数学课堂教学为突破口开展在岗练兵、加强业务学习、体现“师傅教徒弟”的同时，“徒弟教师傅”“徒弟教徒弟”“师傅教师傅”也发挥一定的作用。在一些有上进心的师傅看来，青年数学教师思维的活跃和充满朝气的活力也不断激发资深中老年数学教师自省、自新的意识，不少资深中老数学教师愿意为青年数学教师定期上一些示范课、展示课和研讨课，有一些师傅甚至甘冒公开课可能带入的风险与自己指导的徒弟开展“同课异构”“同构异课”式教研活动，并取得了较好的效果。例如，全国小学数学教学名家、特级教师吴正宪老师考虑到传统师带徒教学效果的有关缺陷后，在指导农村数学教师的过程中就注意从被指导教师课堂实践所遇实际问题出发，在原生态的数学课和教研员的引导课两者之间进行比较，引导“徒弟们”从同一内容不同教学方式的比较研究中汲取营养。有的教师在教学之后常常有这样的感受，即相应的课虽然是自己按照预期设计上的，觉得上得还可以，但又总感觉缺了点什么，可究竟是什么想说却说不清楚。这些类似的情况，既需要执教的教师主动思考，又需要师傅主动介入引导徒弟反思。基于这样的理念，吴正宪老师常常和上课的教师一同走进课堂，听课、上课、评课、品课、说课、磨课，双师同堂展开数学教学研究，基于教学案例和被指导的教师们进行深入的研讨和新颖的互动，并因此不断丰富执教教师解决数学教学问题的策略，提升数学教育教学的理念，引领更多的教师把优秀的教学经验转化为更有价值的教学行动。

总体上看，师徒结队在数学教学与教研方向上正由传统师徒结对的单向性走向双向性以及多向性，由师傅、徒弟构成的学习共同体基于数学教育教学实践经验的反思更有效地建构数学教育教学实践知识和专业性技能，建立更具有多样化、个性化的数学教师专业学习模式，促进数学教育教学团队整体、协同和可持续的发展。根据社会文化的相关理论，数学教师专业学习的过程是数学教师个体从外部社会协商与交流到主体内部调节与控制这一渐进性变化的过程，无论是作为“徒弟”的青年数学教师还是作为“师傅”的资深中老年数学教师，在多元合作的专业学习过程中都会改变自己作为一个专业人员的学习者身份，他们更愿意基于数学教育教学的实践反思成为学习者、交流者、探索者、协作者。好的师傅会把自己、徒弟及其所执教的数学课堂作为专业学习的重要资源，促进教学指导者和被指导者进行自主的教学反思，促进教学团队成员共同分享彼此的数学教学经验、数学教学方法和潜于显性方法背后的智慧，不断提升专业学习能力、数学教学能力和专业发展水平。

（三）远距离边缘参与专业学习模式

对于一些经济基础不好的农村中小学、偏远地区的中小学或科研基础薄弱的城镇中小学而言，所在学校数学教师专业学习不仅缺少充足的经费支持和高水平、资深数学教育教学专家、优秀骨干数学教师的现场指导，也缺乏能体现最新数学教育教学教研动态的前沿性思想、理念、方法的引领和数学课程教学中具体活动指导的实践示范。在这种情况下，所在学校可以结合学校实际，通过互联网建立虚拟的青蓝工程教学团队或数学教师发展研究室，充分利用来自外部的优质的数学教育教学资源，为所在学校数学教师的专业学习注入层次更高、引领能力更强的新鲜“活水”，构建指导者和被指导者双向交流、多维互动、及时对话和在数学教育教学实践中寻觅自身成长意义的专业学习机制。虚拟的青蓝工程教学团队或数学教师发展研究室有现代教育技术信息平台的活动载体功能，但并不止于这些功能。这是因为，它本质上也是有一定组织架构、学科归属和教育教学研究目标的专业学习组织，尽管所形成的团队或教研室有着远程性、虚拟性、动态性等方面的特点，但这种组织骨子里是属于有目标、有远景、有规划的学习型组织，组织活动的开展可以促进一些学校处于无序、封闭、保守、静态状态的数学教研活动走向有序、开放、共享、动态的状态，并因此更加贴近那些经济基础不好的农村中小学、偏远地区中小学或科研基础薄弱城镇中小学的数学教育教学实际，更加靠近不同类别数学教师专业学习的需求，以校之间、区域之间的数学教育教学研究的协作、交流和共享推动数学教育教学资源的拓展、共建、共享，建立新时代师徒之间多元的合作与学习关系（图 4-34），破解相关学校部分数学教师在专业学习上的现有困局。事实上，在这种新的数学教育教学及其研究的场域下，既可以突破传统数学教学教研活动时空的限制，为一些数学教师从时间或空间层面解决“教与学”“教与研”之间的矛盾，使更多的数学教师根据自己的意愿更自觉、更主动地选择自己希望参与的学习小组以及想要探究的研究主题，拓展数学教师的教学视野，发展数学教师主动参与学习、自主引导学习的能力，还可为处于不同地区和不同层次的学校提供更丰富的教研资源，为不同类别的数学教师开展数学教育教学研究提供更加丰富的观察、分析、讨论和反思的机会。

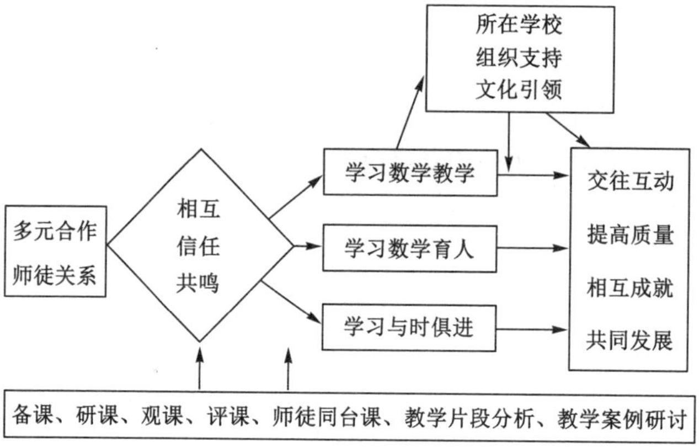

图 4-34　师徒多元的合作与学习关系

就具体操作而言，可以通过协议的方式，在上级教育管理部门的指导与支持下，整合本地或外省市的数学教研员、数学名教师、数学特级教师、高校教育专家、高校数学学科带头人等高层次人才，组成结构更加合理、指导水平更高的数学教师远程研修团队。在进行必要调研的基础上，数学教师远程研修团队基于诸如教育博客、QQ 群、微信群、腾讯会议、Z+Z 智能教育等现代教育技术信息平台，向合作的中小学推荐更具适切性的数学教师专业学习资源，指导青年数学教师规划更具个性化的远程专业学习路径，通过“问题课题化”“课题序列化”“实践反思化”“教研行动化”“学习常态化”的远程研修思路，推进同伴互助、互动交流、跨学科边缘性参与，开展跨越时间、空间的网络化数学课程与教学研究，引导青年数学教师学习数学教学活动的设计与实施，学习数学教学方法与手段的选用与优化，学习数学教育教学的思想与理念，引导不同类别的数学教师在相互交流中认识并弥补自己在数学教育教学理念理解、数学课程教学改革观念内化、数学课堂教学行为、数学教育教学基本技能等方面可能性的不足，实现更精准、更精细、更及时的专业学习反馈，通过反馈引导青年数学教师更深入地分析、理解数学课程与教材的内容，更精准地吃透学生的学情，用更高的观点驾驭教材内容的处理，优化数学课堂教学的目标与过程，创新数学课堂教学的理念与模式，改进数学课堂教学的方法与手段，设计出更能体现数学核心素养目标与要求的学案、练习。对青年数学教师帮扶、指导在时间上更加灵活，教研活动在经济成本上更加低廉，专业学习在效果上更加显著且有较好的持续性。事实上，运用网络化的平台和移动化的终端，一些校本数学教研力量不足的中小学以外校专家的示范性课例和本校青年教师的过关性课例为载体，组织广大数学教师进行观课、议课、磨课和研课，校内外数学教师通过面对面在线对话方式，剖析数学课程与教学中相关典型问题的形成原因、问题解决策略，交流不同教师的教研方法与心得体会，推广一些资深数学教师创新性的数学教研成果和成功的实践做法，结合青年数学教师的备课、说课、上课情况进行必要的远程诊断、在线评价和示范引导，形成校外知名专家指导与校内青年数学教师专业学习的无缝衔接，使更多的数学教师能更深入地讨论数学课程与教学改革的理论与方法，能更理智性分析个人在专业发展中所遭遇的困难或困惑，主动集思广益，积极寻找对策，大家在“在线课程学习”“共享教学设计”“点播名师课堂”“剖析典型教学案例”“课程与教学反思”“在线互动交流”“教学思维头脑风暴”“教研成果转化”等活动中建构新的知识，分享新的收获，形成新的思考和多层次、多类别、交互式的数学教育教学资源服务体系，促进所学数学教育教学理论与日常数学教育教学实践的深度对接、融会贯通。所有的这些实践，能以点带面逐步改善相关中小学的数学教学教研工作，不仅克服了人力资源和经费保障等方面的一些现有缺陷，而且扩大了优势数学教育教学资源辐射的区域，从更大范围拓展了优质数学教育教研资源的开发、应用和共享，有利于更多的数学教师结合自己日常性的数学教学实践开展更有针对性的数学教育教学行动研究。

二、基于“教研组”的数学教师专业学习模式

在20世纪90年代，我国的香港地区就开展了以教研组推进教师专业发展的研究，认为教研组对教师的专业发展是同济互助性的，在教研组中，教师之间可以相互交流彼此的观点与经验，能合作开发一些新的教学素材，基于教育教学工作推进教育教学反思、改进教育教学实践①。从个体与群体的关系来分析，

① LIN R F, YAN P S, LIN Y K. Observation Culture of Peer Coaching[M]. Hong Kong: Hong Kong Association of Educational Assessment, 1999.

这一研究结果有其合理性。事实上，根据美国学者群体动力学理论创立者勒温(Lewin)的观点，要改变个体，最好从改变个体所生活的群体着手。这是因为，所有个体内心都有一种群体的归属感，即他不愿意被其所生活的群体厌弃。在一个积极的群体中，个体之所以会发展，离不开群体的凝聚力、驱动力两种动力，其中，凝聚力保证了个体所生活群体的稳定，驱动力促使个体所生活的群体不断发展和演化①。有研究者从实践性知识角度指出②，教师实践性知识不仅仅是个体意义上的，也不是一种单一性的教学行为，而是与教师人际互动密切相关的活动系统。当教师置身于一种集体性教研情境中时，教研组可以用具体课例作为载体，激活有着各自不同学习、工作或生活背景的教师的教学经验，在外部的介入与组内的协商共同作用的机制下，可以促进教师生成与"什么是好的教学"有关的实践性知识，这不仅可以帮助新手教师增强自己的专业能力，而且可以加深教研组内教师群体对于教学活动更加本质的理解。教研组对于教师专业发展虽然有着诸多应然的正向价值，但现实中由于诸多原因这些应然正向价值的发展还有许多困境。有研究者从心理资本的角度考察了中小学教研组与中小学教师专业发展之间的关系与现状③，指出教研组在组织支持层面的缺乏会阻碍中小学教师形成、发展专业学习中乐观性的心理资本，教研组在健康组织文化方面的缺失会阻碍中小学教师形成、发展专业学习中自信性的心理资本，教研组在自我强化能力方面的薄弱会阻碍中小学教师形成、发展专业学习中坚韧性的心理资本，教研组在工作挑战性方面的缺乏会阻碍中小学教师形成、发展专业学习中希望性的心理资本。为了推进中小学教师的专业学习，应当结合不同教研组具体存在的现实问题，有针对性地进行教研组相关工作或机制的改进。

对中小学数学教师而言，数学教研组中数学教师已有的数学教学经验及其所面对的数学教学现实，对他们形成和发展自己的数学实践性知识和专业学习中的心理资本都有一定的重要作用。由于数学教师的专业学习需要与时俱进，是一列基于实践性知识、基于同行交往互鉴的教学发展的动车，但是现实中并非所有的数学教师都愿意或能及时登上这列动车，这时就需要特定的人员或由特定人员组成的组织来帮助、引导他更高效地找车、登车，并且使他登上专业发

---

① 王坦.合作学习的理念与实施[M].北京：中国人事出版社，2002：6.

② 魏戈.教研组活动中教师实践性知识发展路径探析：基于文化—历史活动理论的案例研究[J].教育学术月刊，2019(7)：70-77.

③ 徐良君.教研组的改进与教师专业发展：基于心理资本理论视角[D].武汉：华中师范大学，2015：I.

展的动车之后找到适合自己的座位，既能看到沿途的风景，又能到达想要去的目的地。数学教研组某种意义上是一个帮助数学教师登上专业学习动车的组织，为了能登上这一特定的动车，中小学数学教师需要坚定自己内在的专业学习驱动力。数学教研组是凝聚中小学数学教师专业学习的重要群体，数学教研组不仅提供了数学教师专业学习的凝聚力和驱动力，而且给数学教师提供了专业学习的愿景。事实上，作为中小学数学教学的一个教研组织，数学教研组既是一个勇于数学教学创新、谋求数学教学质量提高的组织，也是一个努力培养数学教师更优化的数学教学思维方式，引导数学教师不断学习如何进行共同学习且有一定的共享性价值理念和专业性愿景的组织①。一方面，数学教研组需要执行教导处、教师发展处等权威化中层业务机构所发布的有关文件、任务指标和工作指令，主动接受统一化的管理，确保"上传下达""组织到位"，体现了半行政化的职能。另一方面，数学教研组需要以学校为基地，以小组为平台，以组内数学教师为主体，以不同类别数学教师在专业学习、专业发展上的规划制定与推动落实为抓手，构建既有一定的行政引导又能体现自主性、平等性和合作交流的教师文化，组织、引导组内数学教师进行更有目的、更有计划的业务学习，通过一系列的数学教研活动引导不同层次的数学教师以自己在数学教育教学工作实践中所遇到的问题和数学教师的行为作为研究对象，观察、思考、讨论、分析、反思、评判、交流，促进数学教研活动的开展，有目的地引导数学教师转变观念、落实学校所倡导的课程与教学改革，不断提高数学教师的教育教学专业能力，不断改善数学教育教学的实践活动。由此可见，数学教研组既有管理、评价数学教师的职能，也有引导、培养数学教师的职能。

从学校层面进行审视，数学教研组是以教师的专业学习和教学教研工作为主业的实体性、扁平化的非行政化组织，作为一种比中层组织低一层次的具体化实体组织存在于中小学内设的组织体系之中。之所以说数学教研组是一个扁平化的组织，是因为数学教研组不是一个等级化、集权化的学校内部组织。之所以说数学教研组是非行政的组织，是因为数学教研组不仅对组内的数学教师没有相应的行政惩戒权利，而且并不以强制组内教师服从某项管理制度为目的，不是以行为规范、规则的制定与要求为抓手。相反，数学教研组更多地是以激发数学教师数学教研热情、促进数学教师教学反思、提高数学教师教学能力水平为主旨，是通过引导性、诊断性、激励性的措施以及定期的活动开展、共同

① 圣吉．第五项修炼：学习型组织的艺术与实务[M]．郭进隆，译．上海：三联书店，1998：42．

目标认可和教师群体教研文化建立为关键机制。从组织本质性的专业取向分析其具体的职能，可以发现，数学教研组一方面会根据教导处或教师发展处的要求组织组内数学教师开展集体备课、听课、说课、评课，组织教师申报各级各类的课题，开展校本研究，探索、解决数学教育中的相关问题，另一方面，会根据数学教师实际需要自主地组织一些生活性或业务性的活动。例如，数学教研组可以通过“师徒结对”“集体备课”等方式组织一些具有自身特色的活动，通过这些活动发挥组内资深数学教师对青年数学教师的引领作用和同行之间相互帮助、促进的作用，使更多的数学教师在数学教育实践中学习数学教育，学会数学教育教学反思。就师徒结对而言，许多刚入职数学教师或工作时间不长的青年数学教师通过与中老年数学教师进行师徒结对或结队，不仅丰富了数学教育教学实践知识，提升了数学教育教学能力，缩短了岗位适应的时间，而且通过与中老年数学教师的交往互动，进一步增强了自己在专业上的情感、信念，更准确地对自己的专业发展目标进行定位，在自觉学习、借鉴老教师相关经验的基础上使自己获得专业成长。就集体备课而言，一种是整组性的集体备课，一种是年级组、备课组性质的集体备课。在集体备课活动中，常由教研组组长或备课组组长组织数学教师集体研读数学课程标准、数学教科书、数学教师读本，分析、研判学情，制订学期、单元、周或课时的教学计划，统一教学的进度，分解具体的备课任务，统一具体的教学内容，组织说课、说题，讨论数学教学的目标、内容、方法和重要的教学环节，展示、交流有价值的教案或学案，指导经验不足的数学教师准确、科学地把握好特定教学内容的重点与难点，对新入职数学教师的教案进行审定，对不合格教案要求落实修改，定期反馈数学教学信息。由此可见，教研组在中小学是一个非常重要的教学及教研基层组织，教师与教师间有着专业学习上的相互依赖性，当这种依赖性融合了集体主义的教育教学管理文化后，会产生新的组织机制。就我国中小学的数学教研组而言，通常会以多种组织化的形式落实这种机制，并因此使数学教研组成为一个既有数学课程与教学组织功能，又有教学与研究指导功能、专业学习与研修推动功能的学习型组织，对服务与引领组内数学教师提高数学教育教学水平可以发挥应有的作用。

数学教研组的组长常被认为是数学教研组教师“教学”“学习”“研究”的第一责任人和专业先行者，对组内数学教师的专业学习可以发挥相对特殊的作用。一方面，数学教研组组长通常由资深的中老年数学教师担任，且大多数具有高级职称，是有故事、有经历、有水平的过来人，不仅比普通的结对导师（师傅）对数学教育教学理念在理解上更深入、更透彻，更加熟悉数学教师的“职场”，更加熟悉数学课程、教学、教研及其管理流程，而且在数学教育教学活动反思的水平与程度方面也相对更高、更强，会比普通的结对导师（师傅）具有更强烈的责任感和更执着的使命感。对于被指导的青年数学教师，数学教研组的组长习惯于按自己的套路引导或强制教师进行教学反思或自我提问，所涉及的问题包括：你所上的课的教学重点、难点是什么？你为什么认为它们是重点、难点？你是怎样强化重点的？重点被强化了吗？你是怎样突破教学难点的？难点被突破了吗？你在教学中是如何进行教学导入的？导入设计的依据是什么？你在教学中是如何处理例题、习题的？选择相关例题、习题的目的是什么？依据是什么？你觉得自己实现预设目的了吗？你在教学中采用了哪些教学方法？你为什么要选用这些教学方法？还可以做哪些改进？在教学中如何体现“以学定教”或“以教引学”？教法和学法如何融合？你觉得自己所教的课最成功的地方是什么？最不足的是什么？需要做哪些改进？如何改进？有的青年数学教师害怕作为数学教研组长的师傅，就是怕经不起师傅不断的“追问”。从总体上说，数学教研组的组长有志于通过有效的指导减少青年数学教师在数学课程与教学中的失误，帮助被指导的青年数学教师在专业发展中少走弯路，及早步入专业学习的正道。比如，他不仅重视对青年数学教师“面上”的泛泛指导，而且重视对青年数学教师“个案”的具体辅导，能主动地指导青年数学教师先进行个人的独立备课，再进行分析、交流与指导。基于特定的管理思维，数学教研组的组长对青年教师的指导通常会显性其刚性的要求，甚至要求与自己进行“签约”，比如，会明确要求自己的徒弟每上完一节课都要写一个字数或多或少的教学反思，在每个教学单元结束后都要独立编制一份试卷，每学期要面向同行开一节研究课并据此撰写一篇小论文，每学年独立申请一个校级课题或参与一项校级以上的教研课题。除了一般意义上的集体备课，数学教研组的组长还善于结合组内集体备课的意见要求青年数学教师进行二次备课，能抽出时间亲自深入被指导青年数学教师的课堂观课，基于观课开展评议，对被指导青年数学教师专业学习情况进行定期的跟踪与交流，用自己数学教与学相对比较丰富的经验，指导青年数学教师更加深入地理解日常的数学教学设计，设计出既科学合理又高效优化的数学课堂教学方案。另一方面，数学教研组长承担着教学管理的常规任务，比如，每学期都要有计划地组织一定数量的教研活动，以数学教研组教师所反映的突出性教学问题作为教研、教改的专题进行或集中性或阶段性的实践研究，通过教研活动驱动教师们的专业学习活动，他们视教师日常的数学教育教学活动为教师专业学习既平凡又重要的抓手，组织不同层次的数学教师开展系列性的磨课活动，通过评课及示范课引领教师教学反思。

数学教师的专业学习最终会取得怎样的效果，尽管有多方面的因素，但是，数学教师自身内在的专业学习需求、主动追求进步的心态、严于律己的学习行为，对数学教师的专业学习影响很大，离开了这些要素数学教师在专业上获得持续、有效的发展就很容易成为一种虚幻的景象。这也表明，数学教研组在引领数学教师专业发展时不能完全寄希望于教研组内部的制度变革或者来自学校层面偏向行政化的方法、手段，某种意义上，它们还有可能使数学教师在专业学习上表现出许多某些不适应，特别地，许多数学教师会感到这些制度或行政化的举措并没有真正有利于相关问题的解决。调研表明，在数学教学活动中，数学教师通常会面临许多非常现实和复杂的问题，解决问题虽然需要学校的制度或行政化的举措，但较之于制度或行政化的举措，解决问题过程中人的因素更重要，而且这种人的因素不仅表现为个人的努力，因为仅仅依靠个人的教学、教研或者相关的反思通常难以取得有效的突破，所以人的因素需要由个体上升到群体，需要依靠基于项目组或团队的教学研究，需要以相关的数学教研课题为龙头，基于现实教学问题反思提炼课题，通过课题分解引导每个数学教师进行深入具体的数学教学研究，通过定期交流引导数学教师专业学习，促进教师通过学习提高业务能力。由于数学教研组的组长在教研上“有一套”，并且教研课题被视为教研组长显性的“政绩”，所以数学教研组组长还承担着牵头做好各级各类教研课题申报的工作，他们不仅会通过教研课题的推进深入学校的教学改进，通过教研课题及其相关的教研活动让更多的数学教师有展示自己专业思维、能力水平和反思实践锻炼的机会，还会结合教研课题的申报、开展，协助学校教务处或教师发展处审查组内教师的专业发展规划、业务培训计划，并做好相关活动的组织与后期的考评。如果数学教研组长缺少组织教师专业学习的积极性，不能激发组内专业学习共同体应有的自组性和教师个体在专业学习上的自我监管性，或者只满足于完成来自学校中层及以上部门的行政指令，或者缺少足够的引领能力、组织协调能力，或者数学教研组长所在学校因过度化的科层管理，没有将数学教师专业发展的管理权利和评价权利下放到数学教研组，没能给教研组长赋予足够的专业引领权，就会负面影响组内数学教师的专业学习①。

---

① 孔令国，高翔．增值赋权：寻求教研组自主变革的力量：探寻年级实体和教研组并行下促进教师专业发展机制的实践性研究[J]．教育理论与实践，2013，33(26)：35-37.

三、基于"名师工作室"的数学教师专业学习模式

名师工作室是中小学广泛存在的一种专业学习模式，这种模式与我国的课程改革相伴而生，是通过建构一个具有公共性质的教科研反思空间与教育教学实践场域，帮助更多的骨干教师成长为具有反思能力的高水平实践者①。教师参与名师工作室，通过"专业对话""多重反思""行动确证""自我解释"不断提高教育教学的问题解决能力，丰富自己的实践性知识。对大多数教师来说，需要将自己面临的教育教学疑难问题作为专业的起点，并因此成为他们参与名师工作室的一个重要机制（图 4-35）。某种意义上，这种机制既是必要的也是可行的，这是因为，从疑难的问题作为切入点进行教育教学问题研讨，有可能更容易得出更具实质性的问题解决方法或者相关对策。

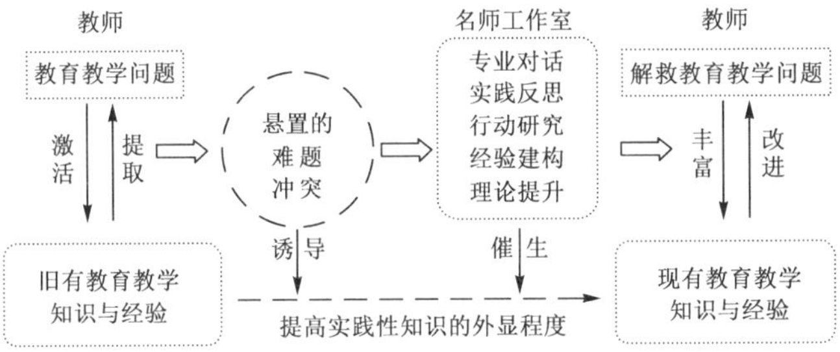

图 4-35　教师参与名师工作室的机制

名师工作室也是一个持续开发创造未来能力的特殊性学习型组织②，这个组织旨在以个体学习与团队学习为单位，养成学习习惯，传承师风，提高名师工作室成员的个体学习力和名师工作室成员整体的组织学习力。基于"名师工作室"的数学教师专业学习模式是一种以名师专业引领与临时性学习共同体相互叠加的专业学习模式。数学名师工作室不仅是特定数学教师群体公共性的反思空间，也是特定数学教师群体专业化的实践场域，一般由区域内能发挥数学教学与科研示范作用的数学教学名师或专家领衔，在名师集聚资源、传承创新、主动引领下，破除孤立性、服从性和依赖性的专业学习观念，营造相互学习、相

① 单慧璐，刘力. 反思性实践视域下的名师工作室：研修理念、原则与过程[J]. 教育发展研究，2015，35(12)：46-51，64.

② 圣吉. 第五项修炼：学习型组织的艺术与实践[M]. 张成林，译. 北京：中信出版社，2018：16.

互交流、相互赋能、团队协作、互惠共生的氛围，搭建有利于那些具有相近文化背景、相异教学经验和多元目标追求的骨干数学教师和年轻数学教师文化交流、教学研讨、问题探究、校际互动、资源共享、共同成长、展示才智的平台。名师工作室以根植课堂教学、聚焦教学研究、深化课程改革、培养反思性实践者、培养研究型教师、提高课程与教学质量为导向，充分遵循数学教师在学习中的主体性、能动性、互动性、协助性、创新性和致用性原则，通过“结对子”“指路子”“压担子”“出点子”“架梯子”“搭台子”“树牌子”等方式，加强工作室内教师的自我修炼、在岗研修与自主学习，强化数学教育教学理念的“落地生根”，引导教师带着问题进行专业学习，联系实际需求进行教学及研究，既严钻教材，又谋求上课即有所得，多措并举引导教师在修炼中互动、互补、互助、互哺、共研、共生、共长，具有诊断课程教学、开展行动研究、组织专题学习和推进在岗研修等多元职能。名师工作室不仅会根据预设的目标与计划积极组织数学教育教学的专业活动，而且会根据名师工作室成员的学习需求动态调整目标与计划，细化专业学习目标，加强工作室成员间的合作与交流，引发数学教师积极、自由和主动的教学思索和数学研讨，根据学习需要适时开展一些计划外有价值的专业学习活动。好的数学名师，不仅注意为个体教师的数学教学、数学教研把脉，创设问题专业活动情境诱发教师专业学习，利用工作室内不同教师在数学教育信念、数学教学艺术、专业技能和教学效果等方面的“落差”诱发教师进行专业学习，而且注意将实体和虚拟(网络)的工作室融合为一体，努力使自己所创建的工作室成为一个数学教育教学的文化共享场、高质量教学对话场、行动学习研究场。在特定的专业学习场域中，作为领衔人的数学教师既可以引导工作室内的数学教师与他人对话，也可以引导工作室内的数学教师与自我进行对话。通过对话，参与工作室的数学教师可以基于自身已有专业认知和教学经验对自我或其他的专业学习活动进行审视。通过审视、反思拓宽专业的眼界，参与工作室的数学教师可以融合专业的视域，增强各自的专业身份认同，更有效地提升专业技术和职业素养的专业学习模式。

在工作室负责人的带领下，工作室成员会到不同的学校开展诸如公开课、示范课、同课异构课、课例分析、说课说题、磨课评课等教研活动，邀请校内外的专家进入工作室进行专题研究或学习指导，组织教师共读、共品、共写、共研，碰撞教学思维，交流教与学的经验，引导教师结合本真的专业发展需求落实自我管理、自我培养，强化教学研修，指导教师申报各级各类教研课题，以课题研究带动专业学习，以研促教、以研促改，深化学习。有的教师在进入名师工作室之前基本上不写文章，也不怎么懂课题的申报与研究。数学教师进入名师工作室后，借专家视野“择高而立”，享同伴智慧“平地而坐”，明自己思维“宽处而行”，在导师引导和同伴帮助下，不仅进一步明确了数学教学的目标与方向，深化了学生对所教数学内容的理解，而且会在教研水平、课题申报和论文写作等方面产生明显的进步，部分老师甚至产生质的飞跃。合肥市瑶海区张亚明名师工作室就是一个例子。2019 年，合肥市瑶海区张亚明老师领衔成立了数学名师工作室，并以核心素养的落实为基本理念，以“四有数学课堂”的打造为名师工作室实践的重要依托，以每个教师获得良好的专业发展为最终目标，积极构建并实施“三课一体”的专业学习模式、“三位一体”的专业交流模式、“三段一体”的教研论文写作模式。具体而言，所谓“四有数学课堂”就是强调数学课堂教学既要有趣（内容有趣、课堂有趣）、有味（返璞归真、精中求简），又要有用（高品高效、有用实用）、有情（自然生长、立德树人）。所谓“三课一体”的专业学习模式是指立足于数学课堂教学，通过“同课异构”“示范引领”“交流送教”三类课帮助新手数学教师学会数学教学，站稳数学讲台，学会专业发展。所谓“三位一体”的专业交流模式是指加强充电交流，及时引导工作室成员通过聆听专家讲座、开展学科讲座、受邀外出讲座等机会交流碰撞，笃学善思，创新致用。所谓“三段一体”的教研论文写作模式，是指引导教师阅读数学教育教学文献，寻找数学教学研究的问题，申报数学教改或教研的课题，在阅读中学习写作，在实践中主动地进行数学教学反思，在写作中总结数学教学经验或者形成数学教学主张。实践表明，基于“四有课堂”“三个模式”的运用，15 名教师经由名师工作室学习不仅积累了丰富的专业研修经验，改进了数学课堂教学，而且培养了各自的数学教学实践智慧，教育教学的专业水平得到了明显提高。

名师工作室不仅注重团队成员个体在学习中的力量，而且注重团队成员群体在学习中的力量，注意通过理论性学习和实践性训练解决数学教育教学中的实践问题，注重通过工作室成员间的互动交流、头脑风暴和集体思维解决数学教育教学实践中的具体问题，提高教师数学教育教学反思的主动性、集体反思的能动性与专业认知的创造性。研究者对苏中、苏南若干名师工作室的考察表明，近年来，已有越来越多的名师工作室着眼于所在区域或者所在学校特定学科教师的整体发展，并在研究团队建设上表现出一些共同的文化特质。以江苏泰州海陵区两个非常有名气的名师工作室为例，窦平名师工作室不仅从教学角度持续关注深度学习、学习力、综合实践、小课题研究和数学实验，而且从教师角度持续关怀青年数学教师高质量专业发展的学习诉求，努力构建“名师引领”

“平台共建”“资源共享”“协共同发展”的运行机制；顾广林名师工作室则高度关注初中数学活动课的功能，致力于数学教师对数学活动课认识的转变和执教数学活动课能力的提升，引导教师在数学教学中将抽象的数学知识用鲜活的数学实践来体现，将数学育人过程寓于数学问题情境的创设、数学问题的提出和数学模型的建构等数学化过程，引导学生在“做数学”中探究数学知识，在问题解决中深化所学数学内容的理解和相关知识的拓展，着重在数学教学设计、数学课堂实录、数学课例点评基础上引导教师探究数学活动课的活动方式、教学模式、教学评价、素材开发、作业设计，并在实践中学以致用、优化教与学的方式，有效促进了教师教学行为的改变。这两个名师工作室在实践中都确立了“回归常态、聚焦课堂、提质增效、优化过程”的数学教育教学研究策略，有效激发了名师工作室团队成员主动性的专业学习和持续性的发展动力。

由于不同的数学教师有着各自不同的专业基础、教学个性，来自不同学校的数学教师有着学校组织、社会交流和教育文化等场域上的特殊性，所以名师工作室活动的开展本身充满了教师培养的复杂性。现实中，许多地方虽然邀请了当地有影响的数学名师对青年数学教师进行了授课，基于教研部门的组织或名师的名声，听课的数学教师也常常蜂拥而至，但是听课之后常有教师反映自己没有从中获得什么真经，个人经由听名师上课的心得或收益不多。某种意义上，名师对参与工作室的教师所进行的经验介绍在教学效果上也有一定局限性。与此相关，美国教师教育的学者帕克·帕尔默(Park Palmer)曾进行过一些研究，基于大量的实证案例指出：真正好的教学主要来源于教师的自身认同和自我完善，所以不能降低到技术层面。从教师专业实践的角度来考虑，帕克·帕尔默认为“让同事的谈话进入其内心深处并不是一种容易完成和容易被接受的任务”①。有些数学教师不因一两次听课中的收益不大而放弃向名师学习，甚至花了多年时间一直跟踪、追随某一数学名师，但经历几年之后，部分人也会发现自己在专业上并无太大的长进。究其原因，除了部分数学教师本人不会听课、向名师学习不得法之外，也存在着数学名师本人在引导不同类别教师时的不得法。尽管数学名师本人认为教给徒弟们的是自己认为最恰当、最合适的数学教育教学知识和方法，但是，他们往往忽略了作为徒弟们的数学教师作为名师工作室成员的学习主体性，忽略了不同的名师工作室成员所具备的数学教育

① PALMER P J. Good talk about teaching: improving teaching through conversation and community[J]. Change magazine, 1993, 11/12.

经验、专业学习经验和相应的实践基础，这就使得名师们的教与徒弟们的学沦为两个看起来好像结合、融合，实际上是相互分离或独立的活动。从根子上说，是一些数学名师虽然自己会上课、会教研，但不会将自己教学的法子、教研的法子有效传授给跟踪、追随自己的数学教师，形成了“师巧徒拙”的情况。众多实践经验表明，名师工作室不应由工作室负责人根据其个人固有的经验强制性要求成员进行特定模式的学习，而要基于数学学科、特定学校组织和相关教学文化场域的特殊性，用求实创新的理念和优化教学的思想进行自我引导，促进其本人作为领衔人的影响力和指导工作室内其他教师更好地发现自身的潜能，创造高质量的数学教育教学，更有效地改变数学教育教学可能存在的困境，更好地提升教师作为数学教育教学专业人员持续开发、创造美好未来的专业素养。显然，名师工作室领衔人的学习是一种自我导向性的学习，这种学习既关注领衔者个人的专业发展愿景，也关注工作室作为一个组织的群体发展愿景，既是数学教育教学工作的学习表达，也是个体与群体专业学习的实践表达。

名师工作室的领衔人如何向名师工作室的教师们传播数学教育教学的知识（特别是隐性的知识）是一门学问，这不仅是名师工作室的领衔人在一般意义上组织各种活动进行“示教”“领学”的行为，也是名师工作室成员基于自己的数学教学实践经验进一步“学习数学教学”“改进数学教学”的行为，是基于领衔人的“示教”进行“悟道”“再实践”的过程，是“学教”“研教”“教学”的辩证统一。为了增强参加工作室教师们对于专业生活与教育教学发展的力量和信心，名师工作室负责人不仅自身不放松自己的专业学习，努力为工作室其他教师的学习做好行为示范，而且需要深入分析名师工作室成员专业发展现实，合理采用兼顾多数成员和个体成员学习需求的专业学习模式，积极开展一系列“在场性”“适需性”的教学或研究活动，努力提升不同数学教师个体专业的理解力和名师工作室自身的学习力。就此，有不少的名师工作室在实践中进行了一系列的探索，在助推教师专业学习方面形成了鲜明的特色。例如，江苏省无锡市小学数学名师严育洪在工作室建设中提出了“严师出高徒”的理念，以“小学数学开放式教学”“小学数学任务驱动式教学”等课题研究为抓手，加强学习的目标、观念和氛围引导，通过开展“每月一课”“每月一读”“知识交流”“思想交锋”“同课异构”“同题异构”“我眼中的名师”“我与名师同上一节课”“我与名师对话教学”等系列活动，引导参加工作室的数学教师进行专业学习，强调做到“十会”，即“会教书”“会读书”“会交流”“会交锋”“会创造”“会创作”“会演说”“会立说”“会分享”“会共享”。江苏省兴化市教育局教研室的邓昌滨老师，在建立工作室过程中致力于初中数学微课资源开发与应用，自己带头上好各类研究课、观摩课、公开课和示范课，及时分享自己的数学教学主张，带领工作室成员研究数学教育的新理念，践行数学新课程教学的新行动，引导工作室内的各位数学教师在数学教育教学实践中将“微课”与“导学稿”进行深度融合，努力构建基于微课导学的数学课程与教学模式，不仅激发了学生在数学学习中的求知欲望，促进了学生数学学习方式的优化与转型，提升了学生数学素养，而且助推了数学教师现代信息技术、课程开发意识和专业素养的提高。无论是严育洪小学数学名师工作室，还是邓昌滨名师工作室，所追求的目标既有工作室内教师关于数学学科知识的累积，又有工作室内教师关于数学教育教学理念、数学教师角色、数学教育教学技能、专业学习方法与效果等方面的变化，以及经由名师工作室内教师的专业学习和发展带动各自所培养学生的健康成长。两个名师工作室都能与时俱进地建立课程教学网站或者微信群、QQ 群，借助腾讯会议等互联网信息工具，及时有效地组织远程交流与在线学习。

第四节　基于问题解决的数学教师专业学习模式

基于问题解决进行专业化的学习可追溯至 20 世纪 60 年代美国大学的医学教育，当时关于医生培养中一个最有效的学习模式就是让医学院的学生面对病人，让他们在解决病人的实际问题中进行学习。这一学习模式因其实实在在的有效性而不断在法律、建筑、教育等多个领域人才培养中推广和运用。问题解决专业学习模式的核心是让学习者积极应对所要解决的问题，围绕真实性教育教学事件或真实性教育教学问题的解决来学习隐含在教育教学事件或问题背后的教育教学知识，发展教师基于问题解决的专业建构能力，深化教师的专业学习，是一种具有创造性的实践活动。对义务教育阶段的数学教师而言，问题解决既指解决具体的数学问题促进个人数学知识的发展，又指引导学生解决数学问题实现数学课程与教学的目标，更指通过聚焦数学教育教学这一专业活动随时可能出现的问题，并致力于问题的发现、提出、分析和解决，更有目标地实现个人教育教学素养的提升。

一、问题解决对于数学教师专业学习的意义

（一）问题解决能促进数学教师追求高阶的课程与教学目标

问题解决通常是各个国家中小学数学课程的主要目标之一，比如，早在 20

世纪80年代，美国就在其数学教师协会所发布的《关于行动的议程》（An Agenda of Action）中明确地提出了“必须把问题解决作为学校数学教育的核心”，倡导数学课程要围绕数学问题的解决进行教学内容与教学过程的组织，认为问题解决不仅是在校学生学习数学一个关键性的目标，也是学生学习数学一种重要性的方式，在中小学数学教育教学中，应把问题解决作为数学教育教学的一个基本原则。在我国，广大中小学数学教师已充分认同这样的观点，即指导中小学学生学习解决问题本身就是我国数学课程与教学中一个既基本又重要的教学任务。大家视数学问题解决的教学为一种探究性、综合性的数学实践活动，让学生在经历问题解决的数学活动过程中发展具体的数学知识，可以深化学生的数学思维，从更深的层面构建师生的互动、对话与交流，使数学教学活动产生多方面的教育教学价值。实践表明，以数学问题解决为导向的有效教学不仅可以为学生提供更深入地理解数学概念、更灵活地运用数学知识、更精准地分析与解决问题的机会，而且可以更好地训练学生计算、类比、归纳、猜想、论证、建模等数学技能，学生在教师指导下可以更好地学习如何进行观察、试验、联想、推理、变形与思考，可以更有效地提高数学地“思维”“反思”“创造”的能力①。

（二）问题解决能促进数学教师专业实践方式方法的创新

一个值得深入研究的案例是，40多年前，张景中院士当时在新疆的一个农场中学担任数学教师，他在教学实践中发现，仅仅用与小学面积计算有关的数学知识，自己居然将1977年的一道高考题、1978年的一道奥数题解答了出来，而且解法很简便。由此，他对如下两个问题的解决产生了浓厚的兴趣：能不能让数学变得容易一些？如何才能让数学变得容易一些？经过若干年的努力，他终于创新了“教育数学”的课程改革方案。在“双减”政策下，张景中院士创建的“教育数学”方案显现了新的活力。事实上，为了真正实现减轻“义务教育阶段学生作业”“学生校外培训”两方面的负担，数学教师不仅要思考如何教的基本问题，而且要思考教什么的基本问题。从教什么出发，如果仅仅满足于“删繁就简”就会降低数学课程的品质，那么，能否从“删繁就简”转向“化繁为简”呢？如何通过课程内容的创新与改造让作为教育教学任务的数学真正适合特定年龄阶段学生的学习呢？基于这样的思路，张景中院士及其所带领的团队成员开展

① 罗丹.美国小学数学科中表现性评价档案袋的收集与实施：以米尔沃基帕布里克学区为例[J].外国中小学教育，2007(10):52-56.

了教育数学课程体系建构与教学实践研究，努力“把数学本身变得更有效、更容易学”“让学生能轻松且高效地学习”，研究出更优化更合适的数学问题解决方法。在深入推进数学问题解决的活动过程中，张景中院士及其所带领的团队成员不是把不容易学的那些数学课程与教学内容删掉，不是仅仅留下一些简单的数学课程与教学内容让学生学，不是减弱了数学教学质量和对学生数学能力的培养，而是针对相关数学知识在教学上可能性的缺陷进行必要的改进，通过改造或变化知识体系，改变相关概念的定义或表达的方式，建立与原有数学知识既有一致性又有包容性、广泛性的知识体系，确保课程的教学展开能基于学生已有的知识基础和数学活动经验，通过“在学生头脑里找概念”“从概念里产生方法”，先从相对比较浅的数学知识开始讲解，确保所讲的内容学生能真正听懂、理解，并逐步在方法层面上形成一定的模式。

（三）问题解决能促进数学教师教育教学知识的建构

之所以说促进数学教师教育教学知识的建构，所强调的并非是数学教师对教育教学知识的记忆和理解，而是基于数学教育教学的实践，发现、提出、分析和解决自己所面对的教育教学问题，开展数学教育教学的“微改革”，更深入地理解数学课程的本质，从较高的观点分析数学教学的内容，审慎地比较不同的教育教学方式方法，在试验、探究中理解数学教育教学创新的价值，体验数学教育教学问题解决对于教师与学生发展的意义，最终将自己从实践中获得的数学教育教学相关知识合理运用于数学教育教学的变革。由此可见，数学教师建构自己的数学教育教学知识是基于数学教育教学实践的理性认识，是在实践中反思并因此获得数学教育教学相关理念、概念和方法等知识的过程，是数学教师在数学教育教学活动的复杂环境中，通过对教与学问题的分析、理解、解决逐步实现的数学教育教学认知提升。基于问题及其解决的引领，教师不仅深入理解、把握数学教学该教什么及达到什么目标这两个关键问题，而且经由数学教学活动中问题解决的发动、维持和引导，深入到如何落实课堂有效教学、实现学生核心素养培养的问题。由此，可以看出问题解决之所以能促进数学教师建构自己的教育教学知识，不仅是由数学问题解决的复杂性、特殊性和情境性等因素决定的，而且是由数学问题解决对于数学教学中教什么、达到什么程度、采用什么方法等功能性要求决定的。一般说来，问题解决中的问题并不等同于数学教材、教参中的“例题”“习题”“思考题”，而是具有较高价值和一定挑战性的数学问题，为了解决这些问题，数学教师不仅需要拥有诸如数学概念、数学命题、数学推理、数学证明、数学建模和具体算法等明确性、策略性的数学知识，而且需要拥有诸如如何发动、维持、协作、评价数学问题解决等方面的实践性知识、结构性知识。从教学的角度分析，数学教师需要学习如何通过数学问题的解决更有效地教学，需要深入到数学问题解决的相关领域进行研究、思考和实践，需要研究如何进行教学内容、教学方法的优化，需要创设更积极的课堂环境，需要分析相关数学问题的来龙与去脉，需要对问题进行清晰的讲解，需要不断激发学生数学问题探究的兴趣与欲望，需要组织、引导学生更有效地卷入数学问题解决的活动。较之于一般性课题的教学，数学问题解决的教学需要数学教师以问题的分析、思考和求解为关键，引导学生更准确地表征所学的数学概念，更理智地解释所学的数学法则和程序，更科学地理解、评价面对的非常规性数学问题解决。实践表明，正是在经历数学问题解决的教学活动中，数学教师不断地积累关于如何进行数学问题解决教学的经验，这不仅表现在数学教师本人积累了如何使用命题知识解决具体问题的数学经验，而且表现在数学教师本人经由数学问题解决及相应的教学不断完善相关的策略性知识，建构与数学问题解决有关的实践图式，并因此逐步深化数学教师本人对于数学教学的专业认知，建立健全更具系统性、有效性的专业学习途径。

（四）问题解决能促进数学教师融合数学专业知识、数学教学经验与数学解题技能

这是因为，问题解决不同于通常意义的数学例题教学。在日常的例题教学中，数学教师用相关的典型例题说明某一类知识的运用，强调解题格式、规范和相关的套路，教师示范怎样解决具体的问题，学生依靠教师的例题讲解模仿学习或尝试地解决类似的数学问题。尽管问题解决教学与日常的例题教学有许多的共同之处，但是问题解决教学的过程与日常的例题教学有着明确的不同之处：教师本人所面对的问题有可能也是一个陌生或结构不良的问题，教师自己并未拥有特定的解题图式，也不可能太过于依赖旧有的数学知识或对于诸多结构良好问题的表征。由此，教师需要在问题解决的具体实践或教学研究中拥有更加精致化的数学思维，不仅需要调动自己的数学知识、数学经验研究如何解决所面对的问题，而且需要调动教学经验，结合自己的解题实践、解题心得，更加理智地确定如何进行解题教学。在此过程中，数学教学的本质不是传授相关的具体知识、培养解题的规范或技能，而是要激活学生的数学思考，启发学生更深入地理解所面对的问题，让解题的思维与解题的实践更好地对接，集中精力分析、思考、求解所面对的问题。离开了数学专业知识、数学教学经验与数学解题技能的有效融合，教师或在问题解决环节受阻，或在问题解决教学环节受阻。

对学生而言，他们并不需要自己的数学教师在讲课技巧上有多么的高超，也不需要自己的数学教师在课堂语言上有多么的生动和精彩，他们更需要教师的指导是否有益于对问题的思考，能否有益于思路的打开，这是因为，在问题解决的数学活动中，学生需要超越记忆和模仿，需要会真正地理解问题、思考问题，需要想方设法求解问题，需要调动诸如抽象、推理和模型等数学思想方法，需要用更加高级的数学认知思维改进自己对于问题探究的绩效。如果不能调动作为数学解题者应有的主体性，在思维活动中过于重视或强调对教师解题过程的模仿，学生不仅容易失去创造性，陷入旧有的数学解题思维定式，也容易对需要求解问题潜意识地映射着错误的问题求解模式。如果没有一定的批判性思维能力、信息整合能力，学生很难面对一些具有疑惑性、障碍性的问题，也难以在解决问题中产生真正的方法创新、突破或者跨越已有的许多障碍。问题解决包含了从理解问题、分析问题、尝试求解到最终对问题解决的全部过程，在此过程中，解题者需要综合运用所学的数学知识，需要经历一个从已知的情境、要素到未知的目标、结果进行分析、思考、贯通、连接的智力运动过程。这一过程不仅是教师本人对于数学知识的构建，不仅是问题求解思考的结果或已有解题经验结果的表述，而且是数学解题活动主体对于知识构建、知识运用、概念形成、方法效用的深度反思，也是基于教师本人的问题理解、条件分析、观察试验、演算推理、猜想归纳、因果对结、综合研判，内化为数学解题活动的深入思考、多维反思；转变旧有的数学解题教学方式、营造更加深入的探究氛围，引发学生的观察、试验，引导学生弄清问题、提出问题，拟定问题解决的思路，周密落实计算、猜想、归纳、论证等各个数学活动环节，指导学生相互评议、相互启发，最终解决数学问题，形成有意义的数学学习活动过程，并因此获得知识运用、解决问题、思考探究、智慧分享的良好体验①。

二、基于问题解决的数学教师专业学习模式

数学教育教学的问题及相关问题的解决不仅为数学教师提供了专业学习的重要场域，使数学教师获得专业的内生性发展，而且为数学教师专业学习提供了重要的动力来源。数学教师之所以要进行专业学习，离不开数学教育教学相关问题解决的需要及解决问题过程中相关矛盾产生的张力。数学教师专业学习是基于数学教育教学的问题及相关问题的解决进行的，是围绕问题解决及

① 钟建林.问题解决与元认知训练在数学教学中的意义[J].教学与管理，2006(15)：87-88.

相关矛盾化解寻求新问题解决的循环往复过程，具有专业学习与专业实践相结合、理论思考与案例分析相结合、输入与输出相结合等方面的特点。根据问题解决专业学习过程中引导主体、活动方式的不同，基于问题解决的数学教师专业学习可以归纳成不同的模式。

（一）他者引导的问题解决学习模式

这种模式是指由其他人引导数学教师通过问题解决方式进行专业学习的模式。这里的其他人可以是被指导数学教师的师傅，可以是被指导数学教师所在团队或工作室的带头人，可以是被指导数学教师所在业务部门的领导、同事或一些来自校外的培训专家。除了个体的他者之外，也可以是群体的他者，即上述不同类别人中某几个人构成的一个群体。无论个体还是群体，这些重要的他者为了引导数学教师进行深入的业务学习，通常创设一些具体的问题情境，设计驱动性的数学教育教学研究问题，通过对被指导的数学教师提出一些预设性的数学教育教学问题以引导教师关注自身的专业发展，引导数学教师进行数学教育教学问题或相关现象的分析、思考，寻找数学教育教学实践中所遇问题解决的方法与策略。重要他者对数学教师的引导过程也是被引导数学教师相应的专业学习过程，即被引导的数学教师基于他者的引导，不仅阐述自己对于相关问题的理解，说明自己的一些数学教育教学观点，分析、选择所面对问题可能的解决方案，更有效地聚焦当前面对待解问题及其可能的方法或策略，而且能将相关的数学教育教学事实进行必要综合与概括，确认相关问题内蕴的价值或者教育教学方式方法等方面的冲突，认识待解决数学教育教学问题关联的专业知识。这种情况下，被指导的数学教师经由问题解决既可以获得数学教育教学问题探究的方法，又可以进一步阐明数学教育教学实践相关冲突的原因，促进自己在数学教育教学观念、态度、思维等方面发生悄悄的变化，更有效地深化自己的专业学习。（图 4-36）

为了提高引导教师基于问题解决进行学习的效果，作为指导教师的他者，要以被指导的数学教师为中心，深入了解被指导数学教师有关的数学教育教学经验、专业学习的状况和所在单位学习与工作的环境、氛围。有经验的指导者通常会基于自己多年教育教学经验对被指导的数学教师合理地预设一些有待分析、探究的问题，他们不仅要考虑相关问题所具有的情境性和可探究性，更有针对性地设定一些与特定数学教师实践经验相关的问题，引导特定的数学教师结合自己的专业需要和学术兴趣进行探究，而且要考虑相关问题所具有的层级化方式，即需要联系被指导数学教师专业实践的实际，逐级地提高有待研究与

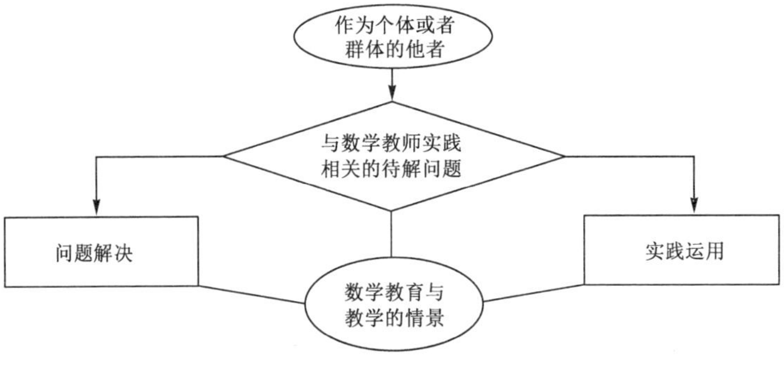

图 4-36 数学教师基于他者引导的问题解决学习模式

分析问题的难度，目的更明确地引导被指导数学教师结合待研究的数学教育教学问题有序展开自己的探究。当数学教师有了明确的探究目的之后，他们会审慎地判断相关调查的必要性，会主动思考相关问题的现实性，认真思考与问题相关的事实假设，考察不同假设之间是否关联，了解相关关联是什么程度上的关联，分析问题解决的可能方法是什么，研判问题解决之后可以产生哪些预期的结果，这些结果对于改进数学教育教学真正发生有着怎样的可能性。无论待解的问题怎样呈现，作为指导者的他者应为被指导数学教师提供有意义的问题分析及求解的学习材料，使被指导的数学教师愿意与自己进行有价值的互动或与同伴进行深入的交流研讨。基于他者的指导，被指导数学教师一方面需要学会整理、分析所获得的数学数据，根据自己的理解尝试性地进行一些方法或策略的实践探究。另一方面，被指导数学教师也需要学会结合对被研究问题的表征、分析、解释和解决问题策略在新问题情境中的运用，逐渐加深对有待分析、探究数学教育教学问题中诸如现象、事实、规则、本质和理论的概念性认知和关系性理解。作为指导人员的他者，需要引导被指导的数学教师学习问题求解的组织和问题解决过程的评价，学会监督、调控基于问题解决进行专业学习的认知过程。就具体策略而言，作为指导人员的他者可以引导被指导的数学教师指向一些关键性的数学教育教学观念，帮助被指导数学教师学会全面、深入地思考数学教育教学中出现的一些现象以及导致现象背后的深层原因，分析所出现问题可能性的解决策略，激励被指导数学教师多视角审视待解的数学教育教学理论与实践问题，积极建构相关专业知识的结构体系，并因此帮助被指导的数学教师更有效地获得一些新的数学教育教学知识，不断增强数学教育教学的认知能力。

（二）评价前置的问题解决专业学习模式

长期以来，数学教师在专业学习中更多采用了先确定学习目标，然后选择学习资源、内容和具体的学习方法，最后对学习效果进行评价的模式。显然，这一传统的模式有其鲜明的优点，特别是教师对于“学习什么”“怎么学习”有着较好的关注。但是，就“为什么要学习相应的内容”“为什么要那样学”“学习了相关的内容有什么用以及如何运用”而言，许多教师常常缺少清晰的认知，并因此忽视了其专业学习背后必要性、关联性和致用性等理念的认识。针对传统教与学活动中以“目标—内容—方法—评价”为设计模式所产生的诸多弊病，在课程设计领域有广泛影响的美国专家威金斯（Grant Wiggins）与麦克泰（Jay Mctighe）曾提出了“逆向设计的模式（backward design mode）”解决方案。这种方案所持的基本观点是，有效的教与学活动不应将评价置于教与学的末端，而是要在确定好学习目标之后就注意确定如何评价学习目标达成的方式，即在设计教与学活动时，需要将评价的设计置于“学习内容设计”“学习方法设计”之前。对于数学教师而言，评价前置的问题解决专业学习模式就是合理吸纳了这种教与学逆向设计的基本思想，强调问题解决学习的评价要先于问题解决的活动，目的是使数学教师能真正地带着数学教育教学的问题思考自己的专业学习，增加专业学习的针对性，使得专业学习对今后的数学教育教学产生正向的迁移，建立基于问题解决专业学习的结果、方式与今后数学教育教学改革、教学行为优化两者之间的有机关联。

问题解决专业学习中的前置评价也是一种多元、多源、全方位的评价。一方面，数学教师本人要对自己的专业学习活动进行评价。尽管处于不同发展阶段的数学教师在不同发展时期有着不同的发展目标与任务，并因此产生不同的专业学习问题，比如，有的可能产生数学教育教学理论认知性方面的问题，有的可能产生数学课堂教学实践有效性方面的问题，有的可能产生数学教育教学技术致用性方面的问题，有的可能产生师生数学教与学情感心理性方面的问题，但是，如果从教学实际效果的角度分析，在不同阶段或不同发展时期的数学教师在专业成长中也会遇到一些相对共性方面的问题。调研表明，对许多数学教师而言，无论是在刚开始的入职之初还是经过教师入职教育的多年之后，他们在数学教育教学实践中通常都遇到了两个既非常关键又非常现实的问题，即尽管自己工作很认真，但是，“不管自己怎样认真地讲课，总有一些学生不怎么喜欢听自己讲课”“有一些学生尽管上课非常认真地听讲，但是，他们总是不能真正地听懂自己所上的数学课，作业的效果也很差”。对此，数学教师首先需要弄明白自己在数学教育教学中遇到的错综复杂性问题究竟是什么性质的问题，为了解决这种问题，自己需要做哪些方面的努力。在工作之余，遭遇问题的数学教师不仅要分析自己需要什么，而且要评价自己基于特定问题的解决，能不能解决自己的困难或困惑，能不能化解自己在数学教育教学中面临的矛盾或冲突，自己基于问题解决进行的学习究竟会学到了什么，能否将所学到的专业知识有效地应用于自己的数学教育教学实践，自己对于所要投入的问题解决学习有着怎样的具体计划。就一般性而言，无论处于哪个发展阶段的数学教师，基于问题解决进行专业学习都意味着问题成为数学教师专业学习的导向。数学教师要经由问题解决获得更多、更有价值的收获，就需要持之以恒地学习，需要学会如何进行学习，注意通过学习的反思有效地甄别学习中的问题，充分发挥问题解决的专业学习价值，通过问题的分类、整理和问题解决方法的归纳、总结，发现蕴含于问题解决过程中的教育教学规律和相关的专业理论知识。另一方面，与数学教师教育教学业务密切关联的一些同事、领导甚至学生也可以参与相关教师专业学习的评价，他们会根据自己对相关数学教师初步的了解或直观的印象，结合个人的经历、经验尝试开展数学专业学习的评价，他们会鼓励或帮助那些准备旨在通过问题解决进行专业学习的数学教师全方位地认知自己的专业学习需要，激发数学教师结合工作需要加强专业学习的动机，正确看待专业发展过程中诸如“迟滞”或“中断”等现象，分析数学教师在专业实践中可能存在的问题。对于那些结构良好性的问题，可以由数学教师本人或他人通过上网查阅资料或者现场讨论、交流等方式进行解决。对于那些结构不良问题，作为同事、领导能以及学生的他者也可以对数学教师的专业学习发挥一定的作用，比如，他们可以引发数学教师进行多维度主动学习和深入思考。在外部力量的作用下，数学教师本人可以通过有深度的理解与分析，进一步明确问题的本质或不同问题存在的共性，及时找出自身数学教育教学实践中所产生问题的原因，并据此有效探寻问题解决的具体思路和一般策略。

为了解决数学教育教学实践过程中所产生的诸多疑难性问题，应高度重视数学教育教学实践的改善以及实践过程中可能产生问题的前置性评价。对此，既要考虑到数学教育教学实践中应有的目标意识、效率意识、协同意识，又要考虑不同数学教师之间如何有效建立或线上或线下或线上线下混合的专业学习共同体，基于数学教育教学实践过程中产生的问题建构专业学习的任务，经由学习实现数学教育教学实践的改善和数学教师教育教学专业知识的创生。所谓线上专业学习共同体，是指相关数学教师基于特定、有兴趣、待解决的问题，通过微信、QQ 或腾讯会议等方式进行互相交流或者专题研讨。所谓线下专业学习共同体，是指通过名师工作室、教研工作坊或教研活动小组等方式进行定期的现场性探讨。所谓线上线下混合专业学习共同体，是指结合“线上”“线下”两种专业学习方式的共同体。尽管专业学习共同体的构建未必有着固定标准，但是按需组建学习共同体往往更为有效。比如，在教同一班级的教师或教同一年级的数学教师之间建立专业学习共同体，已被实践证明会有利于不同数学教师专业学习的开展。之所以如此，更多的是因为，教同一班级的教师会面对相同的教学对象，可以就学生的学习展开更加深入的讨论；教同一年级的数学教师，所教数学教学内容相同，可以更加深入地剖析所教的教材，研究所用的教参。无论采用哪种形式的专业学习共同体，数学教师在专业学习过程中都应善于举一反三，基于真实性数学教育教学问题的解决进行有深度的反思，寻找出数学教育教学中所遭遇到的实际困难或现实干扰，分析导致相关困难或干扰的内在根源，与共同体中其他数学教师共同思考如何通过高质量的专业学习实现个人专业发展的突破，结合具体的学习任务对数学教师基于问题解决进行专业学习给出相关的意见或建议。

（三）活动驱动的问题解决学习模式

数学教师基于问题解决的专业学习显然离不开问题及其求解的意识。一方面，问题及其求解的意识不仅能驱动数学教师揭示数学教师教育教学活动及其实践的偶然性、流变性、思维导向性和结果的不完全确定性，而且能够更好地彰显数学教师专业学习的目标性及专业学习结果的缄默性。另一方面，数学教师专业学习中的问题及其求解的意识并不能自发地产生，多数情况下需要相应的活动驱动。这是因为，基于问题解决的专业学习是一个需要活动驱动的系统工程，数学教师在问题解决专业学习中的问题及其求解意识既需要用整体性、情境性、系统性的专业学习方法进行指引，又需要用主体性、目标性、实践性的活动理念进行驱动。将活动视为问题解决专业学习中的基本单位，通过活动驱动数学教师基于问题解决的专业学习。

活动驱动的问题解决学习强调以活动或者“活动＋项目”等方式设计、实施自我导向的专业学习，用数学课程与教学变革“常态化”“本真性”“问题性”“项目化”“情境性”“挑战性”“实践性”的系列活动驱动数学教师自我导向的专业学习(图 4-37)。在这一模式中，具有挑战性、情境性、驱动性、发展性、核心性的问题寓于特定的数学教育教学活动或教研项目之中，专业学习本身具有自我导向性、经验建构性、自主反思性、智识具身性、场域共生性等方面的特征。数学教

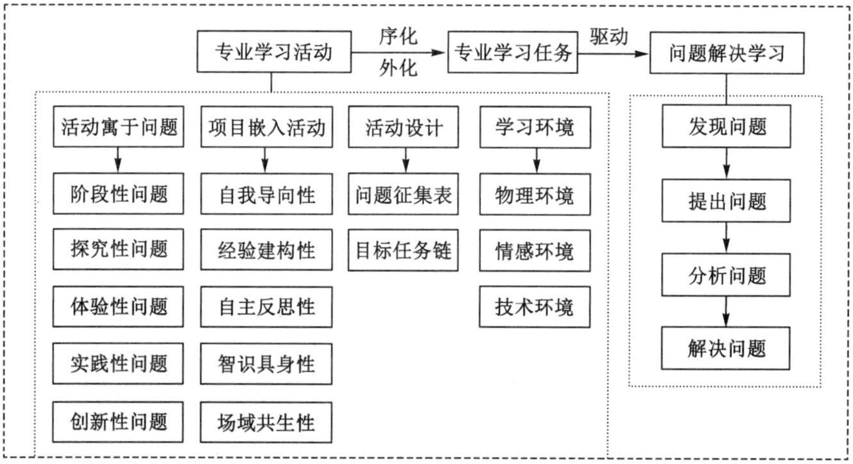

图 4-37　活动驱动的问题解决学习

师借助于活动、项目反省专业学习的过程和结果，反思数学教育教学中所存在的问题，努力找出相关问题产生的根源，用批判性的思维审视数学教育教学活动及相关的专业学习实践，积极寻找相关问题解决的方法和策略，基于活动与项目总结自己的专业学习经验，提炼自己的专业学习方法，优化自己的专业实践思维，改善自己的专业认知结构。与此相关，所有促进数学教师主动建构数学教育教学知识意义和促进数学教育教学实践问题解决能力有效生成的外部条件构成了数学教师专业学习活动的环境。具体而言，这种学习环境包括了物理、情感和技术资源三方面的要素。其中，物理环境主要是指有利于数学教师开展问题解决专业活动的时空条件，情感环境主要指与数学教师专业学习氛围相关的条件，技术环境主要指辅助数学教师开展数学教育教学问题解决相关活动的信息资源（包括网络资源、在线课程平台）或媒体工具或信息（如一些教具、实物、视频或教学软件）。数学教师通过参与特定的数学教研项目、卷入具体的数学教育教学活动，在真实的问题情境或教育教学实践中分析、检查、反思专业活动的行为，理解、评价、利用与特定教育教学活动相关的环境，努力解决专业活动中所遇的问题、困难，及时将复杂、艰巨的专业学习活动分解为阶段性、探究性、体验性、实践性、创新性的问题解决活动，根据不同阶段的学习需求，制定不同的专业学习目标。在活动驱动的问题解决学习中，数学教师不仅在系列化的活动或者具体的“活动＋项目”中理解、体验、反思与时代要求相适应的数学教育教学理念，而且努力将那些抽象的数学教育教学理念变成有价值的具体实践，将理论认识的体会转变成专业实践的体验，将一些自主的教育教学设计想法转变成数学课堂变革的创新，将那些善良的教育理想与愿望变成可以操作的教育行动与方案。

活动驱动的问题解决学习不仅要有活动，而且要通过活动驱动数学教育教学的问题解决。能否真正有效地解决数学教育教学的问题，是衡量专业学习活动是否具有驱动性、针对性、有效性的一条根本标准。数学教师专业学习活动是数学教师专业学习任务的“序化”“活化”和“外化”，活动驱动的问题解决学习活动离不开有一定挑战性、序列化、结构化、高质量任务的优化设计、有效推进。这也表明，数学教师专业学习活动不仅要有思考特定数学教育教学问题的空间，将有待发展的专业知识隐含于具体的问题解决活动之中，而且要内置解决数学教育教学问题的“任务链”“时序表”，结合具体的任务，对应地设计有价值的数学教研话题，组织不同主体的深层学习与研讨，基于问题的发现、提出、分析和解决进行更有导向的专业学习梳理。从实施层面分析，数学教师专业学习的相关主体，要通过协同创新，结合不同数学教师在不同发展阶段的需求进一步明确问题解决的重难点，注意将相关活动谋在数学教师专业学习的需求处，落在数学教育教学问题解决的关键处。调研表明，有一些教师发展工作做得好的学校，特别注意发挥数学教研组长对于数学教师问题解决学习的驱动作用。比如，有经验的数学教研组长会在开学之初向组内所有教师下发数学教育教学实践中的“问题征集表”，引导各个层次的数学教师关注日常性的数学教育教学事件，关注自己或他人在数学教育教学实践中所面临的矛盾、困难或困惑，尝试性地提出要研究或讨论问题，基于数学教育教学的日常与活动捕捉有探究价值的本真性“小问题”，并在这些看似不起眼的“小问题”深度分析与解决过程中提炼更有意义的“大问题”，通过问题进一步明确专业学习的方向和目标，经由问题解决促进数学教师显化数学教育教学实践中的默会性知识。

活动驱动的问题解决学习既有活动设计、问题提炼和问题求解，又有围绕问题解决学习展开的评价。不过，这种评价并不是传统意义上由他人主导的评价，而是倡导由数学教师作为学习者的自我诊断、自我改进、综合实践，是基于工作实践的综合分析，在活动驱动问题解决学习的过程中涉及“活动引导”“问题探究”“案例分析”“理论运用”“实践反思”等不同模式和策略（图 4-38），需要进行合理的选择与应用。为了更好地开展活动驱动的问题解决学习，应当围绕数学育人活动中教与学关键活动的展开审视数学教师教育教学中的问题及问题的解决，关注数学教师教育教学实践及专业发展中各种形态的“矛盾”，发挥数学教师专业学习活动系统中的内在矛盾性应有的驱动功能，即从相关矛盾的分析与解决出发，生成更有针对性的专业学习问题，将这种专业学习活动中的矛盾性作为数学教师研究问题、解决问题、深入学习、系统变革、持续发展的关键力量，引导数学教师直面矛盾，将相关矛盾的分析与解决作为专业学习的目标，从中提炼出更有价值实践性的问题，通过问题的求解驱动专业学习的具体任务。为了避免在问题解决学习的过程中就事论事，应当注重理论的学习与运用，以在比较高的层次上聚焦问题，把握问题的理解、分析与解决，围绕问题学理论，活用理论改进实践，使理论学习与实践运用相得益彰、交错递进。

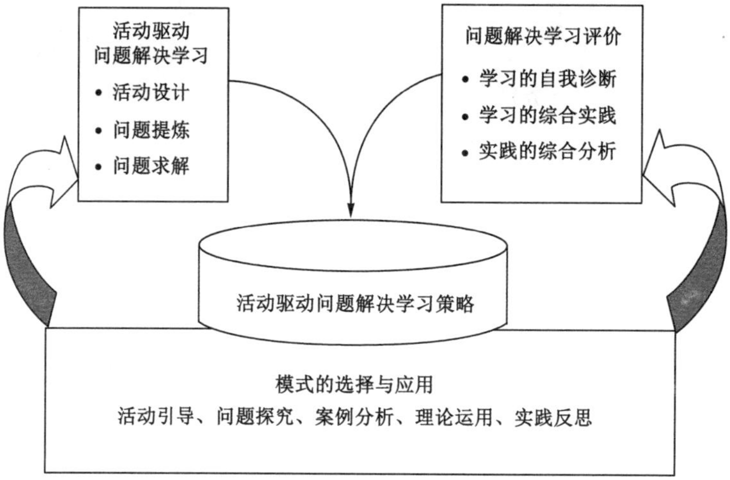

图 4-38　活动驱动问题解决学习的模式和策略

数学教师专业学习是以活动客体为内容和目标的实践性活动，有效的专业学习不仅需要从数学教师教育教学的实践问题出发建构专业学习的具体任务，而且需要数学教师的培训主体有意识地引导数学教师在问题解决中思考、交流与相互启迪，在活动与任务的推进中思辨、交流并进行观念与知识的建构。为了将所建构的观念与知识转变为能有效指导数学教师教育教学实践的观念与知识，教师需在思考、交流与反思中将自己建构的观念、知识与数学教育教学情境进行连接。那么，如何进行这种连接呢？教师需要结合相关问题的深入思考展开，比如，可以问一自己，这些观念确实是有效和必要的吗？所学知识适合数学教育教学的情境吗？如何让这些新观念和新知识更适合自己的教育教学？如何进行创新性应用？

尽管观念与知识的学习对数学教师专业学习很重要，但是如果所学的观念与知识不能在数学教师教育教学的行动中解决实际的问题，那么所学的观念与知识也有可能沦为没有价值的伪观念、伪知识。由此，数学教师在相关观念与知识的学习中，不仅要主动地反思、内化，而且要深入到数学教育教学实际问题的分析与解决过程中，在学习、应用相关新观念、新知识的过程中检验、修正、调整所学的新观念与新知识，并因此更有效地探求、优化和选择好个人专业学习的路径。这也表明，数学教师经由活动驱动开展问题解决学习，不仅要将专业学习任务的挖掘与专业知识学习的深化贯通融合，促进更有价值专业知识的生成，而且要将活动任务的设计与教师专业核心素养的发展相结合，并从专业学习目标、问题解决任务、活动驱动情境、专业学习活动内容等不同要素的关系方面，评价活动驱动性问题解决学习任务的优化设计与稳步推进。

（四）课程重构的问题解决专业学习模式

数学教师的专业学习是一个与数学课程变革相伴相生的历程，没有数学教师的专业学习就没有真正意义上的数学课程变革。数学教师基于数学课程变革的专业实践具有目标引导的价值性、教学互动的情境性和自我成长的反思性等特点，教师积极投身数学课程改革的实践可以为教师专业发展提供多主体互动、多维度反思和协同创新的机会。由于学校数学课程体系在弹性与供给力等方面的不充分，数学课程需要及时回应来自社会变革与学生成长等方面的需求，数学课程只有处理好守正与创新的关系才能获得进步。与数学课程改革与时俱进深化变革的需求相适应，数学教师需要更高质量的专业实践。这也表明，数学课程变革的需求不仅要及时内化、转变为数学教师专业学习的要求，而且要主动地影响数学教师专业学习的方式。在数学课程改革过程中，数学教师经由课程重构进行的问题解决专业学习是一种“实践的学习”。

如果从这种学习的目的和过程进行分析，这种“实践的学习”也可以进一步理解为“为了实践的学习”和“实践中的学习”。从学习的目的来看，数学教师专业学习是为了更好地适应数学课程的重构，与时俱进地投身数学课程与教学改革。从学习的过程来看，数学教师经由课程重构进行的问题解决专业学习也是一种“实践中的学习”，或者说，正是在数学课程改革的具体实践中，数学教师才遭遇各种各样的问题。为了解决所遇到的问题，数学教师需要不断丰富自己的专业知识，需要和不同的主体进行合作，需要面对各种复杂的现实情境，需要结合具体的数学教育教学实践案例进行有深度的反思，需要将自己的思考尝试运用于具体的数学教育教学实践。

从理论上说，数学课程并非仅仅是“数学知识”“数学事实”“数学问题”“问题答案”的片面性存在，而是包括了数学知识、数学事实、数学问题、数学思想、数学方法及与这些或显或隐内容的教与学过程关系密切相关的实践性存在，数学课程改革也因此需要数学教师在数学课程与教学各相关领域上发生一些与时俱进的转变，这种转变既有教师的理解、信念，也有教师的行为、追求。如果说数学课程的本体性知识、数学课程的结构性要素需要说明，那么数学课程变革的主体及其拥有的信念、行为就需要更加深入的理解。数学课程的变革一方面需要以包括数学教师、学生等关键主体在内的教与学理解为根基，另一方面又需要在教与学理解的基础上，内化数学课程变革的理念、显化数学深度学习的组织与结构，通过有效的教育教学行动演绎数学课程的变革。正是在这个意义上，数学课程变革、数学教师专业学习的过程也是教师重构课程的基本实践方式。人们甚至可以认为，数学课程变革作为一个过程本身就是数学教师专业学习和教学发展的过程，要通过对数学教师基于数学课程改革的持续发展，保障数学教师的能力、水平能与数学课程改革的深化要求齐头并进。但现实是，并非所有的数学教师都会在数学课程变革的具体实践中能真正成为一个自律、自觉、有效和有为的学习者；相反，许多人甚至很容易被异化为一个偏执、机械或纯粹的执行者。

由于缺少学习的机会或者深度学习的自觉，许多数学教师不仅不能深入地理解所要变革的数学课程，而且在能力、水平等方面的发展中严重滞后于数学课程改革深化的要求。比如，在改革的初始阶段，许多数学教师都会感到“心中无数”“本领恐慌”。由于数学教育教学实践对于促进数学教师能力、水平的发展有着积极的作用，所以，既要重视数学教师在数学课程改革实践中的学习，又要注意让数学教师经由课程重构进行的问题解决专业学习成为基于实践进行观察、感知、理解、探究、行动、反思的学习过程，成为基于数学课程梳理、重整、融合和建构数学教育教学知识、技能和思维的过程。

在数学课程改革过程中，数学教师的专业学习通常嵌于课程重构与问题解决的互动过程中，数学教师要借助来自外部的数学课程变革带动头脑内部的课程意识，通过有深度的持续学习提升自己的课程意识，打破旧有不当的课程意识枷锁。比如，数学教师不仅可通过审视课程的统一性，分析课程的同质性，获得课程体系的新认识，超越课程的被动性，而且可以通过积极的课程重构，突破课程可能性的保守、刚性和被动等缺陷，增益数学课程变革的具体实践，使得课程重构与问题解决的关键课题转变成为学习过程中相互滋养的重要资源。为了将这些可能的优势真正转变数学教师专业学习的收获，数学教师要将数学课程与教学价值体系的重塑与自我学习的变革有机结合起来，基于课程重构的问题解决，推进专业学习项目的落实，优化专业学习的内容体系，通过与专业学习实践共同体的互动，整合不同主体专业学习的实践经验，以专业学习的深度实践与自主反思为导向，构建基于课程重构问题解决专业学习的动态模式。

课程重构的问题解决专业学习不应只关注数学教师学习的目标与内容，而是要在关注学习目标、内容的同时关注学习的过程与方式。这是因为，课程重构的问题解决与数学教师的专业学习存在着彼此相互促进的逻辑机制，数学教师经由课程重构进行的问题解决专业学习本质上是技术、理念和文化三维一体的实践性学习。

在技术向度的实践学习中，数学教师通过关注数学课程重构中的问题，自觉地丰富相关知识与技能，改善相关的技术与方法，更有效地投身数学课程重构中问题的解决。尽管数学教师所学的知识、技能、技术、方法从源头上看离不开数学教育教学的实践情境，但这并不意味着学习局限于数学教育教学的实践。之所以这样说，主要是因为学习作为一种复杂化的能力，需要随着数学教育教学情境的动态转换进行必要的调节。如若不然，数学教师在经由数学课程重构进行问题解决学习中虽然学到一些知识、技能、技术、方法，但是，所学的东西不仅难以被有效运用于更广泛的情境中，而且难以在一些变化的数学课堂实践中有效转化。

在理念向度的实践学习中，数学教师需要结合课程变革反思自己的专业学习。这是因为，数学课程改革的深化及蕴于其中的数学课程重构，不仅需要数学教师对于数学课程、数学教学有着更深入的理解，而且需要数学教师与时俱进地进行数学课程信念、教学理念和实践行为的转变。某种意义上，数学教师的专业学习就是结合数学课程变革学会做一些更适应新时代、新阶段要求的新事情，是数学教师经由数学课程重构及相关的问题解决变革自己旧有学习思维的过程。从实践层面对自己的课程意识与课程行为进行反省，并因此对如何更有效地参与数学课程的高质量、提升数学课程变革的效能、达成数学课程深化改革的目标等基本问题形成一定的认知，同时在“学什么”“怎么学”“从哪儿学”“向谁学”“怎么用”等方面形成更清晰的思维。

在文化向度的实践学习中，数学教师结合课程变革的需要不仅关注自我或个体参与数学课程变革及其相关问题解决的专业文化，而且关注教研组、学习共同体以及教师角色、专业学习中的任务分工等数学课程重构相关的非传统文化要素。比如，不少数学教师在数学课程变革实践中会深切地感受到，是否与他人进行合作以及合作到什么程度对于数学课程变革有着重要的影响。这是因为，如果封闭自我、闭门造车、拒绝合作会很容易闭塞思路，在自以为是中阻碍自己深度学习。但是，如果盲目合作，特别是没有主见的过度依赖的合作学习也会使自己的专业学习无益于数学课程重构中的问题解决，有时甚至会因为自己的思维被割裂而实质性地有害于数学课程变革，增加了诸多低效、无效甚至负效的行为，偏离或背离合作的初心。数学教师专业学习的文化氛围如何，不仅影响了数学教师对于课程深化改革的适应程度，而且影响了数学教师对于课程重构中问题解决的具体效果。

从学校整体的角度来分析，数学课程改革的深化及蕴含其中的课程重构、问题解决，要走出各自的困境，与其说需要数学教师个体的努力，不如说需要学校整体及整个社会上下求索。之所以说强调学校整体及整个社会上下求索，是因为，数学课程改革体现了社会发展对于人才培养数学素养等方面的要求，既强调义务教育阶段的数学教育应有的全纳性、全面性和基础性，又强调相关工作的系统性和协同性。从学校内部的整体来说，为了走出教师在问题解决专业学习中的困境，要组织教师认真学习《义务教育数学课程标准(2022年版)》等上位的数学教学文件，结合具体问题的解决，剖析在数学课程目标、内容结构上如何体现核心素养的导向，如何从知识结构化的角度进行相关课程与教学内容的重组和调整，如何优化教学方式、方法和学生的学业评价，如何自下而上与自上而下相结合推进数学课程与教学的变革。从整个社会的角度来说，为了走出教师在问题解决专业学习中的困境，应从时代要求的角度加强数学课程改革系统中不同要素、不同主体之间的协同，强调课堂变革与课程变革协同融合，推进各级各类学校课程教学突破旧有的思维惰性和路径依赖，推进课程变革超越窄化的范围局限，特别是结合教育领域“双减”政策的落实，重建以核心素养为导向的数学课程变革文化。

第五章　义务教育数学教师专业学习的制度分析

第一节　关于义务教育数学教师专业学习的制度

一、关于制度

就某一个时期或者某一个阶段来说，制度既体现了特定的个人或者群体在某些关系、某些作用方面所形成的一些流行性思想习惯，也指个人或者群体在某些关系、某些作用方面所构建的具有实践意图的规划。人们对制度的认识通常会基于不同的思维或信念。不同的学科乃至不同的学派对制度的内涵通常会有不尽相同的理解和实践追求。在经济学、政治学、社会学、教育学等社会科学中，制度通常被作为一种重要的研究对象，并在实践层面指向人们共同遵守、按一定程序办事的规程①。在心理学领域，研究者会倾向于把制度归结为一种流行的精神态度或者流行的生活理论，并进行了相关实践考察或理论研究②。从社会学的视野理解和把握制度可以看到制度更广泛的外延。这是因为，制度不仅仅包括了那些正式的规则、程序和规范，也包括了那些为人们实践与行为提供诸如“意义框架”的象征性系统、认知性模式和道德性模块。这就表明，从社会学角度进行制度的认识，制度不仅可以被理解为嵌入到政治、经济结构中相对正式的规则、程序，也可以被理解为嵌入到政治、经济结构中那些非正式的文化心理及认知模式。从更一般或更广义的角度进行理解，诸如规则、程序、活动、资源和文化其实也都是制度，制度也可看成由社会规则、社会活动以及物质

① 杨跃.教师教育学科制度建设：内涵、目标、困境与行动：基于新制度主义社会学的视角[J].教育发展研究，2018(22)：52-59.

② 凡勃伦.有闲阶级论[M].蔡受百，译.北京：商务印书馆，1964：168.

资源共同构成的一种持久性社会结构①。

在义务教育阶段，数学教师专业学习是数学教师谋求专业成长、实现更好的发展的存在方式与价值选择。对数学教师而言，专业学习不是现实的需要，也是促进专业发展的可行路径，合理地安排自己的专业学习不仅重要，而且必要。专业学习虽然在很大程度上是数学教师专业发展的个体化行为，但是由于教师之间、师生之间存在着相互影响、相互促进的关系，所以数学教师的专业学习也是将其个人的专业发展嵌入工作实践和融入社会活动的群体化行为。某种意义上，这种具有个体和群体双重性质的专业学习会构成数学教师专业得以持续发展的前提条件和关键现实，它不仅是数学教师自主性的持续过程，也是数学教师教育的一种制度安排。在义务教育阶段，数学教师专业学习制度安排既包含了一些显性的规则设定，也融合了与数学教师专业发展有关的观念，是基于数学教师教育观念变革的系统设计和文化自觉的发展机制。基于这些基本事实的分析，义务教育数学教师专业学习的制度不仅包括与数学教师专业学习相关的组织机构及其运行规则，也包括数学教师专业学习相关组织机构、运行规则的工作理念、实践方式。简单地说，义务教育数学教师专业学习的制度涵盖了数学教师专业学习相关的组织结构、管理体系、运行方式及其实践形态。

义务教育数学教师专业学习的制度既有规制性制度，又有规范性制度、文化—认知性制度。规制性制度是指义务教育数学教师在专业学习过程中必须要遵守的一些规则，比如严以自律、自我监督、自我规训，不同阶段的发展规划，评估教师是否在学习、是否真学习的标准，评估教师数学课堂教学质量的标准。规范性制度是指义务教育数学教师在专业学习过程中所要遵循的有关社会惯例和行动准则，比如要遵守师德规范、学术规范，要以生为本，在与同事合作交流时要相互尊重。文化—认知性制度是指存在于义务教育数学教师专业学习文化与观念中自我建构的制度形态，比如主动地进行阅读，勤于实践与反思，注重解题研究，注重案例分析，能"在求索中体验，在实践中积累"②。比较而言，义务教育数学教师专业学习的规制性制度更具有强制性、明确性、外显性。教师也需要根据教育管理部门或所在学校相关的制度判断自己该做什么及如何做，要根据制度的明确要求做好个人专业学习的规划、计划、实施和总结。在义务

① 斯科特.制度与组织：思想观念与物质利益[M].3版.姚伟，王黎芳，译.北京：中国人民大学出版社，2010：56.

② 张奠宙，宋乃庆.数学教育概论[M].2版.北京：高等教育出版社，2009：326.

教育阶段，数学教师专业学习的规范性制度对义务教育数学教师的专业学习具有“角色引领”和“道德规范”等方面的规约。具体而言，义务教育数学教师专业学习的规范性制度可以引导义务教育阶段的数学教师依照特定的社会期望开展专业学习活动，体现了社会责任、高质量数学教育目标落实、师德师风和教风学风等对于义务教育数学教师专业学习行为的规约。义务教育数学教师专业学习的文化—认知性制度是义务教育数学教师在特定的专业文化、技术文化和学习文化等环境影响下进行自我研修、自我建构和自我提升的认知图式。

二、义务教育数学教师专业学习制度的价值

数学教师作为一个专业人员，无论是专业技能的提升还是教学经验的积累或者实践活动的反思，既离不开数学教育作为一项育人工程的系统变革，也离不开数学教师作为数学教育系统中一个重要性主体所应有的培养培训、选拔聘用、在岗研修等方面的制度性保障。不过，这些应然性的实践要求在实践中并非总能得到应有的重视。究其原因，数学教师的专业角色并没有得到广泛的认可。一些有偏见的学生家长甚至认为数学教师就是教学生解题、考试，是在看了参考答案之后向学生讲解答案的人，或者认为数学教师是“照本宣科”“照网（网络）呈现”的“教书匠”。在类似的偏见中，数学教师很容易被误解，他们很容易“被看作像‘施密特’一样的工人——追随者而非领导者”[①]。有研究者指出学校组织中存在着组织制度、组织结构、组织文化、专业发展主体、领导者、学习成本及专业发展内容等影响教师专业发展的因素[②]。基于这样的现实背景，许多学校或相关的教研机构在推进数学教师专业发展工作中纷纷强调要设定相关的实践标准，并努力按标准推行相关工作。然而，理想与现实总是有着很大的差距。从那些强制推行相关标准的实践以及最终的实际运行效果来分析，尽管取得了许多值得肯定的成绩，但是相关工作所存在的问题依然重重。究其根本原因，不是设定相关标准或按标准进行相关工作推进的实践本身不对，而是设定标准或按标准推进相关工作的主体不时产生了错位，这就导致了并不愿意看到的实际效果——不仅标准本身存在着不合理性，而且标准的具体落实也没有制度性的保障。一方面，这些标准要么是由一些所谓的数学学科专家、教学名师、教科研精英或者并无太多教师教育背景的政府官员拍脑袋拍出来的，既没

① 多尔.后现代课程观[M].王红宇，译.北京：教育科学出版社，2000：2-6.

② 甘金球.组织学习与老师专业发展障碍的研究[D].苏州：苏州大学，2005：1.

有深入、有效地分析数学教师专业学习中的权益，也没有有针对性地明确数学教师专业学习的实践路径。在这种情况下，许多数学教师既有可能于不知不觉中成为一些不尽合理专业学习或专业发展标准的试验品，也有可能成为那些基于有限理性的教师教育变革方案所开展工作或强力推进工程的牺牲品。另一方面，有些标准虽然考虑了数学教师在不同阶段诸如学习、发展和教育等方面的权益，具体内容也相对较为合理，但是，究竟如何实施这些理想性的标准？实施这些预设标准的前设条件是什么？后续保障如何跟进和落实？由于类似的一些基本的问题没有解决好，所以相关的标准在具体实施中就没有真正形成既有系统性又能配套支持的制度予以实践性的保障。

为了有效落实义务教育数学教师的培养，数学教师的教育需要从最初的设想、有关的理论、反复的试验、试行的标准走向系统化的制度变革。某种意义上，制度本身也是一种利益驱动的社会装置。对数学教师而言，无论是自主的专业学习还是基于外部力量的被动学习，其实都离不开或具体或抽象的收益关注与功利选择，都要受到与各种利益有所关联的制度对其作为数学教师进行专业学习在行为上的规范与制约。与此同时，数学教师在专业学习活动中的利益失落或者相关制度的机制不完善并非是一个被人为绑定、不可解开的死结。这是因为，只要深入考虑数学教师本真性、内在性的学习需要、发展需要，并且能合理平衡好数学教师在学习与发展中的各种现实关系，制度中的许多难题或困境仍可以通过制度的创新进行化解。至少，相关的难题或困境可以通过制度优化获得阶段性的突破。好的制度不仅是保证义务教育数学教师专业学习得到持续、得到深化的重要条件，而且是激发数学教师内在活力与动力的外部机制。调研表明，在义务教育阶段，为了促进广大数学教师的专业学习，仅仅依靠宣传、发动是不够的，仅仅靠专业学习意识的唤醒、学习方法的理论指导、骨干教师榜样的示范是不够的。这是因为，对许多数学教师而言，专业学习的发动、维持除了教师自身内部相关需要得到关注性的因素，还需要来自外部制度的在协调、规约与保障等方面的形成性因素。

义务教育数学教师专业学习的制度包含了与义务教育数学教师专业学习有关的行动准则、文化认知和规程体系。比如，许多国家都有这样的规定，即中小学教师必须进行一定课时数的在职进修，这不仅是教师专业发展的义务和权利，而且也是教师在专业上获得良性发展的前提和条件。新加坡在"国家基础教育法""定向教育法"这两个基本的文件中都明确规定，对广大中小学教师而言，业务进修是必须要承担的一种义务。法国曾于 20 世纪 80 年代通过立法的形式硬性地规定了中小学教师的继续教育，时任教育部长的让-皮埃尔·舍韦内芒(Jean-Pierre Chevènement)曾强调要像抓义务教育的普及工作一样抓好教师的在职学习与进修。为了有效提高我国中小学教师的专业素质，更好地适应基础教育的改革与发展，全面推进中小学素质教育，我国教育部门也曾于20世纪90年代根据《中华人民共和国教育法》《中华人民共和国教师法》等文件，制定了我国的《中小学教师继续教育规定》。相应地，各省市相关教育行政部门也根据《中小学教师继续教育规定》配套制定了诸如"进一步加强全省中小学教师继续教育工作意见""进一步加强全市中小学教师继续教育工作意见"等有关的制度。为了进一步提高教师培训的质量，更好地规范"国培计划"等项目的管理，中共中央、国务院发布了《关于全面深化新时代教师队伍建设改革的意见》等文件，教育部发布了《"国培计划"课程标准(试行)》《中小学教师培训课程指导标准(师德修养)》《中小学教师培训课程指导标准(班级管理)》《中小学教师培训课程指导标准(专业发展)》等文件。这些制度的建立，标志着我国在教师培训方面已经基本形成了从国家到地方(包括省市县)再到学校的多层级培训制度。分析这些不同层级的制度可以发现，已有的教师培训或学习制度不仅具化了教师培训与学习的目标、内容、手段和条件保障，从不同方面对义务教育数学教师的培训与学习形成了明确要求，而且对数学教师专业学习从管理上提出了既体现明确性又体现强制性的要求。所有这些，显然发挥了管理、考核与评价应有的导向作用。某种意义上，与义务教育数学教师专业学习密切相关且相对稳定的制度，无论制度本身的存在性还是相关制度持续的建设性，都从各方面影响了义务教育数学教师的专业学习，成了从外部推动教师专业学习主动性、自觉性和行动性形成的重要性因素。

尽管制度对于义务教育数学教师专业学习有着非常重要的价值，但是，这并不意味着义务教育数学教师的专业学习就是由制度决定的。包括规则、程序和标准等在内的人为的制度，只有真正被义务阶段的数学教师在认知行动上赋予实际的意义之后，才能在实践中发挥出应有的威力和作用。从教师发展及教师管理的实际工作来考察，诸多与义务教育数学教师专业学习相关的制度，在设计之初通常是基于不同思维方式、不同价值判断而设定的一些活动规则与运行框架。由于制度设计者与专业学习实践者在思维方式、价值判断等方面的差异，与义务教育数学教师专业学习有关的制度在运行中很容易和义务教育数学教师专业学习既有情境之间产生一定的张力，并因此有可能会导致文化、技术和资源等多方面的冲突或困境。这也表明，义务教育数学教师专业学习被制度驱动的发展过程本身并不是一帆风顺的。尽管从长远或终极角度看,数学教师作为专业人员在学习和发展方面应当是前途光明、效果可以期待的,但囿于数学教师专业学习本身的复杂性以及促进教师专业学习持续发展制度本身可能的不完整等因素,义务教育数学教师经由专业学习获得发展也会不时产生一些意想不到的曲折或坎坷,有可能会面临着专业学习或发展结果及其相关方面的不确定性。

从义务教育数学教师专业学习制度运行的过程来分析,制度的实践本身就具有一定的特殊性、复杂性。每一个数学教师所在的学校、数学教研组通常会有着相对独特的教研文化、组织文化,专业基础不同、学习需求不同、学习习惯不同和处于不同发展阶段的数学教师,在数学教育教学实践中会面对各自不同的专业学习情境。除了行动的规则在制度运行中发挥着积极的作用,行动的情境与作为行动者的数学教师也发挥着制度实践的积极作用,它们共同构成了义务教育数学教师专业学习这一综合实践的行动舞台。比如,由于数学课程改革强调了“综合与实践”领域对于培养人才的独特价值,需要重视实际问题的解决和跨学科主题的学习,要求数学教师能设计具体的情境落实主题式、项目式的学习,将新型的学习方式具化到数学教学设计与数学教学活动组织。在此,数学课程标准作为具体的制度,在实践过程中需要数学教师与时俱进地转变教育教学角色,明确与“综合与实践”领域教学要求相适应的新型数学教学方式,妥善处理好知识的整合性、活动化、生活化和综合化等关系,注意通过相关课程资源的开发强化自己的专业学习。由于“综合与实践”领域的教学模式并非是固定性的,为了达到理想的教学效果,数学教师需要结合具体的实践自觉地进行教学反思,用行动诠释“加强课程内容的内在联系,突出课程内容结构化,探索主题、项目、任务等内容组织方式”等课标的要求。

从人类行动的秩序来分析,“单中心”已逐步走向了“多中心”,旧有的行动的规则“终极权威”与“服从链条”逐步被“多决策中心”与“相互独立”等规则取代。较之于单向、线性的简单执行,与义务教育数学教师专业学习有关的制度和义务教育数学教师这两者之间的关系已走向交互、互动的复系关系。这是因为,制度虽然可以引导着义务教育阶段的数学教师在专业学习方面的有关行为,但同时也会被制度作用的数学教师主体所创造或塑造。义务教育数学教师在受到相关制度约束的同时,也会受到制度的支持、保障,有的制度甚至直接或间接地改变了一些数学教师在专业学习中的偏好、价值观、思维方式、学习习惯与内外部的动机。

从国内外关于数学教师教育制度的比较来分析，尽管我国的数学教师队伍在数量上较之于其他国家更为庞大，但这并不意味着数学教师在专业发展上必然性的不足或者先天性的缺陷。恰恰相反，较之于许多国家，我国的数学教师队伍建设确实有许多可圈可点之处，而导致这种较好状况的一个根本性原因就是有中国特色的数学教师教育制度对数学教师的专业学习产生了积极的影响。比如，我国的数学教师教育制度善于把数学教师足够的数量拓展为数学教师教育教学的智力资源，助推了数学教师专业化人力资源结构的形成，提升了数学教师专业学习的管理效能。

从实践进行考察，我国的数学教师在专业上之所以能取得相对较好的效果，某种意义上就是得益于有中国特色的各级各类相关教学、教研和进修等制度的建立，通过制度逐步形成了推动广大数学教师专业学习的优良传统以及诸多校本化的基本工作经验。事实上，现有许多细化的制度为数学教师的专业学习提供了诸如时间要求、活动安排、组织形式、经费支持等常规性保障，不仅营造了重视学习与研究的氛围，保障了广大数学教师优良学风的传承，唤醒了广大数学教师专业成长的自觉，而且通过学习价值、学习方法的引领助推了广大数学教师在教学活动、研修活动等方面的创新。实践中存在且常态运行的由国家、省市、区县、乡镇和学校构成的多级研修网络及其上下贯通的制度体系①，更是表征了制度建设对于数学教师专业学习在引导、推动、规范与管理等方面的功能。除了正式制度对数学教师专业学习具有强制性的规制作用，还存在着非正式化制度对数学教师专业学习所产生的多方面影响，这些影响尽管是非自主性的，但也可以在不知不觉中影响着数学教师作为专业人员在专业学习方面的自觉性与适应性。

三、不同的制度对义务教育数学教师专业学习有不同影响

不合理的数学教师培养制度、数学课程教学评价制度、数学教研进修制度、教师选拔奖励制度不仅不会有利于数学教师的专业学习，而且会负面限制、约束数学教师的专业学习。究其根本，数学教师的专业学习不仅是数学教师个体、群体及其之间的相互赋能，学校系统内部教师主体与学校外部其他主体之

① YANG Y D. How a Chinese teacher improved classroom teaching in teaching research group: a case study on pythagoras theorem teaching in Shanghai [J]. ZDM (The International Journal on Mathematics Education), 2009, 41(3): 279-296

间的沟通交流，也是数学教师与特定时代、所在学校诸多正式制度或非正式制度之间的互动与作用。比如，为了获得参与职称晋升或者评优、评先的有关资格，数学教师通常需要面对校内外的同行开设一些公开课、示范课或者过关课，为了上好这一类具有评鉴、定性和对个人利益有较大影响的课，数学教师需要沉下心来查找教学资料，认真地备课、研课、磨课，需要重视相关特定主题的教学研究。这也表明，职称制度、评优制度、评先制度成了激发广大数学教师努力提升专业学习阶梯的一个重要动力。

制度环境会影响数学教师的专业学习。在不合理的制度环境下，数学教师由于自身的专业身份、育人要求、道德示范以及晋升需求等很容易被制度化。部分数学教师在遵守制度过程中不仅缺少深入的思考，而且缺失对于专业学习的深度认知和价值判断，专业学习不能主动对接课堂教学行为变革，不能有效嵌入课堂教学行为观察等有助于深入教师自我认知的行为，并因此成为一种"被制度化"的数学教师。"被制度化"的数学教师习惯于按照上级、领导的要求或者一些考核的指标有选择性地进行专业学习，他们的教学行为有时更多的是为了迎合外部的评价与功利，表面上"中规中矩""认认真真"，骨子里是囿于外部"管理""规约""考核"等硬性要求而学习的，既不追求学习内容的深度和精度，又不追求学习过程的主动和自觉，学习中实践不够、反思不够、协同创新不够，教师专业学习的管理与引导机制不完善，专业学习在总体上呈现了非常态化的现象。由于没有真正意识到专业学习的必要性、重要性，一些数学教师久而久之就缺少学习主体应有的动力和目标，常以"时间不够""学而无用"为借口进行应付式的被动学习，学习中的人也不知不觉地成为一个有着制度化认知、制度化依赖等倾向和被不合理制度牵引、负面影响着的"制度人"。

合理的制度不仅可以防止、化解数学教师专业学习过程中外部的冲突，减少诸如培训、进修等缺少针对性和人为不确定性等方面的因素，而且可以更好地引导、管理、激励和支撑数学教师更加持续的专业学习。例如，有的学校为了激励包括数学教师在内的各学科教师更好地学习与发展，不仅成立了传统意义的教研室、教研组，而且成立了跨学科的虚拟教研室、专业核心组，成立了分年组的数学备课组，通过相关教学基层组织的建设以及相关制度的完善，强化师德师风建设，提升数学教师业务能力，根据学校要求组织制定具体的数学教学计划，落实数学课程与教学任务，开展数学课程与教学资源建设，组织集体备课、教学改革，规范课堂教学、教学管理，开展教学研讨、教学反思，分级分类引导不同职称、不同教龄的数学教师制订适合自己专业学习的计划。许多教研组除了开展“说课程”“说教学”“说命题”“说解题”等特色活动外，还推行诸如“师徒结对”“以老带新”等常态化的教师培养制度。在具体实施层面，这些教研组经过反复酝酿、协商，立足于备课组这一最小的基层教学与研究组织，挑选出师德高尚、经验丰富、学识扎实的老教师与刚入职的青年新手教师结成“对子”，培育数学教师专业学习的文化。通过老教师引领新入职数学教师更好地适应数学课程与教学的现实生活，并因此使许多新入职数学教师能在自己师傅的关心、帮扶、要求与指导下，执行学校的教学规定，规范自己的教学与研究，通过持续的专业学习以更好地适应自己每天面对的教学生活，努力成为一名使命光荣、任务艰巨、勤于学习、勇于担当、不断进取的数学教师。由此可见，合理的制度对于优化义务教育数学教师专业学习的秩序和稳定数学教师专业发展显然是一个既积极又不可或缺的力量。

四、义务教育数学教师专业学习制度设计的现实要求

义务教育数学教师专业学习是多重制度驱动的专业实践活动，不过，驱动义务教育数学教师专业学习的制度本身并非是一成不变的。从实践的角度来分析，当一项制度不适合的时候，就需要及时进行必要的制度转轨，或者及时用一些新的制度替代当前旧有的制度。作为专业人员的数学教师与其置身的社会不仅有着管理、被管理或多维互动性等复杂的结构，而且有着繁多的专业学习需求、教育教学使命，数学教师、数学教师管理者等各类主体都有可能存在“理性不及”的有限理性状态。当数学教育的外部需求发生变化，数学教师、数学教师管理者等各类主体实践经验逐步增多后，就应当逐步改变一些已经过时的或不能适应当下需要的规则。如若不能，已有的制度就有可能成为阻碍数学教师专业成长的力量。比如，有一些学校在训练数学教师的教学技能时，不是结合特定课题，而是抛开了数学教学的内容，进行单调的训练与考核，这种制度本身就是没有太大实际用处的。

义务教育数学教师专业学习制度并非是完全静态、停滞不前的稳定状态，而是需要与时俱进变革和优化制度实施的动态发展过程。由于广大数学教师置身于一个更加重视核心素养学习、信息技术赋能教学、跨学科交叉融合的时代背景之下，所以其专业学习制度设计要紧密对接学校良好数学教育，不仅要重视制度与规则对于数学教师专业学习及其管理的预设性，而且要重视数学教师专业学习制度、技术、资源和活动等因素在制度建构中的联结与密切相关性，重视义务教育阶段数学课程与教学高质量发展要求对数学教师个人专业发展

目标与行为的期待，并因此对数学教师专业学习进行合理的目标规定和行为引导。对此，除了发挥校内老教师的带头、引领作用，还需要发挥校外相关主体对于教师专业学习的指导作用，比如，可以邀请校外那些真正学有所长的专家来学校对教师进行现场指导。类似制度的建构、丰富和发展可以更好地引领、激励、管理并因此更好支撑数学教师的专业学习，可以更好地提高义务教育数学教师专业发展的效能。

为了改进义务教育数学教师的专业学习，不仅需要更系统地关注数学教师专业学习的制度建设，而且需要从更深的层面助推义务教育数学教师专业学习制度变革与发展的进程。就制度建设的主体而言，显然不应将义务教育阶段的数学教师作为相关制度建设的旁观者，相反，要努力让他们成为数学教育教学变革及自身专业学习的真正参与者。就制度变革的要素而言，要关注教师评价、考核与教研等已有的一些制度所存在着的局部性或者整体性功能失调、引导障碍。有一项关于理科教师认知结构发展的研究表明，广大中小学数学教师虽然在职前经过了制度化的学习，但是，他们经历的学习并没有能使自己真正有效地形成与中小学数学教学要求完全适应的认知结构。这也表明，制度化学习本身需要进行深层的制度检视，毕竟，“制度的登台与退场既涉及新的观念也涉及新的权力结构”。事实上，义务教育数学教师专业学习的权力结构是一个涉及目标、价值、动力、利益、资源、规则、技术、交往和评价多维要素的立体化的结构。有一些地方的义务教育数学教师之所以发展得不好，就是由于教师专业学习的权力结构没有得到应有的保障，特别地，应当高度重视这些地区义务教育数学教师的职前培训。较之于其他形式的学习，义务教育数学教师的职前培训本身具有非常特殊的价值，因为，职前培训对数学教师的专业知识、专业技能获得具有奠基性、启动性，好的职前培训不仅可以弥补数学教师在教学胜任方面的不足，而且可以增强数学教师专业学习的使命感、责任心，是今后长期性学习与发展的一个重要性开端。

为了使义务教育数学教师专业学习更加有效，应当重视数学课程与教学组织的多样化、专业化，特别是要改善数学教师学习课程和专业实践的结构，要对数学教师的培训课程进行结构性的改革。这种改革不仅要突出培训课程的实用性、指导性，而且要引导好教师平时的自我研修，注意将理论性学习和实践性经验有机结合，要让数学教师在课程与教学方面的经验成为数学教师专业学习的“反思性实践”。这种反思性实践需要同时强调数学教师在专业学习中的实践性和反思性。

数学教师关于专业学习的这些应然性要求需要相关制度的有效配套才能得到更好的落实，为此，需要耐心、精准地审视相关制度的现实缺陷。事实上，在现实中，有不少制度由于存在着严重的“职能错位”“急功近利”“观念滞后”“简单套用”“机械重复”“过度行政化”“激励缺乏”等倾向，并因此形成数学教师专业学习的制度惰性或制度阻力，不仅不利于数学教师专业学习的引导，而且成为数学教师专业学习与发展的制度瓶颈。应当认识到，相关制度所存在的这些负面性倾向，既有制度主体本身的惯性思维，又有制度设计本身的行政本位思维以及制度实践层面的工具理性思维。当前，尤其要重视制度建设本身的不完整，要防止相关制度在实践层面的供给乏力、落实评价层面的供给偏斜。在追求高质量数学教育教学体系或落实“双减”政策的宏观背景之下，显然要重视对广大数学教师进行教研转型发展的引导，应当使广大数学教师能深刻地认识新形势背景下个人或群体在专业学习上应有的新目标、新任务和新要求，勇于直面数学教师专业学习中的困难和问题，并努力通过规划引领和制度创新，切实提升广大数学教师专业学习的质量和水平。

有的学校虽然出台了与数学教师专业学习有关的一些组织管理制度，但是在这些制度中如何保障数学教师的专业学习时间，如何保障数学教师专业研修的经费，如何评价数学教师教研的绩效，诸如此类的要素在相关制度中并没有涉及甚至刻意进行了回避，所以需要主动防范已有制度关键性要素的缺失，做好应有的查漏补缺工作。由于不同制度之间可能存在着一些矛盾，所以要做好制度之间的协同与互补，防范制度在设计动机层面和制度执行效果层面的“背离”。就制度建设的重点而言，当前尤其要强调制度设计的合理性、合目的性，既坚持“教研先行”的理念，推动数学教师专业学习非正式制度的建设，又要分析并正视数学教师专业学习制度建设滞后的现状，善于统筹兼顾、上下联动。一方面，要注意通过制度保障数学教师专业学习机制上的横向交流和纵向贯通，整体推进数学教师专业学习正式制度的建设。另一方面，要进一步建立健全数学教师课程与教学评价、继续教育、评优评先与职称职务晋升等方面的制度，引导不同类别的数学教师进行专业学习的自我定位，理性地进行深度教研、在岗研修、持续专业学习的自我规划与限制。由于大多数数学教师在晋升了高级职称之后就弱化了原本并不十分强劲的专业学习动力，所以如何通过有效的制度激发具有高级职称的数学教师保持专业学习的动力也是数学教师队伍建设实践中一个现实的难点问题。

第二节 义务教育数学教师基于标准专业学习

一、课程标准与教师发展

早在20世纪80年代末期，教师教育的一个重点就是将教师的专业成长融入课程发展的实践，积极聚焦于课程标准对教师的影响。课程标准不仅从制度层面保证了教学和考试调整的一致性，可以更好地服务于教育教学质量的评价，更有依据地分类监测国家层面的课程质量、学校层面的教育质量、教师层面的教学质量、学生层面的学习质量，而且可以引导教师更加全面地把握自己所教学科的目标与要求，更加深入地了解所教学科主要的课程内容及其内在的逻辑顺序，并因此促进教师在教学上的发展。由于教学是教师教与学生学的双边活动，所以对教师和学生同时给力的因素将更有利于教学活动的正常开展和品质提升。就这一点而言，课程标准展现了其独特的价值。这是因为，课程标准不仅对教师的教学有着指导性的意义，帮助他们更加清楚自己所要教的内容及其需要达到的程度，而且也能帮助作为学习主体的学生更加清楚自己期望学习的内容及其对应的目标与要求。比如，基于特定的数学课程标准，数学课堂的教和学有一个共同关注点是教与学达标情况的考查，学生对相关数学课程与教学内容的标准达成情况成为数学教师动态调整数学课堂教学的一个最直接也是重要的依据。对大多数数学教师而言，会在日常数学教学活动和数学课堂测验中通过对学生的观察，判断他们究竟有没有达标，并据此结合教学的进程进行数学教学资源的合理分配和数学课堂教学过程的动态管理。在认识到课程标准所具有的这些基本功能与重要特性之后，大多数国家在课程建设中都把课程标准的建设作为一个重中之重的基础性项目，把课程标准的编制视为课程设置这一特殊子系统的一个重要方面。考查国内外的教育改革可以发现，许多有影响的教育改革一方面是由课程标准推动的，另一方面课程标准也演绎成为教育改革中诸如评价活动、课程资源以及教师发展等各相关方面的工作，这些不同方面的工作与其说与作为教育改革中核心的课程因素关系密切，不如说与课程标准有着更加紧密的联系，体现不同方面在内容与标准上的协调一致①。事

① 李秋实，刘学智. 美国“课程实施调查”项目新进展：教科书与课程标准一致性分析模式研究[J]. 外国教育研究，2019，46(07)：15-28.

实上，课程是具有一定结构和功能的有机整体，课程的理念、设置（含课程的结构、标准和内容）、实施与管理都构成了课程建设的子系统，这些子系统之间既相互作用又相互影响、相互依存。从课程设置的角度来分析，课程标准不仅是相应学科核心素养与学科理念具体的体现，也规定了学生在学科课程学习中应知与应会的内容，为教师从事学科教学的实践提供了重要的依据。由此，重视课程标准编制并落实好相应的工作是建好课程的应有之意。

课程标准的编制是教育教学改革的一个重要方面。在现实的教育教学改革中，被贴上“基于标准”标签的改革不仅意味着学生要知道什么和能做什么，而且意味着要根据课程标准来确定学生能否升级或毕业，课程标准对于教师教学发展体现独特价值的同时也内在地规定着其对学生学业评价、指导和促进他们进行发展的因素①。较之于教学大纲，课程标准主要是对学生经过某一学段后学习结果的行为描述，而非对基础知识、基本技能等教学内容的具体规定。就要求而言，课程标准不是对学生的最高要求，而是面向全体学生的一种共同性、统一性的基本要求，即课程标准是规定了某一学段或年级所有学生在教师帮助、指导下或者在自己努力下所能达到的要求。课程标准不仅具有统领课程诸如条件建设、过程管理、结果评价、质量监控与教学指导等多方面的基本功能，而且对教师的专业学习具有很好的指导与引导作用。比如，无论是 2001 年版、2011 年版还是 2022 年版的数学课程标准，都注重引导广大数学教师能进一步树立现代的数学教学观念，完善数学教育教学的知识结构，提高自己的教学监控能力，与时俱进地掌握现代信息技术，推进数学课程与现代信息技术的整合，加强教师数学教育教学研究能力的培养，以终身发展的理念为指导，多措并举提升数学教师的学历或学力。当负载着特定时代教育理念或者诉求的数学教育改革进入实施层面时，课程及课程标准的重要性也同样关联着数学教师专业学习的重要性。数学教师不仅是数学课程的实施者，也是数学课程的建设者、数学教学资源的开发者，卷入数学教育改革进程中的数学教师不仅受到改革目标与任务的影响，而且影响着数学教育改革的进程及实际的深度。在 2022 年版的数学课程标准中，课程育人导向得到了进一步的强化，课程内容结构得到进一步的优化，学业质量标准被进一步明确，“为什么教”“教什么”“教到什么程度”“怎么教”得到了进一步的指导，不同学段的教与学得到进一步的衔接，这

① JENNINGS J F. Why national standards and tests?: Politics and the quest for better schools [M]. London: SAGE Publications, InC., 1998: 6.

些变化要求广大数学教师更加勤勉认真，坚持行而不辍，不断创新数学教育教学实践，努力把数学育人的蓝图变为现实①。面对数学课程标准的新要求，数学教师的专业学习必然也需要有更高的标准。这是因为，数学教师不仅要在数学课程知识的前瞻性和现实性上进行有效的结合，而且要在数学课程标准的基本理论与实践应用上进行有效的结合。只有基于数学课程标准，对数学课程与教学改革的内涵价值、现实意义、工作路径和实际操作等各个维度进行更加深入的领会、理解和落实，从规范性、创新性和实践性三个方面对当下的数学课程标准进行体系结构的科学把握，才能确保作为课程实施主体的数学教师可以有效地摆脱旧有的教学思维或课程惯习。

从教学角度来分析2022年版的数学课程标准，会涉及“教什么”“学什么”“教了什么”“学到什么”“怎样教”“怎样学”的基本问题，既指向课程与教学的内容要求、学业要求，也指向课程与教学的方法和策略，核心是落实学生数学核心素养的培养。对数学教师而言，要以数学课程标准中关于核心素养的目标达成为导向，从基于旧有的片面性经验或者用教材教学的局限性中走出来，强化用数学课程标准指导自己的教学探索和研究，精准把握数学课程结构的多样性、选择性和学习内容的整体性、学科本质的一致性，关注学生数学学习的阶段性，积极改善学生的数学学习方式，落实好数学教学设计、数学教学评价、课堂教学组织和课堂师生互动。数学教师学习、理解与运用数学课程标准不是一系列孤立、分离的活动，而是要善于联系，通过联系深化经由数学课程标准的专业学习。为此。需要数学教师基于课程标准密切数学课堂与数学教材、教学活动、数学评价之间的联系，密切不同数学知识或数学方法之间的联系，提示不同数学知识或数学方法之间联系的线索，引导学生建构所学数学内容的意义。

数学课程标准是关于数学教育教学指导的国家级文件，是数学教师实施数学教学的重要依据。数学课程标准内蕴的数学教育新观点、数学课程新理念、数学教学新命题，一方面为数学教师专业学习提供了专业知识指导、关键能力资源，另一方面也落实到与数学教师专业发展相关的课程标准等政策性文本之中，直接构成数学教师与时俱进进行专业学习的专业知识指导、正确价值观内涵、关键能力目标和教学品格追求。由此，从数学课程标准来审视数学教师的专业学习，要求数学教师将数学课程标准作为自己专业学习的一个具体性内容，能“入乎其中”吃透数学课程标准精神实质，能“出乎其中”跳出数学课程标

---

①　教育部.义务教育数学课程标准(2022年版)[S].北京：北京师范大学出版社，2022：3.

准看数学课程标准对于自己的教学指导，能将数学课程标准作为自己指导自己专业学习的一个方向性指南，对标找差，多方面、多角度完善自己的专业知识。

数学教师学习数学课程标准要"入乎其中"，强调数学教师在学习数学课程标准时不仅要逐字逐句、认真仔细地研读数学课程标准，而且要注意反复阅读与思考，要能真正"读懂读通""研深研透"。尽管在平时的工作中，大多数数学教师都会有意无意地按照数学课程标准要求并且结合所教的教材内容进行数学课程与教学经验的总结，会不时地翻看数学课程准，但是，大多数情况下，这些学习都只是零散性、随机性的学习，学习本身比较肤浅或粗糙，离"读懂读通""研深研透"尚有很大的距离。改变这种学习样态的关键是强化学习的系统性和深刻性。就某一具体章节而言，要真正弄明白究竟讲了哪些内容，每一部分内容要达到的要求是什么程度的，不同内容是如何展开的。从学术的角度看，相应的内容是怎样论述的？相关知识的本质是什么？核心概念是什么？不同部分教学内容间有着怎样的联系？从教学的角度看，相应的内容是怎样论述的？学生对于相应的论述可接受性如何？从学术形态转换为教学形态的要点是什么？相关的数学概念如何引出？相应的情境是什么？怎样指导学生更深入理解所给出的数学概念？相应数学教学内容中基础知识、基本技能、基本思想方法、基本活动经验是什么？相关数学知识使用的前提是什么？相关的公式有没有适用的条件？相关的数学知识学生需要掌握到何种程度？怎样教才是更有效的教？教师要善于从整体视角分析所教数学内容的本质，弄清楚学生已有的知识基础、数学活动经验等基本学情，聚焦所教内容的核心概念，以核心素养为导向制定教与学的目标，合理设计、实施能体现深度思维、能动学习的课程教学程序。

基于数学课程标准的教学设计与传统的数学教学设计一个明显的差异在于教学设计中评价的作用及其发挥的方式是不同的。在传统的教学设计中，主要是一种"后置式"的评价，即完成了相应内容的教学之后，才能对教学效果进行评价。基于数学课程标准的教学设计则更为看重"前置式"的评价，教学设计时注意弄清楚学生在相关内容学习中所预设的标准，注重数学基础知识、数学基本技能、数学基本思想方法、数学基本活动经验与数学核心素养之间的一致性，体现学生数学认知发展的水平，设计不同水平的认知情境、活动方式和教学任务，并对相关任务是否完成以及完成的程度进行标准的预设，以便于师生据此自主判断、证明相应的教与学有没有达标，更精准地评判学生所要学习的内容需要哪些活动支撑？更合理地配置教学资源以保证学生数学学习的有效性。

就评价信息的收集与反馈而言，教师需通过课堂观察、数学测验等方式收集学生数学学习的信息，需要对所收集到的数据进行认真的分析、处理与合理的利用。由此可见，基于数学课程标准的教学设计改变了传统的教学评价方式，在提高评价地位、提高学生数学学习自主性和目的性的同时也赋予了数学教师专业学习的意义。

数学课程标准从数学课程与教学的理念到数学教学中师生的行为，从数学教与学的方式到数学教与学的技能，从数学课程评价到数学课程资源开发，都要求数学教师有着新的“视界”，要能在数学课程与教学的实践中勇于探索，能在探索中进行自主反思，通过反思改进学习、改进实践，将学习数学课程标准与促进专业学习有机结合起来。由此，数学教师学习数学课程标准不是为了学习而学习，而是在“入乎其内”的基础上能“出乎其外”。具体而言，这种“出乎其外”主要是强调能跳出数学课程标准学习数学课程标准，目的是理清知识的脉络，既分先后，也明主次，并且把握所教数学课程在整个知识体系中的地位、作用，把握所教数学课程的目标、任务和教学的重点，在更高层次上把握好数学课程标准、数学教材和教师发展这三者之间的有机整体关系。

如何才能在更高层次上把握好数学课程标准、数学教材和教师这三者之间的有机整体关系呢？关键显然是数学教师。数学教师要突破传统的线性思维，不应将教师仅仅视为课程和教材被动的执行者，而是重新思考数学课程标准、数学教材及教师发展这三者可能的互动关系，将重新认识数学教师作为数学活动主导者在数学课程建设、数学课堂决策、校本教材开发、数学教学研究等方面应有的能动作用和主体价值。这也表明，在更高层次上把握好数学课程标准、数学教材和教师这三者之间的有机整体关系，需要数学教师既驾驭数学课程标准，又以数学课程标准为指导更好地分析、利用教材，必要时，可以基于数学课程标准以及学生数学学习、课程教学的现实需要进行已有教材的文本转换或者对已有教材进行必要的“二次开发”。①

数学教师将数学课程标准作为指导自己专业学习的指南，本质上是数学课程标准的要求规范与引领教师的专业学习，强调“对标找差”。如果针对数学课程标准开展的数学教师专业学习、专业发展类活动太少或不到位，那么，数学教师就会对如何在数学课堂教学中有效落实数学课程标准所提倡的先进理念和

---

① 庞云凤，秦克铸. 从钻研教材到钻研课程标准：谈新课改背景下教师如何备课[J]. 当代教育科学，2006(10)：35-36.

关键原则无所适从[①]。就数学教师专业学习的效果而言,如果数学教师的专业发展活动不能很好地聚焦于学生的数学学习,不能紧密联系数学课程标准,不能深入到数学学科知识或者数学课堂教学活动,那么相应的活动将不能取得较理想的预期效果,不能真正有益于数学教师改进自己的数学课堂教学实践[②]。数学课程标准作为国家层面的数学教学规章制度与数学教科书、数学课堂教学和数学教师专业学习共同构成高质量数学教育教学得到推广和普及的根本保障。就当前倡导的核心素养教育教学而言,数学课程标准更是学生数学核心素养、教师专业素养分别循证数学课程教学实践、教师专业发展的关键性因素。事实上,数学课程标准的实施内蕴着数学教师的专业标准,通过数学课程标准可以更加具体地研究数学教师专业学习中所包含的一些基本问题、基本方法、基本理念、基本思维,可以建构相应的教学案例,将“问题驱动”“方法引领”“理念更新”“思维转变”“案例诠释”内化为数学教师专业学习的重要方法,并据此进行更有力度、更有目标甚至带有一定强制性质的教师教育。

二、基于课程标准的数学教师专业学习

现代教育教学建立的一个重要标志就是设置了相应的现代课程,由此推进和深化教育教学改革一个重点就是不断完善与落实课程标准。教师不仅是课程的“实施者”,也是课程的“创造者”“开发者”。基于教师在课程中的重要角色,教师不仅对于现代课程的运行意义重大,也构成了相关课程标准实施的一个关键主体。为了能更好地实施课程标准,作为课程实施关键主体的教师需要坚持不懈地进行专业学习。现代课程理念对教师进行评判的一个重要指标就是看教师究竟有没有较强的学习力,这是因为,教师的学习力是教师进行专业发展的原初动力、基本内驱力[③]。结合课程标准进行专业学习,并对教育教学实践进行反思,既是教师专业发展的一个核心特征,更是关系到教师能否有效实施课程标准的重要因素。在现代教育教学意义下,通过专业学习提升教师的专业素养就应当重视课程标准的学习。

就数学教师专业素养的提升而言,应当重视《义务教育数学课程标准(2022

① 吴颖康.美国数学教育的是是非非:思考与启示[J].数学教育学报,2019,28(6):33-36.

② 吴颖康.如何贯彻落实数学课程标准:美国《行动原则:确保所有学生的数学成功》评介[J].数学教育学报,2018,27(2):16-23.

③ 崔振成.超越悲剧:教师学习力的退化与提振[J].东北师大学报(哲学社会科学版),2014(5):191-195.

年版)》(简称《课标》)的学习与落实。一是要通过数学教师发展内部的影响因素(如专业学习的动机和方式等)促进数学教师对于《课标》的深入理解和合理运用。以核心素养为导向的数学课程标准对数学教师的教学既提出了一系列的新挑战,也提供了进一步深入研究、实践核心素养教育教学理念的契机,教师要自觉地加强对所教内容整体的研修和备课,真正弄清楚所教内容的前后联系和相关思想方法的来龙去脉。只有准确、深入地理解了数学课程标准,才能在数学课程标准的实施过程中减少因人为因素造成的衰减。二是要在《课标》的学习与落实中体现数学教师的专业水平。这里所说的专业水平是相对于基础水平而言的,即不是简简单单地了解数学课程标准,而是要研究数学课程标准,准确解读数学课程标准中的核心词,深入分析数学课程标准中提供的案例,要在数学课程标准倡导的教育教学理念的指导下,综合已有的数学课程标准学习文件,结合个人数学教育教学的实践经验,精选落实课程标准所需要的教学内容,明确数学课程标准实施的突破点,剖析数学课堂教学中的难点、盲点和注意点。三是要在《课标》的学习与落实评判数学教师的专业素养有没有得到提升。通过评价与整改,及时解决数学教师专业素养提升过程中可能遇到的困惑,及时更新数学教师的教育教学理念,完善数学教师的教育教学知识,改进数学教师的教育实践,端正数学教师的教育教学态度。之所以这样强调,是因为《课标》反映的是国家对于义务教育阶段学生数学学习结果的统一要求,是国家关于数学教育的纲领性文件,确定了不同学段数学课程的目标、内容、水平与结构,回答了义务教育阶段的数学教学为什么教?到底如何立德树人?学生在数学活动中是怎样的人?教师的教要教什么?如何突出教学的有效性?教材如何编写?如何评价学生的学和教师的教?这些基本问题关涉到义务教育数学课程与教学的“向”(具体的价值定位)、“度”(具体的目标与规格)、“序”(相关的领域与内容)、“态”(具体实施模式与方法)等关键点,规定了不同学段数学教材编写与数学教学评价的基本要求,是数学教师课程教学的标准与导向。

《课标》描述的是义务教育阶段学生数学学习的结果,而不是特定年级、特定主题、具体化的数学学习内容。基于《课标》的数学教学研究可以为数学教师提供具有针对性、操作性的数学课程实施途径。但是,教师对《课标》的学以致用并非是简单、机械地照单执行,而是在对学情、教材进行深入分析的基础上开展的教学创造。只有深刻地学习、内化《课标》所倡导的理念,更清晰地认识数学、课程、教学的本质,更精准地把握数学教、学、评价的要求,基于《课标》加强数学教学研究,才能在实际的数学教学过程中灵活地运用《课标》所提出的理念,才能推进教学方式、学习方式的变革。

基于《课标》的专业学习不仅影响着数学教师的教学方式,也改变着数学教师专业学习的方式。比如,对照《课标》中学生合作学习的要求,教师的专业学习也应当重视群体交互的合作学习方式,通过与其他教师主动的交往,学习借鉴他人的数学教育教学“智识”,建构、丰富更能体现指导个人数学教育教学实践的专业知识,激发自己主动探究的意识,建立“实践探究—自主反思—协作交流—转化应用”的学习机制,在数学教育教学实践中提升自己的专业能力。对照《课程》中关于学生学习的自主性,数学教师本人在专业学习中也应率先做出榜样,应结合数学教育教学实践优化和数学教师个人专业发展的双重需要学会专业学习的“完全自我决定”,可以灵活采取诸如探究性、研究型、项目化、理论性、实践性、问题性、反思性、表现性、具身性、体验式、混合式、移动式等不同的学习方式,通过学习对自己的专业知识进行梳理。对照《课标》中关于信息技术运用的要求,数学教师不仅要努力构建以数学教学素养、现代信息技术应用素养和数学课程教学研究素养为关键要素的数学教育教学专业素养体系,重构数学课程与教学中的师生关系,重塑数学教学的目标,重建数学课堂教学的环境,重造数学课堂教学的流程,而且要通过专业学习方式的变革对这种“构建”“重构”“重塑”“重建”“重造”提供能力支撑,特别地,要借助于各种信息技术平台掌握应用现代信息技术优化数学课堂教学的方法与技能。

基于《课标》,既要推进学生数学学习方式的转型,也要倡导数学教师教学方式、专业学习方式的转型。众所周知,《课标》不仅从理论层面,而且从实践层面构建了不同于以往的新型学习方式,比如,积极倡导诸如探究式、问题解决式等更加主动的学习方式,强调学生在数学教学活动中要注意“认真听讲、积极思考、动手实践、自主探索、合作交流”,要求教师能引导学生经历探究性、数学化、再创造的数学活动过程,学会在数学活动中体验数学、感悟数学。所有这些,不仅关注了学生数学学习的情境,重视了学生作为数学学习主体的主动性、自觉性、能动性、探究性、实践性,也强调了学生作为数学学习主体在数学思维品质方面的提升以及数学学习组织形式的变化、数学学习表现形式的创新。对此,数学教师应进行数学教学方式和专业学习方式的创新,不能惯习地囿于原有固定的数学教学模式,特别是不能习惯于那种既缺乏灵活性又缺失机动性的你讲我听的被动性教学方式,而是要规避旧有的教师本位,要在充分尊重学生数学认知和身心发展水平的基础上推进有意义的数学学习,要进一步显化、具化学生在数学学习中自主性的要求。

将《课标》中的理念转化成课堂中的教学行为才有价值。那么,如何将这一理念转化成数学课堂中的教学行为呢? 由于不当的认知,在转化过程中很容易产生一些异化的现象。比如,有数学教师以强化学生的自主学习为借口弱化自己在教学过程中的作用,并因此导致诸多不良甚至负面的教学效果。事实上,促进学生数学学习的自主性与提高数学教师的主导性并不矛盾,只是教师主导作用的表现更多样化了,教师在教学过程中指导学生进行数学探究的能力要求更高了。基于《课标》的专业学习应当进一步强化数学教师基于《课标》的教学研究。一方面,数学教师应当注意"以研促教""教研相长",使学生数学学习中自主性的培养和教师教学研究中自主性的修炼互融相济。另一方面,数学教师应善于将自己数学教育教学的行动研究与个人专业学习进行有效的整合,强化专业学习的问题导向、实践导向和研究导向,结合数学教育教学具体而复杂的情境,研究如何有效地破解落实数学课程标准要求时所遇到的具体实践问题,分析可能的、有针对性的方法和策略,通过行动研究改善自己专业学习的方式。

基于一些"急功近利"的想法或惯性依赖的思维,有的数学教师对于《课标》的学习不仅在心理上产生了一定的抗拒性,而且在行动上表现了一定的距离感,他们不仅对课程标准与数学教材之间的关系理解不透,而且在专业学习活动中对《课标》存在着认知性的偏差。比如,有一些年纪较大的数学老教师会固执地认为"标准是上位性的教学文本,即使研读了也是远水解不了近渴","数学教师教好学的关键是吃透教材、吃透教学参考书,运用好习题集、教案集等参考资料,在概念教学、例题分析、命题梳理、习题训练上下足功夫才是正道","判断学生数学素养高低,主要是看学生在数学知识、数学技能方面的水平,课标中所倡导的'四基''四能'不仅太虚,而且没有用"。

数学教师基于《课标》的专业学习并非完全是教师个人自主的事,来自学校的组织学习对于数学教师的专业学习也会产生相应的影响。好的组织学习不是靠课程标准相关条目的注入式灌输,也不是靠通过考核手段让教师反复记忆、机械式地进行测试练习,而是靠教学方式手段的创新。比如,有的学校将教师《课标》学习与常规落实结合起来,组织《课标》之前,先由教研室或教研组通过"听课""咨询""访谈"等方式深入了解某个年级相关数学教师课程与教学工作的基本现状,分析他们在数学教学过程中可能存在的困难和问题,提出需要研究的课题,并结合《课标》的学习进行项目立项,结合项目研究组织讲座、座谈和评课等数学教研活动,在教研活动中分主题学习《课标》,在评课中渗透《课标》内容的学习与讨论,交流诸如"数学课堂如何进行有效的提问?""什么是有效的课堂参与?""什么是有效的探究学习?""如何推动信息技术与数学课程的整合?""如何加强学生的学法指导?""备教材备什么?""如何落实多元学习评价?"等大多数教师在数学教学上感到困惑并且迫切想要有效解决的问题,结合学习、讨论和项目研究,对相关教师予以有针对性的分类指导。类似的做法,就使项目推进、常规教学与《课标》学习较好地结合了起来,并因此实现了《课标》理论学习与《课标》实践运用的统一。有的学校虽然组织了数学教师进行《课标》的学习,不过,由于"学习针对性不强""教学形式单一""主讲教师对课程标准的解读、解析缺乏应有的深度"等原因,许多教师感到"学习的收获不大"。调研发现,有一些教师虽然觉得《课标》确实很重要,但是对于如何学、学到什么程度还是感到比较茫然。有一些教师则认为,自己虽然参加了由学校或培训机构组织的《课标》学习,但是整个培训中"既缺少数学教师群体的互动、交流与合作,也没有数学教师个体有深度的实践与反思",并因此感到学习并没有实现"内化作为课程标准灵魂的课程理念""明了课程的目标体系""对教学目标进行准确的刻画"等目标。由于从"数学课程标准"到"数学教学实践"本身就存在着一定的落差,所以在学习课程标准的过程中还需要系统地考虑校情、班情、学情、教学资源以及教师教学风格等因素,不仅要深刻理解数学课程标准中所倡导的课程理念,而且要基于对标准的精准分析、数学教学内容和教学对象等特点的科学把握,合理构建数学教学目标,设计好教学的实施方案,将课程标准落实于高质量的数学教学实践中。

总之,《课标》不仅从目标、过程和评价等方面对学生数学的学习提出了要求,也向数学教师传达了高质量教学的期待。组织数学教师深入学习《课标》,不仅有利于数学教师认同良好数学教育的愿景,更深入地理解、掌握全日制义务教育数学课程与教学的本质,分析学生数学学习的特点与规律,提升数学课程与教学的理论修养,而且有利于数学教师在继承数学教育传统的基础上,融入现代数学教育教学观念体系,更有效地探索、运用先进的数学教学方法,提高高水平从教的核心素养,更有效地落实数学课程标准中提出的课程目标。无论是从数学教师来看,还是从学校组织的角度来分析,基于《课标》的专业学习不仅重要,而且必要。要防止对《课标》的轻视而引发《课标》学习与运用的边缘化倾向,要通过对《课标》有深度的学与用,推进数学课堂教与学两者的协同创新,推进数学教师教学方式与专业学习方式的共同转型;要更自觉检视《课程》理念与要求在数学课程与教学中的落实,更主动地反思数学教师在课程与教学过程中的得失,经由反思改进专业学习。基于《课标》改变数学教师专业学习方式的变革不应以理论知识、书本知识的获得及是否“耳熟能详”为标准，也不能过分地追求专业知识与专业培训的“高效率”，不能局限于“书面考试”“发表论文”“项目立项”等评判数学教师专业学习的绩效，要避免“坐而论道”，要以数学教师核心素养提升及其对学生数学核心发展的贡献作为依据。在现代信息技术条件下，应充分利用现代信息技术的丰富和发展数学教师专业学习的方式，要引导数学教师基于数学教育教学理论的实践性认知与深度性理解，创新性地变革数学课程教学和个人专业学习的方式，避免陷入旧有的、经验型、浅表化的专业学习方式。

第三节　教研制度与数学教师专业学习

一、关于教研制度

一般说来，教研制度隶属于教学制度，它既是某一个国家或某一地区教育教学研究的机构系统和规范系统，也是学校或机构中相关主体教研行为与模式及其内蕴的意义不断地被重复且能引起共同理解、共同参与的一个合法化过程，同时还是学校或教研机构进行知识生产的一种重要形式，包括了“教学管理”“教研活动”“课题管理”“教师学习培养”“教师评价”等具体的制度。由于教育教学离不开教研，所以广义地看，教研制度与教学制度是相融共生的，是与教育教学同步的。以数学教育为例，有数学教育教学活动就会有数学教育教学的研究，因为人们至少要分析数学教学教什么、怎么教、为谁教等数学教学的基本问题。学校教育教学质量提高在一定程度上取决于所在学校有没有较好的教研制度。一个学校如果有较好的教研制度，教研活动能正常有序地开展，不仅可以促进不同教师之间教育教学的交流，传播先进的教育教学思想或理念，指导、帮助各类教师更好地专业发展，而且能及时解决课程与教学中存在的问题，改进教育教学的工作环境，在提高广大教师教学积极性的同时也提高了教育教学的质量。

作为一种特定的社会结构或者社会存在，我国的教研制度是于 20 世纪 50 年代正式诞生的。新中国成立不久，为了解决教师教育教学理念、教育教学方式方法落后和中小学校教育教学质量较低等方面突出性的问题，教育部先后颁发了《小学暂行规程（草案）》《中学暂行规程（草案）》《中学教学研究组工作条例（草案）》等文件，明确了中小学校教学研究组的性质、任务和工作内容，强调教研组要抓好三方面的工作，即学习有关中学教育的方法，结合教学工作钻研教育理论和专业科学知识，总结、交流教学和指导课外活动的经验[①]。为了响应教育部的号召，落实相关文件精神，全国各地迅速成立了省、市、县三级教研室，有组织、有计划地开展了教研工作。省一级的教育行政部门，比较关注国家宏观层面教研政策的价值引领与传导。市、县一级的教育行政部门，比较注重中观层面教研政策的部署与落实，比如，会根据各地具体情况，开展相关学科教育教学研究的方法培训或者骨干教师的业务指导，组织县级教研员到相关学校"入驻"，指导教师开展教科研活动。为了全面贯彻党的教育方针，更好地遵循教育规律，各地根据国家关于教育教学改革的一系列文件，围绕提升教育教学质量这一关键目标，结合教育教学实践的需要，纷纷建立健全相应的教研制度，并努力使教研工作朝着制度化、规范化的方向发展。20 世纪 90 年代，各个学校的学科教研组也逐渐由原先的事务型或行政型的教研组转变为实践型、研究型的教研组。20 世纪以来，教育部先后颁发了《基础教育课程改革纲要（试行）》《关于进一步深化课程改革落实立德树人根本任务的意见》《关于加强和改进新时代基础教育教研工作的意见》等文件，落实党中央、国务院关于深化教育教学改革、全面提高教育质量的精神，强调建设教研队伍、转变教研工作作风、完善教研工作体系、深化教研工作改革、完善保障机制，强化教研工作对于基础教育教学质量提高的关键性支撑作用。近年来，中小学涌现许多新型的教研方式，校本教研组、名师工作室、项目工作组、虚拟教研室、集团化教研、中心组教研、片区教研、跨区域教研等也都有所显现，中小学教师参与教研的面和涉及的主题也不断地扩展。从发展走向分析，我国教研组不仅仅是外在的组织形式和专业的技术操作，而是逐步从组织的形式走向组织的内涵，从专业的技术操作走向专业的价值追求。有研究者从历史制度主义等角度对教研制度的历史变迁进行了检视[②]，指出教研制度与政治、经济、教育以及社会发展有着相关性，国家制度宏观背景决定了教研制度走向，教研制度发展会受到相关变量的制约，教育教学相关主体行为与教研制度两者之间的相互作用推动了教研制度的演变，强调面对基础教育发展需求，要注重主体与制度间的互动调适，努力提升教研制度的有效性、均衡性。

---

① 钮兆岭．关于新课程背景下教研组活动的思考[J]．数学教育学报，2014，23(1)：75-78．

② 卢立涛，王泓瑶，沈茜．新中国七十年教研制度的变迁逻辑：基于历史制度主义的视角[J]．教师教育研究，2020，32(1)：109-114．

不同的学校会有各自不同的特色与个性，因此不同学校在教研制度上会产生一定的差异性。比如，有的学校比较重视教学研究，有的学校比较重视课改成果展示，有的学校比较重视校本课程开发，有的学校比较重视考试研究，有的学校比较重视教师发展课程思政工作，有的比较重视教师的研课技能和自主学习能力，有的学校比较重视不同青年教师专业发展目标的规划与实施，有的学校比较重视学习型团队建设。不过，就备课组、教研组、教研室等教研组织建设以及校本教研活动开展而言，不同的学校也有着许多共同的特点，甚至有一些明显的趋同性。就基本的职能而言，各学科教研组、备课组是为改进和提高各学科教育教学质量而成立的一个非行政性团体组织。教研室是一个学校层面的落实全校教育教学研究工作的行政部门。无论是各个学科的教研组还是学校的教研室，基本的职能都离不开教研管理。除了基本的职能，学校的一些教研组织通常也会承担学校或内部科室的一些行政助理性职能，比如帮助学校或科室传送、收集或发布一些文件或信息，开展包括政治学习、工会活动等一些非教学性的组织活动，做好“上情下达”“下情上传”。就教研活动方式而言，主要涉及集体备课、公开课、观摩课、示范课、说课、听课、评课、命题等活动的组织与相关的经验交流。多数学校将学生学业评价的改进作为教研的重要内容，能自主地开展与小升初或中考有关的专题研究，将教研活动、考试研究与所在学校学生升学率提升进行了对接。就教研工作的服务面向而言，多数学校努力使自己的教研工作能服务好课程教学、服务好教师的专业成长、服务好学生的全面发展、服务好所在学校的教育管理决策。就教研制度的影响而言，各个学校的教研制度都会受到其内部教育教学技术环境和外部经济社会制度环境等因素的作用，都致力于所在学校教师业务水平的提升、教育教学质量的提高、教育教学改革的推动和教育教学工作环境的改进，对教育教学理念推广、教师教学实践知识发展和专业思想巩固等也发挥着重要的作用。就教研工作的导向而言，各个学校都希望能与时俱进、突出全面育人研究，即不仅关注学科教育教学方式方法的研究与指导，而且强调聚焦于学生德育实效的突出、智育水平的提升、体育锻炼的强化、美育熏陶的增强和劳动教育的加强，注意强化学科整体育人功能，积极开展内容、策略、方法、机制的研究，重视对课程、教学、作业以及考试评价等诸多育人关键性环节的研究。就教研价值的彰显而言，不同的学校虽然有相对不同的追求，但都希望突出有校本特色的教研活动，充分发挥不同类别、不同层次教师在教研中的应有作用，通过教研助力不同类别、不同层次教师的教学发展，通过不同教师之间的协同创新提高各自的教研实效，使更多的教师基于常态化专业学习改善自身的专业发展，更好地适应教育教学改革及高质量发展的时代需要。正是由于能从各自的实际出发，依托自身已有的资源优势开展丰富多彩的教育教学研究活动，许多学校通过校本教研有效引导了对自己教育教学中所遇到真实性教育教学问题或者相关困惑的关注，使更多的教师在教育教学实践中学会更有深度的教育教学反思，学会分析、解决个人教学工作中所存在的问题。

尽管许多学校建立了相关的教研制度，但由于制度本身的不完整、不精致、缺少细化和具体实际操作的内容，教研制度在构建中还面临许多现实的困境。有的学校虽然在校教研室层面出台了相关的教研规划或计划，但是各学科在教研组层面却没有能依据学校教研室制订的规划或计划进行所在学校教研工作的具化、细化，“上下一样粗”，无法落实。有的学校教研制度不仅缺少体系性，而且过于简化，甚至将教研制度与教研中的一些规定和要求混淆了起来。许多学校重视教研骨干等个体的培养，但没有关注教师群体的教研，许多教师找不到教研的归宿，学校没有形成真正的教研共同体。有的学校教研活动频繁，但多数活动的主题没有源于教育教学的实际需求，不仅教研工作缺少应有的连续性，而且在教研活动的组织上停留于形式，缺少实效性，特别是并没有能真正有针对性地解决课程教学与评价中的实际问题，教研活动表浅化，教师在疲于应付中收获少、热情低。有的学校虽然教研制度的文件比较多，但制度的运行缺少内驱力、执行力，对于制度的落实缺少明确的分工和配套的考核评价制度，教研制度执行不到位。有的学校的教研制度异化了教师之间的竞争，因担心个人在教学业绩考核中被同事赶超并因此导致个人收入减少，许多教师在教研活动中不愿暴露真实的想法，不愿意分享有创新的教研心得，虽有教学的研讨，但是缺乏真诚的交流、深度的合作与实质的成果。

二、教师专业学习的组织

这里所说的组织既有名词的意义，又有动词的意义。在名词的意义上，教师专业学习的组织是指教师专业学习这一系统内在的有序结构，比如，教研组、备课组、教研室、共同体等。在动词意义上，教师专业学习的组织是指教师专业学习有序结构的形成过程。无论是名词的意义，还是动词的意义，组织对于教师专业学习来说，都具有整合、引导、平台、促进等方面的功用。教师专业学习的共同体是一个积极活跃的专业学习组织，强调以教师专业化学习共同的意愿为起点，创设专业学习情境、促进教师专业学习的意义建构。对于大多数教师来说，个人的专业学习既离不开组织的参与、引导，也需要组织积极的帮助、促进。置身于一个健康的学习组织中，教师可以通过向组织学习、在组织中学习和依靠组织拓展学习，更好地适应多方面的环境变化。

在义务教育阶段，教研组、教研室不仅是学校的基层教学组织，而且是教师专业学习主流形态的重要平台。在该平台上，可以通过集体教研的方式组织、推进、引导教师的专业学习，教师可以通过总结、交流教与学的经验提高自己的专业水平，落实立德树人的任务。除了实体的教研组、教研室，教师在专业学习中也可以搭建虚拟的教研组、教研室，其本质是依托互联网平台将有共同学习意愿的教师进行结构扁平化的组织，形成相应的教研共同体。尽管参与虚拟教研组、教研室与参与实体教研组、教研室有着多方面的不同，但这并不意味着参与虚拟教研组、教研室的教师在专业学习中可以弱化自主、自觉和自律等与自我约束紧密相关的要求。

外部组织对于教师的专业学习有着干预、引导等多方面的作用，与教师专业学习的内部系统和自我系统共同作用于教师的专业学习，共构了教师专业学习的组织系统。不同的组织对于教师专业学习的影响程度并不尽相同。实践表明，在更大程度上，教师专业学习的内部系统和自我系统发挥着更大的作用，本质上，教师的专业学习需要教师群体或个体在学习中的自组织。这是因为，完全依赖于“他组织”，很容易使教师在专业学习中形成被动和依赖的心理，在实践中会制约教师专业学习水平与实践能力的提高。

三、基于教研组的数学教师专业学习

数学教研组(含备课组，下同)是数学教师在学校环境中进行专业学习的一个较为直接的校本教研平台，是以“研教”和“研学”为工作中心、有着自身独特学习模式、学习领域、学习内容和学习方式的专业学习共同体，构成了数学教师专业化现实世界中较为重要的组织成分。实践表明，数学课程与教学的改革最终要在学校落实，数学教研组不仅是数学教师专业学习的一个共同体，也是学校的一个基层数学教研组织。通过教研活动的组织与管理，同一个教研组的数学教师可以拥有共同的数学教研价值观和专业发展愿景，共同营造属于特定数学教师专业学习共同体的组织文化。事实上，数学教研组建设的逻辑起点和目标终点都是希望经由数学教师良好的专业学习和专业素养的提升改进数学教育教学，促进学生数学核心素养的提高。由此，数学教研组会根据学校的统一安排和工作部署，组织组内数学教师进行专业学习与交流，为组内数学教师的

学习提供一些制度性安排。有的学校的数学教研组以改善数学课堂教学为突破口，除了做好日常性的备课检查、听课评课、作业管理、质量分析的工作外，还聚焦数学教师在课堂教学中普遍感到困难或存在困惑的问题，开展有深度的专题式数学教育教学研究。有的学校的数学教研组会通过专题讲座、“E研训”、在线会议等方式组织教师进行校本研修，积极探索、实践符合我国在不同阶段数学课程与教学改革新精神、新要求的教法和学法，全面提升数学教师教育教学的理论水平。有的学校的数学教研组会组织开展诸如“说课”“磨课”“评课”等教研活动，引导组内数学教师基于特定课题教学的重点、难点和关键点进行数学课堂关键性教学事件分析。① 数学教研组的教研工作体现了“承上启下”的特点，即结合上级文件精神具体阐释数学课程与教学改革的理念，具体布置数学课程与教学的工作任务，具体评价数学教师工作目标的达成情况，具体组织数学教师开展数学教育教学的研究活动，组织力量攻关相关课题，研究数学课程与教学的具体内容，分析、评判教师的教学设计、教学过程、教学效果；通过多种形式的教研，分析、解决发生在数学教育教学中的各种各样的问题，引导教师获得产生于复杂性、不确定性数学教育教学情境过程的实践性知识，把理论学习中获得的一些明确性数学教育教学知识付诸生动的数学教育教学实践过程。无论从内容上分析，还是从方式上分析，教研活动对教师的教学活动都具有非常直接的指导作用，并因此会对教师专业学习、专业发展产生广泛的影响②。有较好教研制度支撑的数学教研组会让日常性的数学教研活动成为数学教师专业学习的重要方式和重要资源，通过引导数学教师深度参与教学、投入教研，使教学、教研和学习成为数学教师专业生活中三维一体的创新要素与发展因子。

基于教学、教研和学习三维一体的互动，数学教师会更加主动、积极地开展数学教育教学的相关课题研究，努力探索“以数学育人”的规律，不断优化数学课程与教学的具体方案，切实解决数学教育教学改革中遇到的各种疑难问题。例如，在“双减”背景下，学生“练得少”的同时“学得多”“学得深”显然是“学得好”的理想状态，为了实现这种理想状态，数学教研组就需要开展一系列的数学教育教学研究与更接地气的数学教育教学改革实践。特别地，需要在实践层面摸索出究竟如何提升数学课堂教学质量，如何使作业布置产生更好的效果，如

① 杨玉东，王兄．运用关键性教学事件分析支撑中国式数学课例研究[J]．数学教育学报，2015，24(3)：40-47．

② 徐伯钧．我国中小学教研组建设研究述评[J]．教育研究，2016，37(9)：73-82．

何建构出符合“双减”要求的学生课余生活。就“课堂质量提升”开展的数学教研组教研活动而言，核心是从深层次推进数学教研方式的转变。一方面，需要强调以应有的“系统性”“一贯性”“整体性”谋求数学课堂教学的“深刻性”“专业性”“一致性”。学校教育是一个系统工程，数学教育研究不是孤立的教学研究活动，关涉到语、数、外等其他学科及学校教育的其他方面，不同学科的教研组需要同步推进教研方式的转变，需要必要的“瞻前顾后”，需要突出实践，需要突出教研观念和方法的改进，需要打通小学、初中与高中的教研，通过学科联动、学段衔接、领域贯通，一以贯之地聚焦学生核心素养发展和课程教学变革，坚持不懈提升教研活动的质量与实效。将教研活动从学科、课程深入到具体的领域有助于更深入地理解课程与教学。例如，将义务教育数学课程与教学研究深入到“数与代数”领域，研究者可以从更高的观点理解所教的内容，深入理解“代数是含有字母的算术”；通过梳理小学与初中在不同的学段或年级中“数与代数”相关内容的源与流，可以更清清晰地寻找到“数与代数一致性”的线索；通过教学法的加工，实现在不同的学段或年级中相关的课程与教学能更好地相互关联，使学生早期的学习为后续的代数、函数、变量等知识学习埋下数学化的种子。尽管 2022 年出版的数学课程标准取消了小学阶段简易方程的学习内容，但是，这并不意味着方程知识的不重要，相反，方程知识的学习应是小学数学与初中数学衔接的一个重要内容。例如，学生可以联系数的运算“再创造”出新的数(不仅包括初中的无理数，而且包括高中的复数)，促进自身在数学思维和数学方法方面的进步，这将有利于在后续数学知识的学习中能沿着已有的数学思维与思想方法，自然而然地生长出更加抽象与形式化的理论，并形成“数源于数”“代数是用字母表示数”“用字母表达一般的数学语言”等数学观。另一方面，数学教研方式的转变需要突出问题驱动对于学生数学核心素养发展的意义。这是因为，没有问题就没有思考，没有问题，再多的教学技巧也改变不了教与学的关系。如何才能拥有问题？教学中固然需要鼓励学生提出问题，但是，学生提出问题并非完全是学生的事。教师的启发、引导，在学生提出问题的过程中功不可没。通过数学教师在教学法方面的加强，数学课堂教学中的问题可以更好地体现应有的探究性、空间性(不仅能引出新问题，而且能引发进一步思考)、现实性、多样性(不仅能开启多种思路，而且能解释多种可能)。总体而言，数学教研组及其所倡导的数学教研活动对组内教师不仅起着数学课程与教学改革理念具体阐释、价值直接传导、方法策略借鉴等方面的作用，也对组内数学教师的专业学习发挥着多方面的积极作用，比如，可以更好地实现目标引领、目标考核、相互激励、思维启发，可以搭建多种形式的线上、线下相结合的交流平台，评价不同教师在不同阶段的教研任务完成情况，等等。

教研组的教研活动为数学教师专业学习提供了契机和引导。一方面，教研组教研的内容与数学教师专业学习的内容本身有着内在的一致性。比如，教研组既可以把对数学课程与教学改革理念的学习和研究作为教研的内容，也可以把本校教师教学工作存在的问题与不足的反思、改进作为教研的内容，而这些都是数学教师专业学习所需要的。另一方面，教研组倡导的以课例研究、案例分析、同伴互助和名师引领等为形式的教研活动，更是数学教师在专业学习过程中乐于接受和参与的教研活动形式，不同层次的数学教师都可以在教研活动中畅所欲言。教研组为数学教师专业学习提供的契机和引导还表现在相关交流环境的构建上。就数学教师专业学习的交流而言，教研组有其自身的优势。有调研表明，尽管数学教师与不同群体教师可以展开多种形式的非正式交流，但是，相同数学教研组内数学教师之间的交流却是最为频繁的①。有许多数学教师尽管在职前并未受到充足的专业训练，但后来却能在数学教育教学实践上展现了独特的魅力与优势，部分教师甚至成为当地的教学名师。分析其中的一些原因，可以发现，这些教师在职后的工作与学习中受到了所在数学教研组教研文化的积极影响，他们通过参与教研组所组织的一系列教研活动，不仅学会了如何观察他人显性的数学教学技能技巧，而且能领悟别人隐性的数学教学思想方法，反思自己在教学方面可能的不足，主动地寻求他人的指导，并因此获得了长足的进步。更一般地说，在学缘背景、专业知识和教学经验等方面有着差异的数学教师不仅会形成各具个性和特色的数学教学思维、数学教学策略、数学教学风格，而且会共构一种以问题讨论、知识建构、经验交流、智慧汇聚、资源共建、成果共享为特征的教研合作空间或者专业学习群落，这就会给教研组的教研活动增添新的活力和内容。这种情况下，相同数学教研组内数学教师之间的交流与合作也会构成数学教师专业学习和教研互动常态化的小环境，许多数学教师正是在这样的小环境中进一步理解了数学教学，学会了备课、上课、说课、评课、研课，学会了分析与解决教学实践中遇到的各种问题。可见，数学教研组所创生的教研与交流环境直接影响着数学教师的专业学习。为了获得较好的专业发展，数学教师不仅要主动参与数学教研组的活动，而且需要积极争

---

① 黄荣金，曹一鸣. 中国数学教师合作学习的理论和实践：一个国际视角的审视[J]. 数学教育学报，2021，30(3)：1-3，72.

取相关的教研资源，在获得所在教研组支持的状态下形成个人专业的更好发展。

尽管数学教研组在数学教师专业学习中发挥了许多积极的作用，但是，囿于多种复杂的原因，许多学校的数学教研组在助推组内数学教师专业学习方面还存在一些值得关注的现实性困境，需要深入研究导致困境的原因，有针对性地加以改进。

其一，由于许多一线的数学教师教学工作量比较大，个人的时间和精力有限，在教研活动中的有效投入度就存在着一定的局限性。同时，也由于相关学校的数学教研组过于注重规范、统一的外在形式，对教师内在潜力的发挥、教研活动主题的恰切性和教研活动方式的针对性关注不够，所以实际的数学教研组活动常常达不到预期的工作效果。

其二，由于教研活动缺少切实可行的主题，不仅在教研的内容方面显得泛化、不聚焦，而且在教研过程与结果的精度、深度上也显得明显不足，部分教研活动由于方式方法的过于单向、静态甚至较为刻板、机械，很难激发教师的兴趣。多种原因叠加在一起，就非常现实地影响了教师教研的主动性、积极性，他们习惯于不参与组内发起的数学教研活动，即使碍于制度或碍于情面被动地参与了相应的数学教研活动，效果也不怎么理想。所有这些，对数学教师的专业学习自然也就不能产生非常实质的有效作用。

其三，许多学校的教研组习惯于以考试为中心，不知不觉地就忽视了数学教研中其他许多重要的方面，特别是不能有效地关注数学教育教学中实际发生作用的数学课程与教学理念，不能持续地开展“纵横并重”“直面问题”“改进实践”的深度教研，不能恰当地引导数学教师反思自己数学教学行为的有效性，不能精准地开展数学课程、教学与评价的整体研究。在这种现实的情况下，这些学校的数学教研组就既不能对数学教研活动进行系统安排，也不能对数学教师专业发展目标进行科学规划，更谈不上将数学教研工作与数学教师专业学习进行有效对接。

其四，在学校当前的管理仍偏重于科层化的现实背景下，有的学校的数学教研组将自身定位于基层行政化的管理组织或过分强化本应属于辅助性的行政功能，满足于“上情下达”“下情上传”的信息传送，没有将数学课程教学研究及以研促教作为自身的主业，弱化了“研教”“研学”的初心与使命，未能开发、利用好组内教师的学习资源，对教师实质性、有深度、有针对性的专业学习关注不够。

其五，有的学校数学教研组将自己的工作简单地转化、分解为年级备课组的活动，具体的工作被集中于数学课堂教案或学案的编写或者各种形成性测试题的命制，较少涉及课程内容、教材把握、跨学科学习、教法学法、学业评价的研究，对教师基于课堂教学的反思关注不够，未能引导教师通过有深度的“研教”“研学”进行专业提升。

其六，尽管许多学校的数学教研组组长对组内数学教师的课堂教学都有相对较强的观察能力、诊断能力，但是，由于数学教研组组长本人在教学及其研究方面的许多经验并未能上升到理论层面，个人所拥有的数学学科教学实践知识与数学教育教学理论知识也没能有效地融合，在教研活动中就事实上影响了对被听课教师或被评课教师专业学习的引领与支持。

其七，许多学校的数学教研组虽然建立了较为完备的教研制度，教研有活动、有记录，但是相关活动与记录只是反映了教研的形式，缺少教研的实质，许多教研制度在执行中还存在着“走过场”“做样子”“摆拍作秀”“应付检查”等“人为异化”的现象。有的数学教研组虽然确定了“校本研修”“组内研学”的制度，但在执行过程中常常将本应是丰富、生动和主动的研修、研学活动变成简单、机械和被动的重复活动。有的数学教研组虽然制定了理论专题学习、教研成果评价、教师分层分类培养、教研经验分享与交流制度等方面的制度，但这些制度并未发挥出应有的作用，部分制度仅仅满足于“制度上墙”“曾经有过”“仅供参观”。

其八，教研组不仅缺少真正的教研，而且普通教师在教研活动中没有显现其应有的主体性。有的老师为了应付学校布置的教研反思作业，常常提交一些自己也不愿看、不相信的“东拼西凑”式文章或程式化解题心得、教学札记，教研反思中看不到作为一线教学人员既本真又有深度的教学心得、成长困惑。有的学校规定每周至少开一次会议，但这些会议多数是一般性教学经验总结与交流，并且普通教师中总结与交流缺少发言的机会，因为基本上是由教研组组长或年级备课组组长把控的一言堂式的会议。

其九，尽管许多教研组都建立了集体备课和课例分析的制度，试图通过这些制度的运行引导组内数学教师基于深度的合作与探究寻求数学课程与教学的真义，凝聚组内教师群体的数学教育教学智慧，共生共享优秀的数学课程与教学资源与经验，引导教师在“同课异构”“异课同构”“好课联评”的教研活动中深化专业学习，但是这些制度由于多种原因却难以真正有效地落实到位。由于集体备课并没有真正基于深入的教研，不仅没能真正关注“学生如何才能有效地学习"这一基本问题,教学思维仍旧停留于以教师的教为中心的模式中,而且即使从教师教的角度来分析,集体备课的理念也比较陈旧、落后或者虽然表面上很时髦但实质上不接地气。特别地,教师的"教"由于没有深入研究如何从整体上更精准地把握所教的课程内容,造成的一个直接结果就是许多教师对所教数学内容的知识体系结构不清楚,对所教内容中前后知识的关联性不熟悉,对所教知识内在的逻辑和核心概念不明白。由于不知道如何研制一节课的教学目标,许多教师只是习惯于由其他教师告知一节课的教学目标是什么,满足于从教学参考资料或教师用书上简单地抄录一下。由于在"同课异构""异课同构""好课联评"等活动中问题找不准、分析不到位,所以就难以基于课例的分析产生质量更高的教学设计,寻找不到更有针对性的教学整改举措,教师的教学思维也得不到有效的改进。

其十,许多教研组还没有引导教师将"教研""学习""改进"进行融合,没有发挥"以教研带学习""以学习促教研""以改进强水平"的应有作用,数学教师的专业学习缺少有针对性的教研课题支撑,教研活动的主题性、系列化有待进一步改进,教研还没有真正成为组内教师持续的习惯和专业学习的方式。

为了实现教研组教研活动与教师专业学习的相互促进,在实践中需倡导以教学改革为导向、以深度教研为驱动的持续性专业学习,使教、学、研三者真正融为一体。在操作层面,需要充分发挥教师主体、备课组与教研组的作用,协同完成6个核心任务。如图5-1所示,备课组引导、帮助教师落实3个核心任务:聚焦数学课程与教学中真实存在的问题与困惑(核心任务1),寻找解决问题或化解困惑的具体思路或可操作的方法(核心任务2),将研究获得的思路或方法进行试验(核心任务3)。在此基础上,教研组活动中再由教师汇报自己具体的教研规划或工作安排,分享自己来自教育教学实践的教研成果,面向同行或领域广泛进一步改进的意见或建议(核心任务4)。教师基于教研组广大同人的帮助,进一步反思教学改进的思路或方法,结合思路和方法的应用及进一步的反思、调整,谋求教学思路或教学方案的优化与改进(核心任务5)。最后,全面巩固、推广教师的教研成果并进行必要的理论提炼(核心任务6)。核心任务4是发挥教研组作用的一个关键环节,需要组内同人头脑风暴、集思广益,是对标核心素养育人导向的数学教学实践进行数学课程与教学改革的"诸葛亮会"。核心任务5、6强调数学教师本人在教研活动中的深度参与,强调自己研究成果与成果可应用性的进一步反思,强调从理论进行思想、思路、理念或方法的阐释,寻找数学课程教学研究及相关工作改进的普遍意义,目的是谋求举一反三、触类旁通，适度迁移和推广交流。

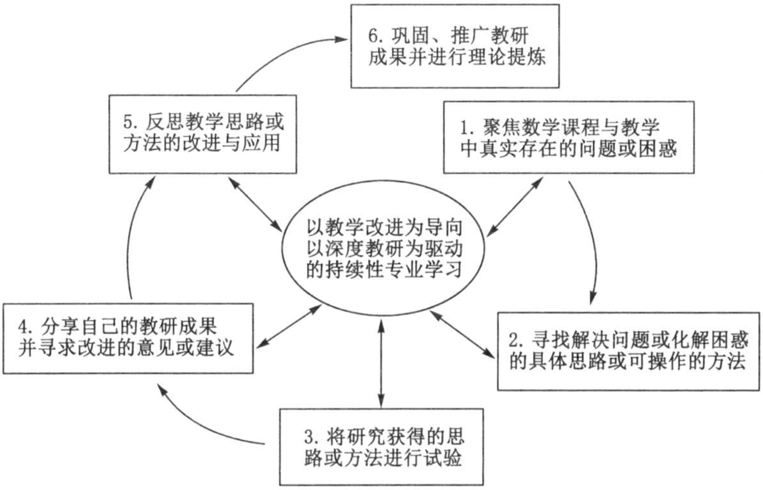

图 5-1　基于备课组支持专业学习任务

第六章 义务教育数学教师专业学习的案例分析

义务教育数学教师的专业学习既是具有现实性、实践性、阶段性的专业活动，又是具有综合性、系统性、复杂性的专业活动。义务教育数学教学专业学习的案例不仅揭示了深藏于个体或群体专业学习活动及其系统中的各种关系，而且原汁原味地展现了数学教师专业学习活动中充满意义的挑战性学习特征和细实专业学习路径，并因此可以为广大数学教师提供专业学习的借鉴。

第一节 以教研引领专业学习和团队发展

学习、借鉴数学名师在教学上发展和专业上学习的经验是广大数学教师学会教学、专业成长的一个重要途径。这种学习、借鉴不仅涉及名师所拥有的教育理念、教学知识、教学技能、教学价值观与情感态度等层面，而且涉及名师所拥有的教学思维、教学风格、专业学习态度和专业学习行动等层面。吴正宪老师注重科研、教研，注重改进自己的教学，注重优化自己的专业学习方式，注重引领教学团队从学习走向创生，助推教学团队的成员实现自身专业成长。吴正宪老师倡导绿色平等的教学团队文化，认为这种文化是教师专业发展重要的保障。她长期坚守教学研究，认为研究是广大教师专业发展不竭的动力，引导教学团队的成员努力完成具有挑战性的教育教学任务，在挑战中成就自我、超越自己。吴正宪老师的数学教育教学理想、数学教育教学情怀、数学教育教学学识、数学教育教学思维以及专业学习的态度和行动值得广大数学教师学习、借鉴。

一、闻名遐迩的吴正宪老师

吴正宪老师不仅是全国著名课程专家、数学特级教师、享受国务院特殊津贴的专家，也是国家督学、全国人大代表、教育部中小学教材审查委员会审查委员、全国小学数学专业委员会理事长。她担任过北京市政协常委、民进中央委员、北京教育科学研究院基础教育研究中心小学数学室主任以及东北师范大学和北京教育学院兼职教授等职务，获得过全国模范教师、全国“两基”先进个人、北京市优秀教师、北京市“三八”红旗奖章、首批“首都基础教育名家”、北京市优秀跨世纪人才、北京教育科学研究院职业道德标兵等荣誉。吴正宪老师用自己高尚的人格、精湛的教学艺术践行着数学教师光荣而神圣的职责，既当数学教育教学的专家，更做师者道德的楷模、教书育人的模范和专业学习的榜样。全国著名教育专家、小学数学教育权威周玉仁教授曾经称吴正宪老师“是一本没有写完的小学数学教学论”。

读懂吴正宪老师这本“没有写完的小学数学教学论”，了解吴正宪老师对教师职业和小学数学教学工作的热爱，了解吴正宪老师对学生和团队成员的尊重，了解吴正宪老师及其教学团队坚持不懈的教研状态，不仅有利于有志于良好专业发展的数学教师向吴正宪老师学习、探索数学育人规律，而且有利于学习者合理学习、借鉴吴正宪老师专业学习的经验，从吴正宪老师及其教学团队的专业发展案例中获取有益的营养和启示。

二、代课老师的教研初心和使命

1970 年，16 岁的吴正宪走上了小学的讲台，所教的学科不是数学，而是语文。20 世纪 80 年代初期一个非常偶然的机会，吴老师开始转向小学数学教学并专注于小学数学教学研究。当时，吴老师所在的学校有一位数学老师休假，学校的校长就找到了吴老师，让她暂时帮助代一代别人的数学课。接到代课任务的吴老师从学校教导处借到了 1 到 6 年级全部的数学教材，并进行了认真的研读、思考。吴老师当时的想法是，自己虽然是代别人上数学课，但是，即使自己只是代一天的数学课，也要把所教的课弄明白，自己必须真正知道所教内容的来龙去脉，绝对不能因自己不当的教学而误人子弟。

就在代课的那个暑假，吴老师对小学数学教材进行了认真的通读，对所教的教学内容进行了自主的研究与思考，把教材中所有例题、习题和思考题全部认真地做了一遍。依靠这种既基本又扎实的做法，吴老师在教每一节数学课之前，就自主地通过了熟读数学教材的第一关。当时，吴老师仍然既教数学又教语文。但是，不管教哪一门学科，吴老师既能对所教的学生负责，又能对自己负责，她总是秉持着这样的理念，笃学善思，思行合一。

几年后，吴正宪老师所在的区举办了数学竞赛，吴正宪老师所教的学生破天荒地获得了桂冠。这不仅使许多人震惊不已，也让全区老师们在脑海中深深记住了这位年龄不算大的女教师和她所教的学生。这是因为，吴老师当时所在学校无论师资力量还是学生资源都不是非常出众的，学校里也从来没有取得过这种着实令人惊喜的佳绩！声名远扬不仅使兄弟学校的许多同行慕名前来学习，而且使吴老师所在区教育局教研室也组织教研员来听吴老师的课。他们要寻找吴老师成功的密码，要开展小学数学课程与教学的实地调研。调研之后，一些专家非常欣慰地告诉吴老师所在学校的老校长：贵校的这位女教师上课的思路非常清晰，教学的语言既简练又到位，真的很适合教数学。

就这样，吴老师教学工作的重心就开始由原来的只教语文一门课程转向了同时兼教数学课程，她成为一名既教语文又教数学的年轻教师，是集语文与数学两门主科教学于一身的“双科教师”。无论教哪一门课程，除了工作中一如既往的认真、严谨、踏实，吴老师还坚持教学中的研究先行，注意通过研究不断提升自己的教研力、学习力、发展力。她认为，科研引导着自己的教研，改变着自己教学思想的深度，拓展着自己的数学教学素养，彰显着小学数学课堂的活力，改变着自己学习与教学的方式。

三、从“追分”走向“育人”

很长一段时间里，吴正宪老师的教学也有着非常明确的功利性，即自己的教学是奔着让学生升重点、得高分的目的而展开的，追求所谓“高效”的课堂，注重教师在课堂上的讲解，强调一讲到底，强调讲实、讲透，她享受着这种以教师为中心的讲解乐趣。但是有一天，吴正宪老师忽然发现在课堂上，较之于自己乐此不疲的讲解，学生的眼神和表情所透露的并不是和谐、满足和愉悦，相反，有一些学生的神情甚至是那么的麻木，他们的目光是那么的呆滞，他们的语言是那么的贫乏，他们的思维是那么的固化，看不到他们的朝气，看不到他们对学习的热爱，看不到他们的童趣。尽管吴正宪老师会不时地提醒学生注意听讲，有时甚至禁不住去埋怨、责备个别学生在课堂上不良的表现，但是，这些都没有用，课堂的气氛依旧死气沉沉，一些学生依然表现出不愿学习的情绪。这些，使吴正宪老师的内心感到非常的不安。

教学中的责任感和使命感不仅是数学教师应有的情感之一，也是支撑数学教师教学研究的重要力量。有着强烈责任感和使命感的吴正宪老师在内心不安甚至痛苦之后，也开始了理性的反思，她一次次地扪心自问：我的教学为什么会这样呢？我该怎样帮助学生呢？我的帮助能有助于学生学习的改变吗？我的数学教学难道仅仅是为了让学生学会考试吗？仅仅是为了让学生获得高分、上到好学校吗？我需要通过哪些教法学法的变革呢？如何才能真正有效地减轻学生的学习负担呢？尽管学生在数学学习上所面临的困难会让教师暂时觉得一筹莫展、不知所措，并有可能成为一种非常常见的现象。但是，对有理性、有理想的数学教师来说，应当自觉地透视这种现象背景的因素，要更加清晰地意识到自己面临的新的数学教研问题、新的专业学习。教学中存在和需要解决的问题就是一种任务，就是充满着挑战性的专业工作，深入地开展教学研究、认真地进行专业学习则会让数学教师的生命变得既充实又有深远的意义。

基于这些责任感、使命感及相关的数学教学信念，吴老师从学生学习的负担、效果、兴趣和自信等方面展开了自己的教学反思：数学课堂教学缺少活力，学生数学学习的负担很重，效果不好，兴趣不高，自信心不强，思维不活；自己不能沿袭那些看似四平八稳、传统守旧的教学模式，自己要勇于改变原有不当甚至可能已经僵化的教学方法、教学策略。心动不如行动，吴老师下定决心准备探索能够“减轻过重负担，提高教学质量，促进学生生动活泼积极主动全面发展”的教学新路。变革，从“追分”走向“育人”，既是吴老师数学教学思想进步的动力，也是吴老师进行数学教育教学研究、深化数学专业学习的起点。

首都北京是人才荟萃的地方，小学数学教学名家自然不乏其人。北京市朝阳区幸福村第一小学的马芯兰老师就是其中的一位，她曾把小学数学教材中重难点、异同按照知识内在联系以及规律进行了组合，将540多个概念归纳为十余个一般的基本概念以及“和、差、倍、分”4个重点基本概念，将11类数学应用题总结成4个基本类型，组合成数学课堂教学的中心环节，从纵与横两方面进行了重新调整，组合成为有利于学生学习的新知识结构，如图6-1所示。了解到马芯兰老师的研究及其教学方法改革的成果后，联系到自己需要解决的教学研究问题，吴正宪老师决定主动向马芯兰老师学习、取经。与此同时，她还积极寻求区教研室刘梦湘等专家和前辈老师们的指导。在众多专家的指导下，吴正宪老师组建了“小学数学归纳组合法”课题组，开展了一系列相关的数学教育教学实验。这些实验从数学教材的改革入手，致力于原有数学教材编排体系的改变，注意整体把握数学教材，依照数学知识内在的联系和学生数学认知的规律，重新组合原有数学教材的相关内容，形成了6个主要的知识体系并据此优化教学。

教法改革之路漫漫，唯有基于课堂、科研、教研上下求索。吴正宪老师在锚定自己的目标之后，不惧教改的未知和艰辛，勇于“摸着石头过河”，努力以科研

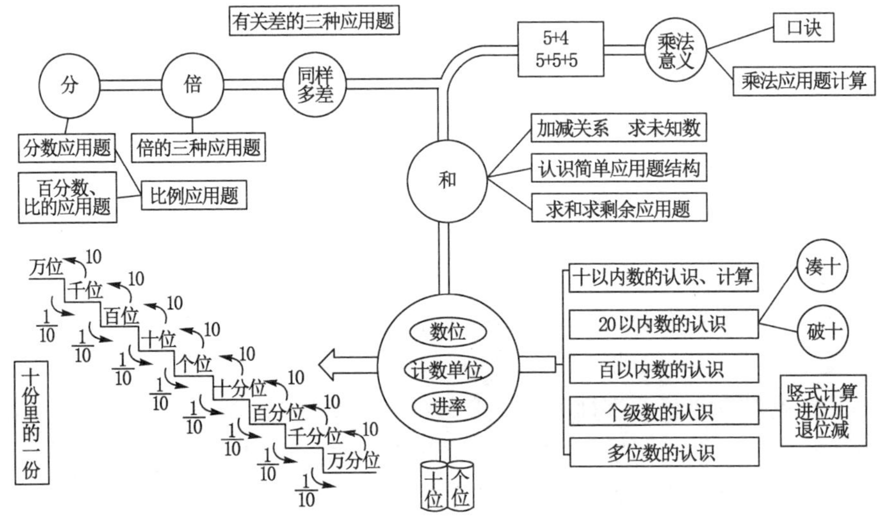

图 6-1　马芯兰老师小学数学知识网络结构图

促教研，最终结出了数学教学整体改革的丰硕果实。小学数学教育界后来将吴正宪通过深入教学研究所形成的数学教法简称为“六条龙”教学法。

四、教法研究及其超越

吴正宪老师并没有止于这项教材改革研究，而是带领自己的教学团队，进一步聚焦数学课堂教学的问题，更有意识地研究学生数学学习的特点，研究教学方法，研究评价方法，同步推进小学数学教法、学法和考法的研究与改革。

在诸如“找规律，在横线上填上数：3，5，7，____，____，____”等一类的问题教学中，吴正宪老师总是引导学生进行独立思考，引导学生手、脑、眼、耳、口并用，从不同角度探索所隐藏的规律，并大胆地各抒己见。只要学生言之有理，她就给予积极的评价。

在数学活动中，吴正宪老师注意对学生进行适时有效的点拨，通过点拨将学生引入数学学习与思维的环境中，对于学生独特的方法学习数学，不是轻易地否定，而是恰当地鼓励，指导学生学会选择、判断、归纳、总结、抽象与概括。例如，在“一箱汽水 24 瓶，那么 18 箱汽水有多少瓶”这道估算题的教学中，学生的答案既有 360，也有 400、480，尽管吴老师和许多学生都知道最接近的数量是 360 瓶，但是，吴老师并没有轻易地将答案告诉学生，而是让学生在相互争论中找出最适合的答案，思考估算的方法与策略，引导学生将数学思考与数学交流有机结合起来。

为了促进学生创造性思维的发展，吴正宪老师关注学生在数学学习活动中正当、合理和多元的需要，不仅将传统教学中“教师讲，学生听”这一静态、单一的教学方法变化为“自学”“讨论”“操作”“合作”“探究”等主体性的学习方式，而且在数学活动中引导学生学会数学观察、数学思考与数学表达，推进了诸如“平行”“想象”“抽象”“转化”等方面的数学思维训练。实践表明，教法改革不仅提升了数学课堂自身的魅力，而且吸引了学生对数学学习的热爱。

听过吴正宪老师数学课的同行们发现，仅仅 40 分钟的课堂教学时间，吴老师就有本事让那些即使临时借班来上课的学生对数学课着迷，在内心里把上数学课当成一种享受而不愿下课。有一次，吴老师应邀到长春上课，尽管属于临时地借班上课，但无论是教师还是学生，都感到吴老师所上的课与众不同，有着完全不一样的感觉。对于突然换了课堂教学味的学生来说，他们觉得听吴老师的课简直就是一种享受，他们完全沉迷于吴老师所营造的数学课堂氛围之中。不知不觉之间，已经到了下课时间，吴老师想下课。可是，学生们舍不得下课，不想老师就这么快下课。吴老师多次和学生们商量：“好了，现在可以下课了吧？”尽管吴老师说得那么恳切，可是那些已完全陷入数学课堂情境中的学生可不理会这种“恳切”，几乎每一次都会毫不犹豫地拒绝吴老师的下课要求：“不行，坚决不能下课！”。为帮助吴老师能够早点下课，邀请吴老师来上课的那位校长想办法到学校的传达室找到了一个铁铃铛。他把铁铃铛带到吴老师上课的教室现场打铃，其本意是再郑重地提醒一下学生：下课时间真的到了。闻此铃声，原本都是讲普通话的学生们竟然急得用东北腔责问自己的校长为什么要下课——“你咋整的，干啥呀你！”。看到学生这种好学的精神，校长只得“让步”：“好好好，就再上 5 分钟。”①

学生不肯下课的背后，是求知似渴的学生在数学思维上的活跃，是不断成长的学生在学习热情上的迸发，是有着强烈责任担当的吴正宪老师在数学课堂上的魅力，是她对轻松和谐和富有理智数学课堂氛围的营造，是满脸笑容的吴正宪老师立足于儿童的数学教育在数学课堂上的美好创造，是神采奕奕的吴正宪老师用师生共构的教学实例对数学教学理念的无声诠释。

① 刘然.唤醒教育的诗情：追踪吴正宪的课堂[J].人民教育，2004(17)：24-30.

五、弹奏小学数学教学同步改革的三部曲

从“追分”走向“育人”，不是说不要分数，而是说要将数学的育人功能融入数学课堂。为此，数学教学改革就不是片面地改教学内容，不是形式上地改教学方法。育人是一个系统工程，数学教学改革需要通盘考虑数学教学的系统要素。教学内容优化、教学方法改革只有与考试方法改革相互配套，才能有效提高数学教育教学质量，才能为学生学生数学素养的发展注入生机与活力。基于这些基本的想法，吴正宪老师在教学方法改革取得了阶段性的成果，开始关注学生考试方法的改革。

在分析已有考试方法不足的基础上，吴正宪老师将原来主要靠笔试测验的方法变化为闭卷和开卷相结合、平时性考查与终结性考试相结合、知识导向与能力导向相结合、智力因素培养与非智力因素培养相结合的评价模式。在这种模式评价模式下，学生的学业成绩评定既记载着学生的考试成绩，又记录着学生的平时成绩。对于学生在数学活动中表现出的超常规思路、在问题分析和解决过程中所表现的新颖性和独创性，吴老师给予了合理的加分激励。如果学生一次考试没考好，吴老师会给他们第二次的改正机会。所有这些都是为了给学生自我校正、进步提供相对宽松的学习与发展环境。尽管类似的评价改革当时引起了一些风波，并且不能彻底改变“一张考卷定终身”的整体性评价大环境，但是，相关思路和实践毕竟在一个局部的小环境中带来了学业质量评价改革探索的一丝丝清新之气。在艰辛的教研付出和持续的摸爬滚打中，吴正宪老师不仅培养了儿童数学学习的主体性，使越来越多的学生成为数学学习、数学活动的主人，而且形成了小学数学课程与教学改革中有广泛影响的“教材—教学—考试”同步改革三部曲。

在过度追求考试分数的教育现实中，数学教师很容易受到蒙蔽，他们会不知不觉地忘记了数学教研、数学教改、数学教育和教师专业生活的本真意义。通过“教材—教学—考试”的同步改革，不仅更全面地理解了数学教学的系统要素，而且可以更全面地分析数学教研、数学教改、数学教育和教师专业生活的本真意义。更令吴老师感到高兴的是，她的数学教研、数学教改、数学教育和辛勤的专业投入终于有了许多积极的回报。因为，吴老师非常欣喜地发现了学生在数学学习中越来越好的变化，这种变化不仅仅是学习成绩，也包括学生的学习态度、学习方式和综合的学习效果。

六、作为师傅的吴正宪老师

一个好师傅就是一粒金种子，因为好师傅可以带领徒弟们复苏一片荒原。一个好师傅就是一棵参天大树，因为好师傅可以带领徒弟们改善一方的水土。一个好师傅就是一缕清风，因为好师傅可以带领徒弟们唤醒春夏秋冬。一位好师傅就是丰富的学习资源，因为好师傅可以带领徒弟们共同开发专业学习的课程，可以潜移默化地影响并改变徒弟们的教学行为。吴正宪老师就是一位好师傅，她影响的不仅是直接听自己数学课的小学生，也包括拜自己为师的校内外同行，他们从吴老师的课中不仅感受到先进的教学理念、高超的教学艺术，而且学习到吴老师在数学教育上的纯粹之心，学习到吴老师一以贯之、严谨踏实的教风学风。

主动拜吴正宪老师为师傅并成为北京市海淀区数学学科带头人的李嘉老师曾深有体会地说："说起吴正宪老师对年轻教师的关爱，可能每个人都会有自己的故事。""我在学习的过程中，感到学习材料丰富，涉及教学的方方面面，特别是将吴正宪老师从16岁步入教师行列到现在成为大师所走过的精彩历程一一再现，让我有一种与大师同行的感觉。都说榜样的力量是无穷的，吴老师就是我们人生的榜样。吴老师先学做人，再学做事，最后做学问，我们就是这样在跟吴老师学真诚做人，踏实做事，扎扎实实做学问。""我们从吴老师和她的研修团队成员身上看到了一种精神——执着、坚持、奉献，因为热爱教师工作，所以执着；因为钟情于数学教育，所以坚持；因为对教育有一份责任，所以奉献。吴正宪小学数学工作站的精神深深地影响着我，我也愿意传承这种精神去影响我周边的同行们。我准备在下个学年的时候，像吴老师一样，通过对学生的访谈更多地了解学生的内心世界及想法，从而使我们老师的教学更有针对性。我希望通过我的努力，使老师们真正和学生平等地交流，使学生真正享受到优质的教育，虽然路不一定好走，但有吴老师在前方导航，就不会走错方向。"①

吴正宪老师曾经领衔了一个"基于优秀教师专业成长的教师研修课程开发项目"，负责指导一个由20多名数学教师组成的团队进行研修。吴正宪老师是名师，研修团队成员在开始的研修中仅仅是读吴老师的著作、文章，研究吴老师卓越的专业素养，走进吴老师的课堂听课，观看吴老师的课堂录像，品读吴老师的课堂实录，然后回到学校将自己的所学进行必要的移花接木。这样的学习，

---

① 李嘉.有吴正宪老师在前方导航，就不会走错方向[J].北京广播电视大学学报，2011(6):45-46.

在开始的一阶段好像显得很自然，也没有什么问题。但是，后来有团队成员感到，如果仅仅是这样进行研修，好像也没什么意思，特别地，是自己的进步并不大，于是他们就产生了许多的困惑：好的研修应当是什么样子的？自己难道一直要保持目前的状态吗？可以做哪些改变呢？自己究竟如何做才是更有效地向名师学习？名师的经验或做法真的可以复制吗？仅仅模仿名师的课堂教学模式难道不会淹没在名师光环之下吗？难道不怕失去自己的教学个性吗？作为一名教师，自己的教学风格在哪儿？如何培养？

面对团队成员的困惑，吴正宪老师自己也开始了深入的思考。怎么做呢？她决定先要摸清团队成员真实的现状和实际的专业学习需求，然后有针对性地聚焦团队成员的课堂教学，并在行动上对团队成员的数学教育进行跟进。结合课堂观摩，吴正宪老师常常引导团队成员思考：执教者的教学理念是什么？有怎样的教学风格？通过观课，自己有哪些感想？有什么疑惑？有什么体验或感受？如果自己上同样的课，会怎么做？与所听课的设计主要差别在哪儿？在教学理念上有什么不同？自己的教学设计与所听课的教学设计运用了哪些教学策略？是否恰当有效？如何评价不同的课堂教学？评价中应该关注什么？是教师的才能还是学生的表现，抑或是师生生命在数学课堂上发展的力度？

在改进了的研修设计中，吴老师注意围绕团队成员不好把握的数学教学专题进行现场课剖析，注意让同伴成为教师数学专业能力有效提升的一面不可或缺的“镜子”，注意引领团队成员感悟数学课堂，寻找本真的教学自我，学会在数学教育教学实践中探索、反思、提升，经由数学课堂教学案例的深度研修获得自我成长的力量。研修团队成员李继东老师曾很有感触地说：“我就是在一次次研修活动的历练中成长起来的年轻教师，在吴老师和她的团队研修中我才真正得到了专业上的发展。通过研修所获得的感悟具有很强的可操作性。研修案例真切、亲近、真实，来源于身边，它告诫每一个为师者要关注自己的同伴，注意从同伴身上汲取营养，从中获得不断发展的动力和源泉。大家相互欣赏、团队分享、共同学习的教研文化氛围深深地吸引着我，研修的经历让我难忘！”①。

正是在吴正宪老师的示范、启发、指引和帮助下，许多数学老师不仅提高了数学教研的水平，养成了以研促教的习惯，而且形成了更加积极向上的职业精神。他们以吴老师为榜样，在数学教育教学中嵌入理想的追求和浓浓的教育情

① 吴正宪，李兰瑛. 引导教师在“案例研修”中思考“真问题”：吴正宪数学团队通州支教的故事[J]. 小学教学(数学版)，2008(9)：8-10.

怀，他们愿意和吴老师一起把有意义的数学教育教学工作做得有意思，让有意思的数学教育教学工作更富有意义。

七、教研是个体与团队持续的修行

教师的教研不是孤单一人的教研，而是从“一个人”走向“一群人”的教研，是从我的教研推向我们的教研。在吴正宪老师看来，只有融入团队的教研实践，学会倾听、交流，主动进行对话、沟通，才能思维碰撞，才能智慧共享，才能互补共生。如果说教研是一个持续的修行过程，那么这种修行不仅是团队带头人自己个人的修行，也是团队带头人带领团队共同的修行。这种共同的修行意味着打造一个学习、研修和实践的共同体，意味着研修者把数学教育教学的建设作为专业学习、专业探究的光源，意味着聚合数学教学创新的力量，意味着生成数学教育教学的新思想、新方法、新策略、新模式。

2008 年，北京教育科学研究院基础教育研究中心成立了“吴正宪小学数学教师工作站”。来自北京市的 72 名优秀小学数学教师和教研员组成了学习、研究、实践儿童数学教育的学习共同体①。吴正宪老师开始了从“一个人”的教研走向了带领“一群人”的团队研修实践。自己和团队的教研应当是一种真正的教研，所有教研者不应凭借已有的经验想当然，而是立足课堂不断地实践、认真地思考，是基于数学育人思考再实践、再学习、再反思，是不断发展、提升教学的能力与水平，是持之以恒地卷入深度的专业学习。

真正的教研是进行数学教育教学问题探究的过程。当一个老师通过创设生活情境成功引导了学生认识量角器，教会了学生正确地使用量角器，在课堂练习中学生关于量角问题的正确率也非常高，不仅老师的课堂教学环节较为完整，而且学生在课堂上所表现出的行为也显得很有序。那么，这样的教学有没有什么问题值得研究？有没有什么地方值得改进的呢？在量角的数学活动过程中，有没有比掌握“角的度量”这一基本技能更为重要的东西？教师如何引导学生在数学知识探究的过程中发现问题、提出问题、分析问题、解决问题？学生在数学问题探究过程中可能会有哪些错误？这些错误是什么类型、什么性质的错误？它们能否成为有价值的数学教学资源？在数学课堂教学中，究竟如何用数学育人？类似的问题，都值得数学教师进行探究。

吴正宪老师虽然因精彩的数学教学艺术获得了广大师生的好评，但是，即

① 吴正宪.坚守初心　执着探索[J].基础教育课程，2021(17)：30-37.

使面对那些看起来很成功的数学课堂，吴正宪老师也要进行进一步的教学反思，将深入的教学研究与持续的专业学习有机结合起来。她总是不断地提出需要进一步关注或研究的数学课堂教育教学问题，她总是不满足于自己已有的教学方式方法或相关的教研成绩，而是与时俱进地瞄准新的育人目标，一步一个脚印继续向前探究。她终始不忘专业学习，通过学习摆脱可能性的经验依赖，探索数学教育的真谛，通过学习构建数学育人的新路径，通过学习选择更加合适的数学教学方式方式，并在教、学、研、用中不断寻求自我的突破与超越。

吴正宪认为："儿童教育的核心是爱和尊重，没有爱就没有教育。爱就是要真诚地走进儿童的内心世界，用童心去感悟童心，就是要遵循儿童的认知规律与心理需求。"[①]基于这样的理念，吴正宪老师和她的团队努力从"生命"视角审视儿童的数学教育，尊重、理解、善待每一位学生，从"心理"维度审视儿童的数学教育，唤起儿童数学学习的兴趣与自信，引导儿童"在问题中""在对话中""在涂画中""在操作中"学数学。

教师与儿童每天在学校的主要生活场所是课堂，儿童在课堂里学习数学，他们期望遇见好老师，期待自己的课堂是好课堂[②]。吴正宪老师是学生心中的好老师，她以儿童数学素养发展为目的，满足儿童多元发展需求，道循儿童数学认知发展规律，引领儿童走进生活中的数学，倡导并践行"知识传授""智慧启迪""人格完善"三位一体的多元化数学教学目标。她和她的教学团队所创造的课堂是学生理想中的好课堂，她和她的教学团队所形成的"儿童"数学教育研究理念和实践思维在全国产生了广泛影响。

八、在聚焦核心素养中深化数学教研

2001 年，教育部对《全日制义务教育数学课程标准(实验稿)》进行了修订，吴正宪老师带领自己的教学团队对修订后的课程标准进行认真的研读，他们不仅钻研课标的文本，而且结合各自的课堂教学、经验体会并借鉴大量课例对课程标准进行认真的分析和解读。在发表自己的见解、论点时，吴老师要求自己团队的成员能用自己的教学实践案例或片段进行更具体、生动的阐释，强调课

① 刘博，吁佩.研究，让我的步履更坚实:访儿童数学教育专家、特级教师吴正宪[J].教师教育论坛，2016，29(6):4-7.

② 吴正宪，武维民.好课堂，儿童充满期待[J].教学月刊小学版(数学)，2022(Z1):1.

标的理念、要求能与数学教育教学的载体相互支撑①。为了能给儿童提供“有营养”的数学教学，吴老师带领自己的教学团队积极寻找适合儿童数学学习的教学资源，既坚守数学本身的发展规律，又尊重儿童年龄特点和数学学习规律，创设好玩且有意思的数学学习情境，既注重引导学生学会计算、学会解题，考出好成绩，更注重启迪学生智慧、培养学生人格，更注重数学教材的专业化学习，真正读懂弄通，抓住数学本质进行更有深度的教学，准确定位儿童的数学“双基”，为儿童的数学思维发展奠好基、打好桩。

通过深入的研究、细致的思考和艰辛的实践，吴老师带领教学团队不仅积累了宝贵的实践经验，沉淀了丰富的教学智慧，提升了数学教研的品质，而且走向了“数学教育”，走进了“儿童数学教学”，以更加科学的教研态度和教研方法聚焦儿童数学教育教学中的真问题，基于实践与反思改进儿童数学教育教学的方法与策略，数学活动、课堂教学有了更加鲜明的特色，学生数学学习兴趣浓厚，数学思维活跃，越来越多的学生爱数学课、会数学学习、善于进行数学学习。吴老师欣喜地发现，自己课堂中原来有学习困难的学生的学习态度、学习效果都在朝着好的方向变化，越来越多的儿童在数学学习中感受到了快乐和兴趣，朝着更好的方向变化与成长。

2014年，教育部印发《关于全面深化课程改革落实立德树人根本任务的意见》，在该文件中，“核心素养”作为一个重要概念被提了出来，并据此为课程改革的进一步深化指明了方向，即要根据学生成长规律以及社会对人才需求，具化、细化学生德、智、体、美全面发展的要求和社会主义核心价值观的教育，要深入回答教育究竟“培养什么人”和“怎样培养人”的根本问题。这些精神反映到数学教育中，就是要从数学教育的实际情况和学生的基本现实出发，进一步明确学生必备的数学品格和关键的数学能力。但是究竟该如何做呢？吴正宪老师不仅强调以生为本，回归儿童数学教育的常态，强调从数学概念关系性理解的角度，研究数学学科的实践活动，引导学生在数学建模、数学抽象、数学推理等活动中综合运用所学数学知识，学会解决问题，发展数学素养，而且强调从整体和结构的角度优化数学课程与教学。在吴正宪老师看来，科学课与数学课是可以整合的，语文课与数学课也可以整合。学生在科学课中学到的杠杆尺知识可以作为数学课中“反比例意义”这一数学概念学习的重要素材。学生在语文

① 顾沛.从一线教师的角度解读数学新课标:《和吴正宪老师一起读数学新课标》序[J].人民教育，2014(1):79.

课中学习《曹冲称象》《司马光砸缸》《田忌赛马》等故事，可以从数学角度揭示具体的数学思想或思维方法。事实上，《曹冲称象》故事中蕴含着等量代换的数学思想，《司马光砸缸》故事中蕴含着逆向思维，《田忌赛马》故事中既蕴含着优化的数学思想，也蕴含着等可能性的知识。从结构性角度看数学教学，要整体地把握数学教材，要真正读懂教材，要基于“核心素养”进行单元教学设计，要引导学生弄清所学数学知识的来龙去脉，通过举一反三、触类旁通，发展学生的数学思维和创新意识①。

面对数学核心素养的教学要求，吴正宪老师再一次将“核心素养”与她原来倡导的“理解儿童”“理解数学”进行了深度联结。吴老师认为，学生思考问题的方式方法、求实创新的主体意识、个性心理品质的稳定性都是学生数学素养的重要方面，如果说培养学生的数学核心素养要凸显关键性问题，那么就要在理解儿童、理解数学的基础上优化数学教学方法，特别需要顺应学生的思维，并努力促进学生思维的发展。例如，在二年级时，学生学习的是带余除法，不能再继续计算下去；那么到了五年级，二年级时不能解决的“继续计算”问题能不能解决？吴老师指导教师在教学中将教材原有的“11.5÷5”创造性地改为“12÷5”，该算式可对应相关的情景，比如，如果 5 袋牛奶 12 元，那么 1 袋牛奶需要多少元？在吴正宪老师看来，有余数除法是二年级学生就拥有的生活经验和积累的数学知识，尽管如此，老经验也会遇到新问题。当前所面对的问题就是原本有剩余的除法已经行不通了，这也就产生了本节课教学的关键问题：剩下的如何分？解决该关键性问题，需要“破坏”原有的老单位，建立一个新单位，即需要把计数单位细化再分，如果再分的时候仍然够分，就继续“破坏”②。由于数学核心素养在较低的学段有具体性和侧重意识的特征，所以通过一直的细化和再分，不仅让学生对要解决的问题及解决的方法形成更加深刻的理解，而且有助于学生建构数学核心素养。更一般地，为了培养学生的数学核心素养，教师在教学中要在关注学生数学知识与数学技能的基础上，关注好学生数学思考和解决问题的方式方法，要引导学生学会用数学思维方法指导自己的观察，更理性地分析社会中的问题。

① 吴正宪，张秋爽.数学学科核心素养的内涵、价值与落实建议[J].基础教育课程，2016(17)：8-12.

② 吴正宪.聚焦核心素养 理解儿童 理解数学[J].基础教育课程，2017(10)：26.

第二节　以改进数学教育教学实践为宗旨

理想的教育离不开理想的教师。那么，理想的教师是什么样子呢？朱永新教授曾说："一个理想的教师，他应该是个天生不安分、会做梦的教师。教育的每一天都是新的，每一天的内涵与主题都不同，只有具有强烈的冲动、愿望、使命感、责任感，才能提出问题，才会自找麻烦，也才能拥有诗意的教育生活"①。对此，笔者深有同感。就理想的数学教育与理想的数学教师而言，研究发现，许多数学教师，虽然不是全国有名的特级教师、知名教师、模范教师，但是，他们确实是学生与家长心中理想的数学教师，他们在平凡的数学教育教学工作岗位上融入了自己的数学教育理想，他们矢志不渝地改进数学教育教学实践，用自己的青春、智慧、责任心和使命感书写了数学教师人生既平凡又伟大的篇章。王老师从一名普遍的小学数学教师慢慢成长为一名深受学生喜欢、同事信任、领导放心的初中数学名师教师，他的专业学习经历与体验或许可以一线的数学教师从中获得不少的启示。

一、改进数学教育教学实践的信念与决心

27 年前，王老师以优异的成绩从一所中等师范学校毕业，被分配到一所乡镇中心小学当数学教师。这所乡镇学校虽然教学硬件略逊于县城的实验小学，但在办学软件上一点不比县城的实验中心小学差。特别地，这所学校有着近 50 年办学历史，不仅底蕴深厚，而且在地方上有着较好的口碑。能到这所小学当教师，并且教学生和家长们非常重视的主科，王老师挺满意，并对自己未来的职业生涯充满了信心。毕竟，从小学到初中再到中师，自己都是班上的尖子生，他觉得自己当一名小学数学教师应当是"绰绰有余"的。可是事情真的如他想象的那么简单吗？并非如此！上了一个多月的课，学校组织了两次单元测试，并将他所教班级的数学测验成绩进行了反馈。怎么回事？自己所教班级学生的数学成绩居然在年级垫底！他非常纳闷——是自己教得不好？是学生学得不好？还是其他方面的问题？不解之中，他原本源于学生时代"尖子生"应有的"骄傲""自满"心态也受到了严重的打击。此时的他，不仅像就一只泄了气的皮球——瘪了，更像一只被霜打了的茄子——提不起精神。更令王老师有点心烦

① 赵桂霞.从名师的成长经历看教师培养[J].基础教育，2007(3)：10-12.

和生气的是，他所教的班级居然有学生家长到学校找校长，要求将自家的孩子调到其他的班级，原因居然和自己密切相关——给自己孩子上数学课的王老师上课讲得太快，不仅孩子有时跟不上，想调班，而且作为家长，自己也实在不放心。还有学生家长虽然没有找校长要求给孩子调班，但也通过班主任或其他任课教师表达了诸如"这位新老师数学教学教得'不入神''不怎么让人放心'""这个小老师像一棵不知从哪儿刚刚冒出芽的春笋，到底行不行呀?!""这个老师的学生气好重，有点嫩，不知能不能担负得起培养学生的应有责任?"等想法或疑惑。听到这些反馈，王老师最初在内心还比较对抗，甚至想骂这些家长——你们算什么呀？你们瞎想什么呀？我怎么可能教不好你们的孩子？可是转念一想，在单元测试的分数这一事实面前，自己毕竟经不起反驳呀！并且，作为一名新教师，工作不久就和学生家长闹矛盾，这种印象与影响肯定都不好。那怎么办呢？很快，王老师就冷静了下来，他转换自己的思考方向：我一个从小到大成绩都名列前茅的高才生，何以至此？我如何才能更好地适应自己的数学教育教学工作？解铃还须系铃人，他决定要调整自己的心态和工作方法，首先要承认不足，其次要找到导致不足的真正原因，对症下药，在实践中寻求改进。

寻求教学的改进，说起来容易，做起来难。事实上，王老师自从下了决心后就一直在努力，默默地变换着自己的教学方法，为了吸引学生的注意力，他有时还会将一些有趣的故事融入教学内容。比如，为了引导学生理解题意和增加对数字"0"的形象感知，王老师会编撰诸如急转弯式的渔翁钓鱼故事：老爷爷星期天去钓鱼，钓了 6 条没头的鱼，9 条没尾的鱼，8 条半截子的鱼，请问老爷爷一共钓了多少条鱼？当许多学生异口同声地回答老爷爷一共钓了 23 条鱼时，王老师微笑着反问："是吗？真的是 23 条鱼？没问题？你们确信？我的感觉怎么与你们不同呢？请大家再想想哟！"当学生想不出结果时，他启发学生："钓了'6'条没头的，是不是要把'6'的上半部去掉？钓了'9'条没尾的，是不是要把'9'下半部去掉？钓了'8'条半截子的，是不是要'8'的半截去掉？大家再想想这位老爷爷究竟钓了多少条鱼呀?"学生这时一下子全明白了过来，激动、高兴地比画着回答——这位老爷爷一共钓了 0 条鱼！"对，是 0 条!"王老师想尽办法，尽可能让自己的课上得精彩些，尽可能让学生感到数学课的乐趣。王老师努力着，他将一名教师应有的奋斗精神、勤奋、认真、刻苦、爱心和奉献等情感融入了自己的数学教育教学中，他在数学课堂上的教学方法也不断地变化着。但是，王老师的努力和课堂的改变在效果上有时似乎不是十分的理想。因为，有故事的时候，课堂教学的氛围好，学生兴奋，数学活动参与度高。没故事时，学生在数学课堂上提不起精神，参与度不高。此外，在此期间还是有学生家长到学校找关系，希望为自家的孩子调班——理由是数学老师的课有点“乱”，教学好像有点肤浅。对此，王老师内心感到十分的委屈和不舒服。内心的这种感觉与自己对数学教育教学实践的困惑混合在一起，生成王老师作为新手数学教师暂时的无可奈何。不过，王老师绝不是一个轻易向困难低头的人，他在内心用苏联著名作家奥斯特洛夫斯基的名言暗示自己：人的一生可能燃烧也可能腐朽，我不能腐朽，我愿意燃烧起来。这种情况下，决心、信念、时间、经历和学习本身也引导着王老师作为新手数学教师在困惑之后的知惑、解惑，这种过程也意味着王老师作为新手数学教师在学习上的努力以及由此在教学上的不断成长。

不久之后，王老师的数学教育教学情况发生了一次明显的变化。那是在他工作半年之后的某一天，学校举办了一次场面较大的数学与语文两个学科的课程教学论坛活动。王老师听了两个教师的示范与观摩课，他从别人上课的精彩之处找到了自己教学上的差距，根据自己的理解，他加强了基本教学方法的组合运用，并在学习如何教的态度上做了深刻的反省和教学行为改变。后来的事实表明，王老师的反省与改变，产生了连他自己都意想不到的效果。那么，王老师在听课中究竟学到了什么呢？这次论坛，学校请来了在当地比较有名的两位教师分别上二年级的语文课和三年级的数学课。语文课安排在上午，是借王老师所教之班上课。王老师自己没课，就坐在教室后面听课，同时想帮助上课的老师维持一下教学秩序——以备一些意想不到的特殊情况。上语文课的老师是一位满头银丝、略微有点胖的男性老教师——许老师。只见许老师非常稳健地走上了讲台，讲了几句听起非常熟悉、简单且让学生感到温馨、舒服的话，顿时就让原本有点平淡惯性和沉闷氛围的课堂充满了勃勃的生机。让王老师感到奇怪的是，那个自己一直觉得有点“木”、有点“拙”的包亚龙同学在许老师的课上居然多次举手发言，并且在得到许老师的肯定后，包亚龙好像突然开了窍似的，不仅在回答问题时思维上放得很开，而且在说话时居然有点滔滔不绝、充满自信、神采飞扬的感觉。“真是奇怪了，在我课堂上不举手、不发言，在许老师上课时表现就这么好，整个班级的课堂气氛居然是那么的好，学生好像都爱动脑，喜欢举手发言，思维是那么的活跃，这是什么原因呀？这个班还是我教的那个班吗？这个班的孩子还是原来的孩子吗？他们怎么一下子变得聪明了呢？”王老师头脑中满是疑惑。

当天下午，王老师到了另一个班级听刘老师上的三年级数学课。刘老师上课的内容是《长方形和正方形的面积计算》。刘老师没有直接讲数学概念或复习以前的知识，而是先创设了一个问题情境：“同学们，你们听说过乌龟和兔子赛跑的故事吗？是呀，那次兔子太大意了，居然在比赛中比输了。今天呀，乌龟再一次和兔子相遇了，兔子主动向乌龟提出了一项新的比赛，并问乌龟敢不敢比赛？什么比赛呀？是为红星养老院新公寓粉刷墙面的比赛！兔子说比就比，这次我绝对不会掉以轻心了。好，比赛开始。”刘老师用课件呈现了龟兔粉刷墙面的场景——兔子粉刷了一块长方形的墙面，乌龟粉刷了一块正方形的墙面，乌龟和兔子不仅同时开始，而且同时完工。刘老师请学生们当这次比赛的评委，问这次比赛乌龟和兔子哪个是赢家。接到任务后，学生们纷纷议论了起来，有的说是乌龟赢，有的说是兔子赢，有争议但没有最终的结论。对此，刘老师进行引导，小裁判们怎样才能有效地比较并判断出究竟是哪一个赢了呢？当学生回答说要先知道乌龟和兔子所粉刷墙面面积到底是哪个大才能判断后，刘老师笑着追问：“那么，如何才能知道乌龟和兔子粉刷墙面的面积究竟是哪个大或者哪个小呢？”王老师听课时想：“有问题了！这样的教学引入还真不错，有故事，有情节，有问题，有挑战，可以让学生明白用面积单位去测量其实是比较麻烦的，由于不便于操作，所以需要找到关于长方形和正方形面积计算的方法。”王老师在课堂观察中进一步意识到，刘老师引出了课题后并没有直接告诉学生结论，而是引导学生通过“数方格”等方法来感受、探究长方形面积与长、宽之间的关系，经历“数学实验”“数学猜想”“计算验证”“归纳概括”这一数学化推理过程，从中得出了“长方形面积等于长乘宽”的数学结论，推导出了长方形面积计算公式。在此环节之后，刘老师在教学中还设计了开放性练习，引导学生用所学知识解决问题。最后，刘老师还和学生一起进行了课堂总结，总结是由学生讲、老师归纳和提炼。刘老师的课上得好，上得真好呀！这节课上得不仅让学生舍不得下课，而且让包括王老师在内的听课教师回味无穷，终生难忘。

当天晚上，王老师躺在床上怎么也睡不着觉，许老师、刘老师课堂上的一幕幕恰如精彩的电影，在自己的脑海里反复闪现，怎么也挥不去。是呀，温故知新的引入，娓娓道来的提问，从容不迫的讲解，细致入微的分析，春风化雨的点拨，教学环节的衔接，课堂反馈的设计，师生互动的控制，一切的一切，是那么的自然，是那么的到位，是那么的稳重。数学教学的魅力不仅仅来自教师课前的精巧设计，而且要注意教学展开过程中的动态生成，要注意准确地把握学生思维与认知的起点，要充分挖掘学生思考与探究的潜能。许老师以情引知，刘老师以知培情，他们在语文课、数学课上实际上采用了不同的方法进行问题设置，从不同的角度引导了学生的思考，在他们的课堂上既有分析问题、解决问题，也有发现问题、提出问题，他们特有的教学方式方法不仅对学生的知识与技能起到了巩固作用，而且对学生的认知与思维起到了引导作用。他一次次地问自己："假如让我来上《长方形和正方形面积的计算》这一节课，我会怎么办？我会不会因为过度关注长方形、正方形面积计算公式的具体运用而忽视了面积计算意义的教学？我会不会因为自己过度的讲解或者天生的'急性子'而限制了学生数学思维的发展？怎样才能让学生真正理解长方形面积为什么要用'长乘宽'来计算呢？如何评判学生是否真的掌握了长方形、正方形面积的计算方法？学生在认知上有哪些特点？有哪些学习需求？我该如何尊重？刘老师不仅创设了有效的问题情境，而且将数学课堂与学生的生活世界进行了联系，将数学知识的探究、应用与数学活动、数学实验进行了联系，既有自主探究，也有合作交流，数学教学活动的展开更是有效培养了学生的数学好奇心、求知欲，我从中学到了什么？我如何让学生更有效地探索数学的内在规律？这里有哪些学法指导的要求？我如何通过数学活动探究感受数学知识内在的魅力？如何通过活动探究体验数学思考的乐趣？知、情、意三者如何贯通、互动？许老师、刘老师的课才是好课呀！他们的课堂教学才是自己心目中理想的教学艺术呀！他们才是孩子们内心喜欢的老师呀！"暗暗地，王老师再一次给自己下了一个学习的指令："从今天起，我要向这些优秀的老教师们学习，我要向校内外的名师们、大师们学习，我要拓宽视野、储备能量、充实自己，我要丰富自己、变化教法、改进实践、丰盈课堂。"

二、改进数学教育教学实践的机遇与行动

改进数学教育教学实践的信念与决心恰似王老师心中被点燃的明灯和火把，照耀着他作为一个数学新手教师前行的道路，消弭他入职后在教学工作中产生的诸多困惑与迷茫。他从许老师、刘老师的课堂上学到了"知情融合""师生互动""激发思维"的技术。以前，他比较喜欢讲解与练习；现在，他更加注重引导与讨论。学校领导连续多次听了王老师的课，开始没提什么批评性意见或指导性建议，后来有几次，居然露出了一丝丝难以察觉、温馨的笑容。是什么原因让原本严苛的学校领导有了这样的变化？王老师自己说不清楚。他想，或许是领导们觉得自己的数学课堂发生了一些明显的变化吧！或许是领导们从其他有关渠道获得了一些教学反馈吧！是的，他确信是这样的，因为，在自己的课堂上，举手的人多了，学生发言的积极性和水平提高了，学生思考问题、回答问题的气氛更加活跃了，课后学生有点喜欢黏自己了，有不少的家长喜欢和自己

交谈、变得更友好了。在连续两次的单元测验中，王老师所教班学生的成绩名列年级第二，有几个以前调出王老师所教班的学生的家长甚至又来找校长，想把自己的孩子调回原来的班级。王老师对自己的教学也做了一些评估，他觉得自己确实很努力，确实克服了一些旧有的教学弊端，比如，讲话语速快、一言堂、作业布置得多。随着同行和领导在一些公开场合的肯定，王老师内心拥有了教学的成功体验和相应的满足感、幸福感，他不仅尝到了当一名小学数学教师的专业乐趣，而且知道了做一名受学生爱戴、家长尊重、同事信任、领导放心的好老师的意义。这下，王老师在教学上的干劲更足了。

干劲归干劲，进步归进步。王老师发现自己所教学生的成绩从来没有超过同年级戴老师所教班学生的成绩。王老师多次听学生说过，戴老师不仅课上得好，既生动又有趣，而且课后负担轻，回家后基本上不要做什么作业，也不要家长辅导，可谓轻松愉快。王老师也听校内的庄老师说过："戴老师人是好人，不过脾气上有点怪，不怎么合群，他不听别人的课，不喜欢别人听他的课，也从不参加什么比赛，有点清高。"知道了这些信息后，王老师内心对身边的这位"怪侠""大神"产生了莫名的好奇心，并在私下里通过其他一些渠道进一步了解到了戴老师的有关情况。王老师经过软磨硬泡终于成了戴老师的徒弟。成为徒弟的王老师经常去帮助师傅改作业，并多次提出要请戴老师去听自己的课进行指导，或者恳请到戴老师的班上听课学艺。对此，戴老师总是推托，要么说没时间，要么说自己准备得也不够充分，要么说没什么可以听的，或者说自己没什么可以教人的，自己不想耽误年轻教师的前途。总之，就是不让王老师去听课，也不肯到王老师的课堂"莅临指导"。怎么办呢？王老师就找了一些理由，让学校的教务员将自己的课给调了，通过调课确保戴老师有课的时候自己没课。这样，王老师在戴老师上课时就可以悄悄地站在门外听。这样持续了两个星期，戴老师被王老师这位徒弟的执着、真诚和好学感动了，后来竟然允许王老师到自己的班上听课。这样，师徒两人就有了进一步交往。戴老师不时地向王老师讲述自己的教学心得，比如"对学生既要亲切，也要保持距离""对学生严格要有度""学生可能比较喜欢更有纯真味的教师""要让学生喜欢数学课""有的作业没有价值，可以不做""教学的节奏很重要，要善于平衡""教师上课不能太活也不能太死板，不能太深也不能太浅""不仅要让学生听懂，而且要让学生会思考""我自己当初当老师时，也遇到过不少困难，关键是要迎难而进"。除了这些随机、直白的教导，王老师从戴老师那里还学到两点与其他老师不同的东西。其一，戴老师是 1993 届的高中毕业生，当时成绩很好，很喜欢读书，是学校教师中坚持读书的典型代表。他有一个比较大的包,每天里面都装着好几本书。其二,戴老师比较重视数学思想方法的渗透。有一次,戴老师和王老师说“帕斯卡尔有一句名言——人是会思想的芦苇”“对数学教师而言,自己有思想和培养学生的数学思想都很重要”“数学思想方法要靠教师在研究教材时给悟出来”“数学思想是对数学理论与内容的本质性认识”“数学思想是数学方法的提炼、概括,抽象概括程度比较高,数学方法操作性强”“掌握了数学思想方法,事半功倍”。所有这些,对王老师和戴老师多年的深交创造了有利条件。这是因为,王老师也是一个喜欢读书的人,看到戴老师喜欢读书,就主动和他聊一聊读书的心得。这一做法让戴老师很开心,从此,两个人不仅经常性地进行读书的交流,而且愿意到彼此的课堂上听课,愿意讨论如何落实学生数学思想方法的培养。渐渐地,他们读了好多书,也听了好多课。他们读的书既有中小学的教材、教参,也有一些由大家撰写的科普书以及教育学、心理学、系统科学、现代信息技术等方面的书,此外,还有一些非常流行的武侠小说。在听课中,王老师发现戴老师不仅能娴熟地应用所读书中提到的数学教学原则、数学教学方法,而且凸显了系统性与整体化的教学处理,能应用“学新带旧”“忆旧迎新”等复习引入的方法,创设既有层次性又体现系列化的“问题串”,能通过课堂总结或定期的复习将不同单元学到的知识进行联系,能对学生进行学法指导。在读书、听课和交流之余,王老师和戴老师决定将自己的一些心得写成文章投出去,令他们高兴的是,文章居然被《小学数学教师》《小学教学研究》《江苏教育》等刊物录用、发表了。读书、上课、听课、评课、写作,促进了新老教师之间的交流,增强了彼此在专业学习与发展上的宽度、厚度。对王老师而言,更是改变了教学与教研上的方式,促进了对于所教内容和对象的多角度深入理解,提升了数学教育教学实践的品位。在和戴老师关于思想的讨论中,王老师认识到“人因思想而伟大”“教育是点燃学生思想的火炬”“数学活动中的思想要突出学生的心智活动,要将数学活动与数学思维深度融合起来”,他在课堂教学中开始自觉地关注学生数学思想方法的教学。思想会改变行动,在戴老师等人的影响下,王老师进一步养成了勤学、善研和乐教的良好习惯。

学校发现王老师确是一个难得的好苗子,便有意识地加强了对他的培养。先后送他到南京师范大学、华东师范大学、扬州大学等学校研修。在研修期间,王老师先后聆听过张梅玲、吴正宪、刘振武、金成梁、张天孝、张奠宙、郑毓信、顾泠沅等专家教授的讲座或报告。专家们对于数学教育、数学思想、数学活动、数学探究、数学双基、数学思考、数学文化、现代信息技术、开放性教学、学生学习评价以及学生学习心理等方面的解读深深地影响了王老师。王老师至今还记得郑毓信老师对自己的指导，即好的老师不仅要帮助自己的学生了解、学习数学思维，改进思维方式，而且要通过数学的教与学，引导学生学会思考，优化思维品质，通过潜移默化的方式渗透理性思维、理性精神。在专家的直接指导或间接影响下，王老师不仅进一步认识到数学教育教学的关键，即在数学教与学的过程中，学生不应是一个被动的接受者，而是要能通过多种机会或者数学活动，与自己的现实产生内在的联系，教师要通过数学活动赋予数学知识的意义，要自觉地拒绝机械学习，倡导有意义学习，而且进一步明白了教师本人在教育思想、专业素养和持续学习等方面的重要性。因为，如果没有以生为本的数学思维教育，没有持续的专业学习，没有教师本人对于数学教学内容和学生数学认知的深度理解，无论教师创设了什么问题情境，设计了多少师生互动，拥有了哪些高超的表演技能，数学课堂教学也难免会走向走肤浅、低效甚至无效。从此，王老师一方面自觉地系统学习数学课程与教学的理论，并注意学以致用，在解决教育教学问题的过程中主动地建构自己的专业知识，积累自己的数学教育教学经验累积，训练自己的数学教育教学技能。与此同时，王老师还留心数学课堂问题情境创设和学生解题思维过程的研究，申报了“数学思维过程与小学生数学思维品质”“小学数学课堂教学实践与反思”等方面的市级教研课题。通过课题研究，王老师进一步掌握了数学教学中数学活动开展的三个具体技术，即实际材料的数学化、数学材料的逻辑化和数学知识的致用化。另一方面，王老师参与了校外相关名师工作室的学习，开展了合作研究，并报名参加了数学本科自学考试。王老师一边读书，一边教书，一边研究，一边自考，他觉得这样日子很充实，个人收获挺大，家里人对他也感到满意。王老师这些专业学习行动是有意义的，这是因为，不同的学习路径在他的数学教育教学实践中得到了相互的补充，这种补充恰恰可以促进王老师作为专业人员在数学教育教学实践上的持续变革及终身学习①。事实也表明，王老师觉得自己上课越来越得心应手了，对于数学教育教学研究越来越有兴趣了，自己对于数学教育教学问题的思考也越来越有深度了，特别是理论知识的积淀使他在思考问题时有了更多的视野。对于课题研究，王老师是非常用心的。在研究方法上，王老师将理论学习与实践案例分析进行了结合，并进一步改进了自己的课堂教学。王老师在数

① 张晓蕾. 什么样的教师学习是有效的?:对西方学界三种教师学习理论及实践的思考[J]. 比较教育研究，2016，38(9):92-98.

学教学中强化了学生数学思维训练的意识，不仅关注学生数学知识与数学技能掌握的情况，而且关注学生数学思维的深刻性、广阔性、批评性、独特性、灵活性、敏捷性等品质的改善。王老师认为，学生在数学思维上的灵活性主要是基于学生数学思维的深刻性，是基于深刻性的发展，学生在数学思维上的灵活性与他们数学知识认知的建构方式密切相关，学生数学思维的深刻性、灵活性需要学生数学知识学习上的深刻理解，需要建构恰当的认知方式，即为了提高学生数学思维深刻性、灵活性的品质，应当重视学生在数学知识上的深度学习。在校内外专家的指导下，王老师还学习了如何进行小学数学课堂教学质量的分析与小学数学课堂教学问题的诊断，有意识地用“多只眼睛”观察与评价数学课堂教学，在吃透教材的基础上创造性地应用教材，积极投身校本资源开发与利用，注意从“问题设计”“预设目标”“启发思维”“提高学生的参与度”“提升学生的数学认知水平”等角度改进自己的数学教学课堂教学，创新自己的数学教育教学方式。

在工作的第五年，王老师担任了学校年级组的组长，拿到了数学本科自考的文凭，顺利通过了市级课题结项，在市级以上论文评比、教学设计比赛中多次获奖，应邀到兄弟学校开设公开课、评课和推广教学经验。回顾自己阶段性的教育教学成绩，王老师认为更多的是得益于自己坚持不懈的学习和戴老师等人对他的帮助、影响，而他所强调的学习不仅包括读报、读刊、读书、听课、听讲座，而且包括自己主动的思考和实践，因为学习包含了所学知识的感悟内化、观念转变、应用转化、行为转变，既有外显行为，又有内在认知维度。王老师确信自己这几年的学习属于“边学边用”“真学真用”，他在读报、读刊、读书、听课、听讲座、实践和思考等方面进行了时间和精力的充分投入，这种投入保证了他在专业学习上的深度以及相关产出的实效性。较之于其他一些教师的学习，王老师觉得自己在学习上的动力可能大些，方向也比较对路子。一方面，在中学时代成绩不如自己的同学后来上了高中，考上了重点大学，有了更好的收入，对他刺激很大，促进了自己提升学历、展现自己价值的决心。另一方面，基于改进数学教育教学实践的现实需求以及天生的好胜心，他更加注重个人学习的目标导向、问题导向和任务驱动，能在复杂的数学教育教学情境或课程教学改革的具体任务中寻求自己的不足，分析并解决自己所遇到的问题。王老师认为，自己在工作中得到了许多人的指导和帮助，通过实践积累了一些专业经验，但是个人的专业学习仅仅停留于经验是不行的，而是需要基于特定的目标、问题和任务进行更加深入的回头看，通过经常性的教学反思提升自己的数学教育教学思维能力。有时候，解决教育教学问题的目的不仅仅是解决当前所面对的教育教学问题，而是通过反思解决教育教学问题的过程，积累相关的经验，学会更理智地解决问题，提升教育教学的能力与水平。

三、在领导教科研工作中改进自身的数学教育教学实践

一年又一年，王老师在小学数学教育沃土上孜孜不倦地耕耘着，他把勤学作为专业发展之先，把实干作为教育教学工作之要，自觉地提高个人的专业素养和业务水平，刻苦钻研数学教育教学，以“读好每一本书，上好每一堂课，教好每一位学生，改好每一份作业，写好每一篇文章”作为自我的要求，及时更新数学教育教学理念，强化学生数学能力培养，以实际行动努力实行自己的数学教育理想并取得了令同事们刮目相看的教学业绩。王老师对自己得心应手的数学教育教学工作感到满意，对身边的同事关系感到满意，也因此准备在这所小学长期扎根、倾情奉献。可是，有一天所在镇的教育助理和学校的校长突然找到王老师，说要让他到另一所新办的初中工作，并担任新学校的教科室主任。几天之后，王老师愉快地赴任了。由于是新建学校，学校的老师多数是新招聘或从其他学校抽调过来的，确实需要重视教科研工作。改进教育教学的实践既是教科研的起点，也是教科研的过程和终点，更是教科研的宗旨所在。那么，如何开展这所新建初中的教科研工作呢？王主任在调研的基础上进行了认真的思考，最后，他向校长汇报了开展教科研工作的 PDCA 思路和相关工作的重点。

就 PDCA 思路而言，是指在教科研工作中学习、借鉴管理学上的戴明环循环理论，有序推进教科研工作的一种思路。在全面质量管理中，美国质量管理专家沃特·休哈特(Walter Shewhart)曾率先提出过 PDCA 循环这一几乎是普遍适用、合乎逻辑的有效工作程序。尽管教育与管理不完全相同，但王主任相信这一理论对教科研及其管理工作有用。PDCA 循环中的 P 是 Plan(计划)，包括目标确定、行动方案设计；D 是 Do(执行)，指实施计划的具体行动；C 是 Check(检查)，指检查评估执行计划效果，强调设计相关的方案和布局，找出可能存在的问题；A 是 Act(处理)，指对总结检查和评估结果进行处理，对成功经验予以肯定且进行标准化处理，对失败教训进行总结以避免重蹈覆辙，对于未能解决的问题，强调在下一个 PDCA 循环中解决。PDCA 循环后来被戴明采纳，并由他进行宣传、推广、普及，所以也称为戴明环。王主任将 PDCA 管理模式引入学校的教科研工作，核心是使学校的每一项教科研活动都能按照 PDCA 的流程进行管理和控制，目的是使这所新建初中的教科研工作突出系统化、条

理化和科学化等方面的要求。

相关工作的重点而言，是在PDCA流程指导下，重点做好“项目化”“教研组试点”“案例研究”三方面的工作。在项目化方面，王主任认为，学校要根据自身的实际设立一些教学研究项目，目的是通过项目落实教师队伍建设，通过项目有计划地组织教师开展专业学习和教学研究，切实解决各个学科课程与教学的实际问题。王主任反复强调，项目化工作要杜绝形式化，要引导教师研、学、用（教）这三者之间的有机结合，要重视以任务为导向的教研项目。王主任认为，以任务为导向的教研项目不仅将教师的教学研究、专业学习需要融于具体的课题任务之中，而且将教育教学理念融于课程教学改进的实践之中，将教师对于教育教学活动的思考融合于教、学、研的活动之中，能调动更多的教师真正参与课题研究，能通过课题研究加强教师之间的互动、互学、互鉴，能推进教学与研究的深度交流、深度合作与相关成果的转化、应用。为了促进这所新建学校教师又好又快地进行专业发展，王主任要求各个学科从自身的教育实际出发，将不同类别教师在实践中遇到且用现成经验或者书本理论无法直接、有效解决的问题作为教科研项目化的起点，引导教师“组团”共同研究解决现实的教育教学问题。王主任同时强调要把已有的一些理论成果转化、应用于学校的课程与教学实践，指导教师改进课程与教学的实践，促进学生知识与能力的建构，促进教师学识与专业的成长，促进学校的课程与教学质量提高。

在教研组试点工作方面，王主任要求各教研组组长制定好教研方案。在开学前，组织各学科教师认真学习课程标准，钻研教材，对各学科各章节的基础知识、基本技能、基本思维方法、基本活动经验、基本问题进行认真梳理，明确课程与教学要求，然后结合学生已有知识、经验等方面的实际，制订好各年级各学期具有可操作性的教学实施计划。强调加强教法研究、学法研究，处理好教、学、评三者之间的关系，注重因材施教和启发式教学，改进形成性测试和学生日常作业设计。强调教研组长要将教学调研、教师教学比赛工作纳入工作计划，经常性地深入课堂了解教师们的教与学生们的学，听取不同层次教师关于改进教学管理的具体意见，收集广大教师关于深化课程与教学改革的合理性建议并及时进行反馈，努力解决学科教学中各种显性与隐性的问题。通过组织全组教师进行反复研讨，明确各类教师阶段性的教研课题和需要阅读的教育教学著作，强调通过课题研究和自主阅读进行自我修炼，特别是自觉地转变教育教学观念、提高教科研的综合素养。在具体做法上，强调定期听课、写好读书笔记、写好教学反思，强调在教研组会议上进行听课交流和学习交流，安排课题研究的中期汇报与检查;要求大家在QQ群或微信群中及时分享自己的教学心得、学习心得,反映教学中出现的问题;结合教学问题的解决,讨论课程教学思想与教学实践理念的变化,督促教师改变课程教学的观念,养成良好的教育教学习惯。此外,王主任还在全校开展了一些“务虚性的论坛活动”,比如让不同的教研组分别承担了“什么是好教师”“有效课堂的样子”“如何进行学法指导”“现代信息技术在课程与教学中的运用”等主题论坛,目的是通过论坛引导教师们谈论重要的教育教学话题,引导教师理解、体验与自己专业发展有关的问题。王主任本人结合自己的专长,选择了在数学组进行教科研工作的蹲点。在王主任看来,自己高度重视数学组教科研的试点与蹲点具有非常重要的意义,这不仅因为数学是主干学科,是决胜中考的重要因素,而且因为他自己系统研究过义务教育阶段的数学课程与教学,有一些直接或间接的经验,可以更好地参与或指导数学学科的教科研工作,可以和广大同人一起在真实的数学教育教学情境中研究复杂的数学教育教学问题,可以通过在数学组开展教科研工作的试点和蹲点,进一步积累教科研及其管理工作的经验,可以通过“以点带面”更有效地推动学校其他学科教研组的教科研工作。

在案例研究工作方面,王主任认为,案例研究既要淡化研究活动的形式,又要注重案例背后的实质,只有引导教师在特殊的教学范例中发现自己教育教学的“落差”,才能更有效地审视与改进各种的教学,才能将教师原有的教学行为、现有的教学设计和改进的行为进行关联,才能更好地激发每个人更加持续、深入的专业学习,才能更好地掌握各相关学科教学的统领性观念,才能更加深入地理解课程与教材的核心知识,才能更灵活地掌握与运用相关的教学策略,才能推动整体性的单元教学设计。由此,王主任在教科研工作中一方面重视利用各种形式的公开课引导教师开展参与性的课堂教学研究,通过观察教学骨干、教学能手在课堂教学中的行为及其产生的教学效果,获得关于有效教学、高效教学等方法、行为的启示,引导教师在观课中思考,通过研究别人课堂教学的优点,对自己的教学“对标找差”。另一方面,王主任非常注意以教师们平时所上课堂教学的具体实例为载体,检查研究课程标准中的理念有没有在教学中得到落实,引导教师通过写教学的日记、讲自己的教学故事、谈自己的教学感受等方式开展教学案例研究。王主任认为,教师在教科研中不仅要关注各学科经典的教育教学理论,而且要结合理论学习对自己面对的教育教学问题进行深度思考,对教育教学中遭遇的困惑或面临的难点问题进行表征、分析,经由案例研究提升自己的专业理性。王主任在数学教研组蹲点时强化了教研组在数学教学案例研究中的组织作用，要求每周的数学教研活动中都要有相关案例的呈现与分析，强调教学案例研究与教研组活动同步进行，要求数学教研组组长组织各个数学教师进行教学反思的分享活动。王主任自己经常开展随机性的推门听课，听课之后，一定会挤出时间和上课教师进行交流，比如会问老师备课时是怎么想的，上过课之后有哪些收获，自己觉得哪些方面做得比较好，哪些方面还需要进一步改进，对同一类课的教学有哪些新的想法，等等。

为了将数学教学案例落到实处，王主任在参与数学教研组教研活动中就因式分解的教学进行了有示范意义的案例研究工作。王主任带领三位教师开展了关于因式分解教学的专题研究。通过一系列的学习与调研，王主任和自己教学团队的老师们发现，因式分解贯穿了整个中学的代数学习，是初中“数与代数”课程领域中重要的内容之一，因为，无论代数式的计算、化简，还是代数式的求值及论证，都要通过因式分解进行恒等变形。此外，由于因式分解技巧性强，所以相关的练习也是训练学生数学思维品质的重要载体。王主任通过对教师进行访谈和课堂教学跟踪进一步了解到，教师们虽然能意识到因式分解的学习对于学习其他内容的影响，比如，对于分式、二次根式、一元二次方程、二次函数等后续数学内容的学习，因式分解都有相应的重要作用，但是，教师们对于因式分解的教学研究不够深入。一方面，许多教师关于因式分解的教学缺少足够的系统设计意识，喜欢围绕教材、教参“转圈圈”，不仅对教材内容只知其然，不知其所以然，不能瞻前顾后，对教学实施方案缺少系统、循序、进阶的规划与设计，而且在教学展开上习惯于照搬照抄教材的顺序，教师的教学内容、讲授方式与学生的因式分解技能训练都比较单一，数学活动缺少挑战性，认知负荷少，思维含量不高。另一方面，有一些年轻教师，教学中有明显的“急于求成”“一蹴而就”心态，不仅不重视从目的、作用和思想方法等角度对分解因式的过程和结果进行探究，而且不重视从算理、乘法公式和几何意义等角度加强对诸如“公式法”因式分解等方法的理解，不能对“分组分解法”“十字相乘法”“公式法”“提取公因式”等不同的因式分解方法进行整体性的结构关联，在因式分解的方法和思维上较为机械，甚至有一些教师刚刚引出了因式分解的概念或者完成了因式分解第一课时的教学，就要求学生做一些有较高技巧的因式分解题目，所有这些必然会超越学生现有认知水平、忽视学生深度学习，最终会挫伤学生对因式分解知识学习的积极性、有效性。

第三节 以主动释惑纾困为专业学习指引

唐朝杰出的文学家、政治家、古文运动倡导者韩愈在《师说》一文中，不仅阐述了古人之所以为人师的道理，而且阐明了“为师”与“学习”两者之间的关系。这篇文章流传千古，给后人许多教益与启示。任老师认为这篇文章指导了自己在学生时代和工作后的学习，自己是文章的受益者之一。在初中生时，任老师就非常喜欢这篇文章，无论是读还是背，他都用心、用情，当时的语文老师曾让他在全班领读这篇文章。在这篇文章的引导下，他在学习中很有干劲。若干年之后，任老师从一所省属本科高校毕业，回到家乡，成了所在镇初级中学的一名数学教师。任老师再次重读了《师说》这篇文章，他想，自己中学时代就非常喜欢并激励自己学习的这篇文章，一定能让自己在今后的数学教学中找到前进的智慧。虽非语文老师，任老师闲暇时也会一遍遍地默读、品味《师说》中的文字，并一次次回顾、想象自己的数学教学。“人非生而知之者，孰能无惑，惑而不从师，其为惑也，终不解也”“师者，所以传道授业解惑也”。任老师觉得这些话讲得太对了！对自己而言，工作这么长时间以来，不也时时面临着许多的困惑吗？这不仅仅是如何教学生数学的问题，也不仅仅是如何帮学生解决一道道数学题目的问题，而是从更广泛的意义上对自己的数学教育教学工作进行检视和工作后业务学习进行引导的问题。惑，不仅是自己教育教学中的精神现象，也是自己专业学习、改进教育实践的现实问题。任老师认为，自己关注教育教学实践，主动地学习、反省，经由学习、反省实现解惑、释惑，不仅改进了自己的数学教育教学思维，而且对学生的学习和自己的成长纾困，成就了自己，成就了学生，促进了师生的共同成长。

一、数学教育教学的勇气：正面困惑

开学半个学期之后，学校按惯例举行了期中考试。令任老师没有想到的是，自己所教班级的成绩并不理想。为了查找原因，他一遍又一遍地翻阅着学生的试卷，一边看，一边想：“有的学生，平时作业没什么问题，怎么一到了正式的考试，出错就这么厉害呢？这是一道非常简单的求倒数问题，怎么还有好多同学的解法不正确呢？这个王小刚，这次考试成绩怎么这么差呀？这是哪一个的试卷？整个卷面怎么就这么惨不忍睹呢？分，分，分，是学生的命根，我该怎样才能有效提高学生的考试成绩呢？学生考得不好，是不是我的教学有什么问题呢？我平时讲得挺多呀！并且，我每讲完一个知识点后，问学生都懂了吗？他们都异口同声地说懂了呀。再好好看看学生的试卷，分明是他们没有懂。我在今后的教学中，该如何判断学生是'真懂'还是'假懂'呢？"任老师内心产生了困惑。

消解自己内心的困惑，需要自己冷静地思考和研究。不过，这并非一日之功。在此后的教学中，任老师虽然也会问学生"你们懂了吗？"但他不满足于学生在口头上关于"懂了"的应答，而是在学生回答"懂了"之后进行了必要的评估与检测。任老师在课堂上主要运用了三种现场评估与检测的方式：提问、追问、板演，在课后主要运用"形成性测试"和"找学生谈话"两种方式对学生进行评估与检测。通过评估与检测，任老师终于发现，学生说懂其实未必懂。其中，既有自以为懂但实为不懂的学生，主要原因是这些学生的学习停留于表面；也有本来就不懂却刻意装懂的学生，主要原因是这些学生自尊心或虚荣心比较强，怕自己说不懂被同学或老师嘲笑。除了来自学生的原因，自己作为教师也有一些深层次的原因，特别地，自己有时也没有深思相关知识懂与不懂的真正含义是什么，没有意识到：为了判断学生对相关知识的懂与不懂，需要以学生是否真的知道所学知识"之所以为然"的原因、过程、结果为标准，需要准确评判学生是否真的建立了所学知识与其他相关知识的联系。

为了帮助学生把数学概念、数学命题真正弄懂，任老师在此后的教学中常常会有意识地改变自己的教学方法，不仅注意把一些知识讲得更加"细"一点，而且注意在宏观层面体现出知识之间的"联系"，努力把数学概念讲得清楚、明白。比如，在"代数式"概念的教学中，先进行必要的旧知复习，然后引出"代数式的定义"并在黑板上板书："由运算符号、括号把数和字母连接而成的表达式称为代数式"，在概念分析时特别指出"单独一个数或字母也称为代数式"；然后给出一些具体的式子，要求学生判断它们哪些是代数式，哪些不是；确认学生能准确进行代数式的判断之后，再通过"由文字题列代数式"及"说出代数式所表示的意义"两种教学形式要求学生进一步解释所学代数式概念的含义；最后让学生做一些巩固性练习，这些练习难度不大，并且基本上与所讲的例题类似。任老师自己的想法是，通过复习上一节课的教学内容，可以激活学生头脑中的旧知，落实了新旧知识之间的过渡，按道理会降低学生对"代数式"这一新知识学习的认知难度。为了让学生集中学习注意力以及快速地进入新知识的学习状态，任老师在引导学生复习旧知后，以直接导入的方法讲授了新知识。任老师认为，旧知复习循序渐进，新知讲授开门见山，自己不讲废话、干脆利落，不仅有利于学生对新授数学知识基本轮廓的大致了解，更好地掌握所学数学知识的体系，而且由于自己在整个教学过程中能注意讲解的条理性、逻辑性，突出了知识教学的重难点和巩固性练习，所以也应有利于学生对所学数学知识的理解。为了检查自己的教学效果，任老师提出了两个问题："今天我们学习了代数式的概念，哪一位同学说一下数和式究竟有什么不同？""填空：用运算符号把数或表示数的连接而成的式子叫作代数式。"他想：这两个问题是很简单的，学生应当不会有什么问题。可事实呢？远非如任老师事先的预料。因为，当任老师要求会的同学举手发言时，他仅仅发现班上只有6位同学举了手，其他的同学，要么是低下了头，要么东张西望，要么神情显得很是紧张。任老师感到有点无奈，只好喊了两个举手的同学发言，谁知被喊学生站起来之后居然非常慌张地说自己不会。对此，任老师真是哭笑不得，但没有多说什么，又喊了另外两个举手的同学回答。这次被喊的两个同学虽然没有说"不会"，但是答非所问。真是大跌眼镜呀！由于所提问题没有学生能正确地回答，看看下课的时间也快到了，任老师最后只能以"自问自答"的方式下课。下课回到办公室后，任老师内心久久不能平静下来，课结束了，但他头脑中却有许多困惑的问题没有结束——他一遍遍地问自己："这堂课怎么会出现这些现象？学生不会为什么还要举手？怎么有那么多的学生在我提问后低下了头？有的同学为什么神情那么慌张、紧张？学生怕什么？是我很严厉吗？还是学生的心理素质不好？我这节课的教学有什么问题吗？教学设计哪些地方是不合理的？怎样改进？有没有更好的教学方法？"

为了获得问题的求解，任老师将自己在课堂中发生的一切和自己头脑中感到困惑的问题向他信任的专家J教授进行了电话咨询。之所以信任这位专家，是因为这位专家是自己在大学四年级时的论文导师，大学三年级时，J教授给自己上过"数学课程与教学论"课程。J教授告诉任老师，从小学升到初中后，许多学生在心理上比较叛逆，他们不仅爱面子、有虚荣心，而且自尊心强，比较在意老师或同学对自己的看法或评价，他们渴望得到老师的重视。学生不会还要举手，多半是他们不想让教师知道自己不懂。学生在教师提问后低下头，有可能是害怕回答不当在师生面前出丑，未必是不懂，只是不想被提问，不想被老师否定。学生过分神情紧张，是对数学学习过程缺少正确的认识，过分看重回答是否正确的事实，缺少数学学习过程积极的情感体验，有可能是教师的教学方式方法需要进一步改进。从任老师描述的教学过程来看，教学中可能需要创设一些合适的教学情境，教学中不要忙于将一些"生硬的新知"强行塞给学生，而是要通过有效的师生互动，引导学生建构出"代数式"的知识，不能剥夺学生数学思考和教学反馈的权利，教学中要进一步突出有意义学习，防止因学生学法与教师教法的不匹配导致机械性学习，防止因学生在课堂上刻意逢迎或配合老师所谓的"精讲精练"而导致其应有主体性的丧失或弱化。J教授告诉任老师，自己仅是从理论层面进行了分析，相关观点不一定正确，也谈不上真正意义上的指导，改进教学实践的关键是任老师自己就具体的问题加强学习与研究，要善于因惑而学、因学而悟、因悟而识。

老师毕竟是老师，电话里J教授虽然没有说太多的话，但他那平实的回答不仅给任老师部分地解惑，而且增强了任老师正面数学教育教学中所出现问题的信心，引发了任老师对自己教学中所遇问题的自主研究。尽管相关的自主研究还不能完全改变任老师教学中一些问题——特别地，在此后好一段时间里任老师还不时地面临一些课堂两难的困境。比如，为了改变自顾自式的讲解，任老师在课堂教学中主动采用了多提问、多反馈的教学机制，但是这种多提问同样使他面临着一些新的困惑。这是因为，如果注意课堂提问了，教室里总会笼罩着一丝丝的紧张氛围，这种状态是不利于学生对数学知识的建构与理解的；如果自己不进行课堂提问，不仅自己没能获得及时有效的课堂教学反馈，也不利于学生语言表达、沟通交流等素质或能力的提升，有些有语言障碍或心理自卑、情感脆弱的学生也得不到应有的关爱。反复权衡后，任老师觉得还是要进行课堂提问，这不仅是师生互动和教学评价的重要方式，而且是将J教授对自己的指导转化为课堂教学生产力的重要方面。如何提高课堂提问的实效呢？任老师觉得自己的课堂提问要建立在理性的基础之上，要自觉地克服自己"随想随问"的习惯，在课前对课堂中需要展开的提问做好精心地预设，对提问的类型、提问的内容和提问的对象进行合理的选择。此外，为了使学生能"亲师信道"，任老师觉得自己也需要放下身段，平时有时间可以和学生多聊聊，课外活动和学生一起打打篮球或排球，从"走近"学生实现"走进"学生。就此，任老师坚持不仅要了解学生的学习需求，而且要真正尊重学生，从学习内容、学习方式、学习态度、学习习惯、学习意志等多个维度关心关爱学生，注意正面引导、积极鼓励，突出因材施教，对一些思维较慢的学生保持足够的耐心，在语言和举止上绝不伤害他们，绝不能因自己教学与评价方法的不恰当而让一些学生失去数学学习的信心。任老师坚信这样的理念，即在课堂提问中，学生如果回答不出来，说明学生还没弄懂，反思的不仅是学生，还要有教师本人，自己作为数学教育教学活动的组织者、引导者，应当用学识、教研、爱心、认真和敬业等赢得学生的尊重和爱戴。

"走近""走进"学生让任老师了解到更多有用的信息。比如,任老师本来以为一些学生成绩不好的主要原因是学生自己不用功、不努力,但和学生多次交流之后,他发现自己原先的判断实在有点简单、有点武断了。因为,学生告诉任老师自己平时不仅不抄袭作业,而且在课后还会主动地多做一些习题进行新知识的巩固,平时作业正确率和单元测试成绩也都不错,只是到大的考试时就有点中邪的感觉,特别是容易犯一系列想象不到的糊涂。那为什么会这样呢?任老师研究后发现,原来许多学生平时作业虽然不抄袭,但是却不是真正意义上的独立作业。有的学生在做题时习惯于问同学、家长或通过资料查解答,一旦到了需要自己独立地面对解题任务时就"拿不定主意",不知不觉地产生了模棱两可的思考,既不知道如何思考,也不知道如何有针对性地选用具体的方法。有的学生做完作业后要家长帮助检查对错或者喜欢与其他同学对答案,而这些不仅很容易导致学生自己在做作业时不能"回顾""检查""评判",而且助长了学生平时学习中的依赖心理,导致对问题求解中许多细节的忽视。有些学生之所以单元测验还可以,但到了大考试时就犯糊涂,是由于这些学生平时通过题海战术的方法做熟了一些题目,并且单元测验中的许多题目又与他们做熟了的题目基本雷同,所以做起来得心应手。但是,由于相关的解题方法、经验和知识只是在局部获得的,没有在更大范围内形成一定的联系或综合,最终造成了认知结构的不合理。这种情况下,一旦到了一些稍大型的考试时,学生因考试的题目是一些没有见过的题目,就容易产生紧张、慌张、慌乱的心理,在提取或利用已有知识时出现一些障碍。此外,有的家长在一些稍大型的考试前夕会给孩子太多的压力,不知不觉之中会加剧学生已有的心理紧张,并因此导致学生不能冷静地思考和求解问题。找到了原因,任老师便有针对性地采取了一些矫正方法,比如,他会要求学生提高作业的独立性,让有些学生准备一个笔记本记录并分析自己平时的错题,强调把所做错题按题型进行归类,自主地分析导致错误的原因和改进的方法。通过与一些虽然平时学习比较用功但成绩并不是很理想的学生谈心,任老师发现他们的学习方法不太科学,有的习惯于死记硬背,在看书和做题过程中常满足于知其然,不愿意也没有能力深究相应的所以为然;有的学生虽然题目做得不少,但做题时比较盲目,既有题目意思没有弄清就匆匆忙忙做题的,也有稍微遇到有点难度的题目就不愿思考而主动放弃的;大多数同学在做完题目后缺少归类、总结和"举一反三"的思考习惯,做题后的收获比较少。

弄清楚了学生在数学学习中出现的种种问题及导致问题的原因后，任老师决定多管齐下，采取有针对性的方法引导学生、帮助学生。变革从自我开始，任老师觉得课堂教学方法的优化是非常重要的方面，自己的教必须适应学生的学才行。如何才能做到呢？他从报纸上看到了洋思中学的经验介绍，感觉好像可以借鉴。为此，任老师自费到江苏泰兴的洋思中学进行了为期两天的观摩与学习。洋思中学采用了“先学后教，当堂训练”的教学模式，许多原本学习基础相对较差和学习习惯不好的学生，在洋思中学学习后，都产生了许多非常明显的积极变化，不仅打牢了基础知识，改变了学习习惯，而且有很多学生在中考中取得了非常理想的成绩，学生和学生家长都比较满意。任老师认为，洋思中学有的方法虽然有一定的争议，但是大多数做法都很不错，对自己改进教学而言，确实有不少有益的启示和值得借鉴的收获。从洋思中学回来之后，任老师对自己的教学做了进一步的思考，他认为，教学既有法也无定法，贵在得法，自己应当在教学中寻找到适合大多数学生的数学教学方法，教学中需要着眼于学生的长远发展，尽量从源头上进行教育教学的治理，考虑到许多学生学得死、方法不当、习惯不好，任老师把自己教学变革的重点放在了激发学生数学学习的兴趣、培养学生良好的学习方法和学习习惯上，力求将学生数学思维发展与数学知识教学有机结合起来。

二、提高解惑能力的关键：交流与教研

转眼之间，任老师在家乡的初级中学已经当了10年的初中数学教师，他因教学业绩突出和深受学生喜爱而在当地逐渐小有名气。有一次，邻近乡镇的初中邀请他去给学校的教师做一次讲座。这让他一下子犯了难：自己一直是给学生上课，从来没给老师做过报告。想推辞，可对方的盛情难却。去就去吧！可究竟讲什么呢？他觉得有必要和同行交流一下自己多年遇到的问题与困惑以及消解它们的路径，因为，自己在教育教学中遇到的问题既生成了自己在不同成长阶段的困惑，也使自己的专业学习、教学研究充满了意义和挑战。基于这样的思考，任老师先对自己在教学中的困惑进行了梳理，并据此结合自己的相关经历到兄弟学校心平气和地进行了相关问题的交流，这种交流不是高高在上的说教，而是在分享中促进自己对于教学工作与专业学习进行深入的回顾与思考。

任老师认为，从教科书或培训等途径虽然学到了一些所谓先进的数学教育理念，比如素质教育、大众数学、建构主义、三维目标、数学思维论、数学活动论、

合作学习、探究学习等，这些理念观点虽然开阔了自己的视野，但是，理论与实践并不是一回事，理论所学和实际所用之间有着较大的差距。实践中的数学教育教学是非常现实或者说是带有一定功利性的数学教育教学，不仅需要数学教师有理想、有情怀、有抱负，而且要关注学生的成长和收益，特别是要关注学生经由数学教学在最后的中考中取得了怎样的成绩，不讲分数是不现实、不切实际的，教师的教与学生的学肯定需要和中考进行对接。但是，教师的教学又绝对不能仅仅局限于学生的中考。较之于学习的结果，学生学习的过程也很重要，教师也应当自觉地重视学生数学学习中的过程、方法、情感、态度与价值观等目标，要虚实结合。任老师认为，自工作以来，自己就不时被一些问题所困扰。工作的前五年，任老师在实践中面对的问题主要包括：如何上好一节数学课？如何创设有效的数学问题情境？如何设计数学活动的任务？如何提高学生的成绩？如何才能更有效地帮助数学学习有困难的学生？提高学生学习自主性的抓手在哪里？如何激发学生数学学习的动机？如何改变学生不良的学习习惯？如何促进学生有意义学习？如何判断学生有没有真正理解教师所教的内容？自己如何和学生进行有效的沟通？工作的后五年，任老师觉得需要加强数学教学研究，可是究竟如何开展数学教学研究？研究什么？成了一个主要问题。后来围绕如何提高数学课堂效益展开一系列的问题研究，主要包括：如何进行更有效的数学教学设计？如何提升自己数学教学设计的站位？自己需要从哪些角度分析所教班级的学情？自己如何才能真正吃透教材？如何将课程标准的目标分别转化为教的目标和学的目标？如何才能实现学生数学学习目标和数学教材、班级学情的有效整合？设计学生数学学习的关键要素有哪些？如何运用现代信息技术优化数学课堂教学？如何才能真正优化学生的作业设计与管理？如何发挥数学作业应有的思维功能和育人功能？如何进行教学内容的整合？如何帮助教师和学生双向“减负增效”？如何设计高效的形成性测试卷？在命题过程中需要考虑哪些关键的维度？近年来，任老师将对数学教育教学问题的关注从微观层面转向了中观与宏观层面，他不仅关注数学学科本质的把握，而且关注信息技术与数学教育的融合，关注学生数学活动经验的建立和学生数学核心素养的扩展。

任老师认为，在不同的专业发展阶段，自己面对的数学教育教学问题并不完全相同，但不管遇到什么问题，作为教师的责任心和使命感一直引导自己正视问题。为了分析、解决数学教育教学实践中所产生的问题，为了化解心中不时产生的困惑，自己不仅注意冷静地观察、思考，而且有意识地加强了数学教学的研究意识，自觉读书、阅刊，争取机会拜师学艺，见贤思齐，向贤者学习，利用各种研修平台扩大自己的交流。由于能坚持不懈、持之以恒，任老师经由数学教研不仅自己给自己解了一些原来怎么也想不通的“惑”，丰富了内心世界，而且改进了自己学与教的方式，并因此进一步确信了数学教研的价值。任老师认为，一个数学教师如果不搞教研，就容易成为“教书匠”。关于为什么教研，任老师认为，教师的教研要有一颗平常心，不应为了虚荣，不应为了教研而教研，教研发表文章是需要的，但发表文章并不是教研的目的，更不是教研的关键。这是因为，搞教研的关键是解决教育教学过程中的问题，是以研释惑、以研促教，是通过研教一体化的数学教育教学实践提高教学质量。任老师觉得自己的教学质量之所以不断提高，并得到了同行、学生的认可，一条重要的经验就是自己立足于数学教育教学的实践开展了一系列的小课题研究，能以教研的科学态度和因材施教的方法对待自己的数学教育教学活动。举一个具体的例子，2001 年以后国家推出的数学课程标准强调了“三维目标”的要求，但是对于如何体现“三维目标”，任老师最初很是困惑，这是因为“知识与技能”的目标自己不仅能说得清，而且能具化，“过程与方法”的目标也在几年的坚持中有所得，但是，“情感态度与价值观”这一目标的具体落实就比较困难，特别是这一目标是否在每一节课上都要体现出来以及体现到什么程度，自己实在是摸不准、吃不透。后来，通过与专家交流，才发现自己认识上走进了误区，特别是自己将课程目标、教学目标与学习目标三者完全等同了起来，而这是不科学的。对某一节数学课而言，教学目标所列出的条目既不是越多越好，也不是越全越好。教学中要讲三维目标，但三维目标并不是在每一节课上平均用力，更不需要为了迎合专家的检查将一些“假大空”式的“情感态度与价值观”目标写进教学设计或者一一列举出来。“多则惑，少则得”，从实际效果看，目标定位准确并且完成了才有价值。教师需要基于课标、教材和学生的分析，将“三维目标”的相关内容转化成既具体又有可操作性的教学目标，通过师生在课堂上有效的互动达成预设的教学目标，并自然地生成一些动态的教学目标。如果每一节课在“三维目标”上什么都不能缺，反而容易束缚师生的教学，造成抓不住真正的教学重点和难点，甚至根本就没有办法上课。

三、由惑到悟的机制：在校本课题研究中觉悟

任老师在 40 岁生日那天，曾和同事坦诚地交流道：“古人讲三十而立，四十不惑，对我们当数学老师的，这应当是一个目标。但是，实话实说，在数学教育

教学工作中要达到不惑真的很难呀!”。事后,任老师对生日那天说的话给出了进一步的解释:“惑”对于自己的数学教育教学而言是一种常态,因为,对于数学教育教学中许多问题的认识,自己既有疑惑、求解的心态,也有因认识到不到位、问题解决不畅引发的焦虑、紧张心理。任老师认为,自己曾由于在数学教育教学思维或方法层面追随、依赖了别人而在实践中产生了一些“积习”,比如,迷信于让学生大量做题,迷信于多讲精讲,也曾由于被一些专家宣称的理念、理论或者时髦的“课堂秀”误导,不知不觉地陷入了“时尚”的实践陷阱。为了克服相关“积习”或者“时尚”的负面影响,任老师加强了自己的专业学习,但是这种学习不仅仅是表面上的读书、阅刊、讨论、拜师、观课,而是结合自己的所见、所闻、所行进行深度的回顾与思考,他认为践行《中庸》中所倡导的“博学之,审问之,慎思之,明辨之,笃行之”是一个非常重要的专业学习原则,依据这个原则学习可以促进自己在数学教育教学思想上的不断“觉悟”“自返”,并因此在数学教育教学行为上既不为“积习”所蒙蔽,也不为“时尚”所迷惑。

任老师认为,数学教师的“觉悟”“自返”是一个复杂的过程,这个过程基于数学教师本人对数学教育教学规律的认知,基于数学教师本人对数学教育教学实践的深研,基于数学教师本人对数学育人活动经验的积累,基于数学教师本人对困惑问题进行由外到内、由浅入深的融通式思考和抽象性思维。自己之所以能实现由惑到悟的转换,一是离不开与校内外数学同行们的交流,二是离不开自己在数学教育教学课题研究中所做的努力。任老师对两个校本课题的研究印象非常深刻。一个是关于数学教育教学活动中“数学思维与数学兴趣共生”的研究。在该课题研究中,任老师发现有一些同行提出了“把激发学生的数学兴趣作为数学教学的逻辑起点”的观点,其理由是“数学兴趣是数学学习动机中最现实、最活跃的成分,它对学生的数学学习活动起着巨大的推动和内驱作用”①。也有同行强调要重视学生的数学思维训练,因为“数学是思维的体操”“思维是数学的过程”“数学活动说到底是数学思维的活动,离开数学思维谈数学活动就没有意义”。那么,究竟该如何看待数学教学活动中数学思维训练与数学兴趣培养的关系呢?在操作层面,如何把数学兴趣导向学生的数学思维训练和发展呢?任老师强调,应当使数学兴趣与数学思维在以生为本的数学活动过程中共生,数学教育教学肯定需要培养学生的数学兴趣,毕竟兴趣是最好的老师,不过,学生的数学兴趣是不是数学教学设计的逻辑起点呢?这不应当一

① 潘小明.让数学兴趣与数学思维共生[J].江苏教育,2002(16):18-19.

概而论。这是因为，有的内容，学生有兴趣要学，没有兴趣也要学，兴趣可以在学习中培养。由此，任老师个人倾向于在关注学生数学兴趣的前提下，将数学思维作为数学教学的逻辑起点。之所以要强调在关注学生数学兴趣的前提下，是因为好的数学教学不仅要瞄准学生数学思维的唤起、训练，而且要将学生数学思维的唤起、训练与学生数学兴趣的激发、维持联系起来。基于这样的思考，任老师开展了促进学生数学思维与数学兴趣共生的教学实践探索。在教学中，他注意向学生提供能引发数学思维的问题情境，把它们看作促进学生数学思维有效生成的"惑点""惑境"。任老师出色的教学业绩表明，其教学实践探索有许多可取之处。事实上，学生因惑点聚焦问题、因惑境抽象问题，问题不仅调动了学生的数学思维，而且使大多数学生能饶有兴趣地深化数学活动的探究。与此同时，由于教师能为学生提供必要的"问题串""数学变式"，进一步引导了学生的数学思维，使许多学生形成了持续性数学探究的动力，学生能够并愿意更加主动地进行观察、比较、分析、综合、归纳、类比、猜想、演算、论证。在这类似的一系列数学活动中，任老师通过"导惑"助推了学生在数学知识、数学思维上的"达悟"，活化了数学思维方法，建构了问题求解的策略，于惑与悟之间实现了数学思维与数学兴趣的共生。

另一个促进任老师在数学教育教学中实现"由惑到悟"转换的校本课题是关于数学教育教学活动中"生成性教学"的讨论。在平时的教研活动中，教研组内常有领导或教师谈到"生成性教学"，通过讨论，大家普遍认同生成性教学的价值。这是因为，数学教育教学活动是一个动态的过程，课前的教学预设很重要，但是，课前不能预设出所有的数学教学活动和行为，在动态生成之中也可以让学生的数学思维与数学兴趣共生，优化数学教育教学目标。生成对于数学教学确实很重要，任老师自己在数学教学中也不时地生成出一些意想不到的精彩，但是，任老师并不同意教研组一些同事关于生成性教学的观点和实际做法。任老师发现，有不少的同事所说的或者实际形成的数学生成教学其实是一种"伪生成""乱生成"，或者是异化了的生成性数学教学。因为，任老师看到有一些同事因为错误地理解了生成性教学而在课前备课中无所作为，特别是对一节课应有的教学目标缺少准确的定位，并引发了学生在数学教学活动中"学习目标意识的缺乏""数学活动的少理智性"等不良现象。由于过度的争论会影响同事之间的关系，在不争论的基础上，任老师没有放弃对同事们的影响，他用自身在数学教学中的做法对一些教师进行引导、示范，帮助他们改正关于形成性教学的错误认知。实践表明，任老师不仅成功地帮助一些教师解除了生成性教学中的相关困惑，而且利用自己或其他教师在生成性教学中的“惑”改进原有的教学实践。比如，任老师在平时会高度重视课前的精心备课，在与同事交流时会强调数学教学设计要以科学的预设为主，以动态的生成为辅，注意从方法论层面分析、理解实践中的生成性教学，引导教师根据数学教学内容的特点和数学教学对象的思维，以及师生在数学活动中的具体遭遇，决定是否要变化预设的教学方案或者采用另一种更合适的教学方案。

“惑”与“悟”是数学教育教学中常见的现象。对不同教师而言，“惑”与“悟”更有不同的特点，有的人偏重数学教育教学理念的认知，有的人偏重数学教育教学方法的运用，有的人偏重数学教育教学价值的理解。不管偏重哪一方面，数学教师在教育教学中的“惑”与“悟”都是他们作为专业人员在自身教育教学发展过程中表现出来的专业心理活动现象。对大多数教师而言，因惑而学、因学而悟、因悟而识，三者良性循环，可以较好地修正数学教育教学中道、智、术三者之间的关系。

参考文献

[1] 波利亚.数学的发现[M].呼和浩特:内蒙古人民出版社,1981.

[2] 布迪厄.实践感[M].蒋梓骅,译.南京:译林出版社,2003.

[3] 蔡辰梅,刘岩.变革社会中教师自我认同的资本困境及其突破[J].教师教育研究,2014,26(4):9-15.

[4] 曹培英.新课程背景下小学数学教师本体性知识的缺失及其对策研究[J].课程·教材·教法,2006,26(6):40-45.

[5] 陈洪捷.关于教师实践性知识研究的三点疑问[J].北京大学教育评论,2018,16(4):11-18,183.

[6] 陈琦,刘儒德.教育心理学[M].北京:高等教育出版社,2005.

[7] 陈向明.从教师"专业发展"到教师"专业学习"[J].教育发展研究,2013,33(8):1-7.

[8] 陈向明.跨界课例研究中的教师学习[J].教育学报,2020,16(2):47-58.

[9] 陈向明.实践性知识:教师专业发展的知识基础[J].北京大学教育评论,2003(1):104-112.

[10] 程广文.论数学课堂情境教学的特殊性[J].天津师范大学学报(基础教育版),2009,10(4):53-57.

[11] 崔允漷.指向深度学习的学历案[J].人民教育,2017(20):43-48.

[12] 崔振成.超越悲剧:教师学习力的退化与提振[J].东北师大学报(哲学社会科学版),2014(5):191-195.

[13] 单慧璐,刘力.反思性实践视域下的名师工作室:研修理念、原则与过程[J].教育发展研究,2015,35(12):46-51,64.

[14] 杜小双.教师学习与改变研究的复杂理论转向:基于三种教师学习模型的对比分析[J].教育学术月刊,2021(4):82-89.

[15] 段志贵,秦虹,宁连华.从外延到内涵:数学教师专业发展研究走向:近年来数学教师专业发展研究述评[J].数学教育学报,2017,26(6):72-79.

[16] 多尔. 后现代课程观[M]. 王红宇，译. 北京：教育科学出版社. 2000.
[17] 凡勃伦. 有闲阶级论[M]. 蔡受百，译. 北京：商务印书馆，1964.
[18] 范文翔，赵瑞斌. 具身认知的知识观、学习观与教学观[J]. 电化教育研究，2020，41(7)：21-27，34.
[19] 方勤华，吕松涛，杨贞贞，等. 农村小学数学教师专业发展状况与学习需求分析：基于《小学教师专业标准》的一次调查[J]. 数学教育学报，2019，28(2)：35-40.
[20] 方文. 社会行动者[M]. 北京：中国社会科学出版社，2002.
[21] 傅海伦，徐丹，葛倩. 对数学教学设计实践的再认识[J]. 教育科学研究，2014(4)：70-75.
[22] 高芹. 知识观的演变与教师专业知识的意义建构[J]. 当代教育科学，2010(17)：30-32.
[23] 顾广林. 对跨区域团队开展教学研究的思考[J]. 教育视界，2020(1)：50-51.
[24] 顾泠沅，王洁. 教师在教育行动中成长：以课例为载体的教师教育模式研究[J]. 课程·教材·教法，2003，23(1)：9-15.
[25] 顾沛. 从一线教师的角度解读数学新课标：《和吴正宪老师一起读数学新课标》序[J]. 人民教育，2014(1)：79.
[26] 何菊玲. 教师教育范式研究[M]. 北京：教育科学出版社，2009.
[27] 胡军. 什么是知识[J]. 求是学刊，1999(3)：5-12.
[28] 胡庆芳. 课例研究的作用、特征和必要条件：来自日本和美国的启示[J]. 外国教育研究，2006，33(4)：29-33.
[29] 黄福涛. 外国高等教育史[M]. 上海：上海教育出版社，2003.
[30] 黄荣金，曹一鸣. 中国数学教师合作学习的理论和实践：一个国际视角的审视[J]. 数学教育学报，2021，30(3)：1-3，72.
[31] 黄晓钟，杨效宏，冯钢. 传播学关键术语释读[M]. 成都：四川大学出版社，2005.
[32] 黄兴丰，黄荣金. 预设的学习轨迹转化为课堂实践的课例研究：以相等分数为例[J]. 数学教育学报，2021，30(3)：25-31.
[33] 黄毅英，许世红. 数学教学内容知识结构：特征与研发举例[J]. 数学教育学报，2009，18(1)：5-9.
[34] 蒋盛楠. 美国威斯康星大学教师发展的有效途径：课例研究[J]. 外国教育

研究,2012,39(10):106-112.
[35] 金生鈜.何为教育实践?[J].华东师范大学学报(教育科学版),2014,32(2):13-20.
[36] 孔令国,高翔.增值赋权:寻求教研组自主变革的力量:探寻年级实体和教研组并行下促进教师专业发展机制的实践性研究[J].教育理论与实践,2013,33(26):35-37.
[37] 李宝敏,宫玲玲.教师混合式研修中教学、认知、社会临场感的关系研究:以信息技术应用能力提升项目为例[J].教师教育研究,2020,32(5):59-68.
[38] 李嘉.有吴正宪老师在前方导航,就不会走错方向[J].北京广播电视大学学报,2011,16(6):45-46.
[39] 李秋实,刘学智.美国“课程实施调查”项目新进展:教科书与课程标准一致性分析模式研究[J].外国教育研究,2019,46(7):15-28.
[40] 李铁安.让课堂彰显育人的本体功能[J].教育研究,2018,39(10):85-92.
[41] 李雪蓉.知识转型中的教师专业化及其行动策略[J].大学教育科学,2013,4(5):65-69.
[42] 刘博,吁佩.研究,让我的步履更坚实:访儿童数学教育专家、特级教师吴正宪[J].教师教育论坛,2016,29(6):4-7.
[43] 刘桂辉,侯德娟.教师的教学经验及其理性升华[J].中国教育学刊,2017(3):89-94.
[44] 刘然.唤醒教育的诗情:追踪吴正宪的课堂[J].人民教育,2004(17):24-30.
[45] 刘旭,苟晓玲.教学性:教师教学品质的根本特性[J].教育研究与实验,2020(2):38-42.
[46] 刘燚.论现代数学教师的知识结构[J].数学教育学报,2012,21(3):95-97,102.
[47] 刘宇.教师专业知识及其发展:图式观与组织文化条件[J].教育理论与实践,2007,27(17):35-38.
[48] 柳笛.美国数学教师学科内容知识的研究述评[J].数学教育学报,2010,19(6):74-78.
[49] 龙宝新.学科内卷化时代的教师教育学科建设[J].华东师范大学学报(教育科学版),2021,39(8):83-93.
[50] 卢立涛,王泓瑶,沈茜.新中国七十年教研制度的变迁逻辑:基于历史制度

主义的视角[J].教师教育研究,2020,32(1):109-114.
[51] 罗朝明.实践与实践性理解:布尔迪厄反思社会学的主题与品格[J].上海大学学报(社会科学版),2012,29(2):87-98.
[52] 罗丹.美国小学数学科中表现性评价档案袋的收集与实施:以米尔沃基帕布里克学区为例[J].外国中小学教育,2007(10):52-56.
[53] 罗先德."模式"真的那么重要吗?[J].人民教育,2016(6):6-7.
[54] 毛齐明.略论"社会文化—活动"理论视野下的学习过程观[J].外国教育研究,2011,38(6):1-6.
[55] 毛齐明,岳奎."师徒制"教师学习:困境与出路[J].教育发展研究,2011,33(22):58-62.
[56] 毛清芸.教师实践逻辑:意蕴、生成与反思[J].华南师范大学学报(社会科学版),2019,4(4):47-52.
[57] 穆慧翔.让书香在自由中弥漫开来:质疑朱圣燧等老师的《理论学习未必都枯燥》[J].中小学管理,2008(4):16-17.
[58] 倪梁康.胡塞尔现象学概念通释[M].北京:生活·读书·新知三联书店,1999.
[59] 钮兆岭.关于新课程背景下教研组活动的思考[J].数学教育学报,2014,23(1):75-78.
[60] 潘洪建.知识本质:内在、开放、动态:新知识观的思考[J].教育理论与实践,2003,23(2):1-6.
[61] 潘小明.关于数学解题反思及其体验性[J].教育导刊,2017(11):51-54.
[62] 潘小明.关于数学解题思维的基本认识[J].教育与教学研究,2017,31(10):89-95.
[63] 潘小明.关于数学:是什么与有什么用[J].中学数学研究,2012(7):1-5.
[64] 潘小明,黄敏.核心素养概念的再理解:多元与融通[J].教育与教学研究,2019,33(8):13-23.
[65] 潘小明.基础教育阶段学生数学素养的四维一体模型[J].教育与教学研究,2012,26(10):91-95,99.
[66] 潘小明.基于数学核心素养的课堂教学评价再认识[J].教学与管理,2018(18):85-87.
[67] 潘小明.解题反思:改善数学实践的内省机制[J].中学数学月刊,2015(5):9-11.

[68] 潘小明.解题教学:重在通过解题活动深化学生数学思维[J].中学数学研究,2017(9):1-4.

[69] 潘小明.聚焦数学问题,让核心素养在数学课堂落地[J].教学与管理,2018(36):74-77.

[70] 潘小明.农村中小学数学教师专业核心素养的培养:时代背景与内涵分析[J].教育与教学研究,2021,35(6):65-76.

[71] 潘小明.让数学兴趣与数学思维共生[J].江苏教育,2002(16):18-19.

[72] 潘小明.社会环境·教学理论·传统文化:关于制约数学教学活动创造性的几个因素[J].数学通报,2012,51(5):12-15,19.

[73] 潘小明.数学观与数学教学[J].中学数学研究,2015(3):1-6.

[74] 潘小明.数学教学活动创造性初探:内涵、价值、属性及其培育[J].教育与教学研究,2014,28(10):94-99.

[75] 潘小明.数学教学目标制定应考虑的几对辩证关系[J].教育与教学研究,2011,25(12):99-103.

[76] 潘小明.数学教学语言要突出数学本质[J].教学月刊小学版(数学),2012(6):49-52.

[77] 潘小明.数学解题反思:层次性及其案例(上)[J].湖南教育(C版),2017(10):22-24.

[78] 潘小明.数学解题反思:层次性及其案例(下)[J].湖南教育(C版),2017(11):22-25.

[79] 潘小明.数学解题:何以能无咎:来自《周易》的几点启示[J].教学月刊·中学版(教学参考),2017(S2):27-31.

[80] 潘小明.小学生数学解题中的几类常见错误分析(上)[J].湖南教育,2015(35):26-29.

[81] 潘小明.小学生数学解题中的几类常见错误分析(下)[J].湖南教育,2015(30):26-29.

[82] 潘小明.学科教学知识(PCK)的理论及其发展[J].教育探索,2015(1):20-28.

[83] 潘小明.学业质量评价:内涵、现实与建议[J].内蒙古师范大学学报(教育科学版),2012,25(12):69-74.

[84] 潘小明.义务教育数学课堂信息技术运用情况调查[J].软件导刊(教育技术),2014,13(7):82-84.

[85] 庞云凤,秦克铸.从钻研教材到钻研课程标准:谈新课改背景下教师如何备课[J].当代教育科学,2006(10):35-36.
[86] 裴淼,李肖艳.成人学习理论视角下的"教师学习"解读:回归教师的成人身份[J].教师教育研究,2014,26(6):16-21.
[87] 桑国元.教师作为学习者:教师学习研究的进展与趋势[J].首都师范大学学报(社会科学版),2017(1):142-148.
[88] 申继亮,李琼.小学数学教师的教学专长:对教师职业知识特点的研究[J].教育研究,2001(7):61-65.
[89] 申克.学习理论:教育的视角[M].韦小满,等译.南京:江苏教育出版社,2003.
[90] 沈威,陆珺.数学教学课例研究的若干形态[J].数学教育学报,2018(3):76-80.
[91] 圣吉.第五项修炼:学习型组织的艺术与实践[M].张成林,译.北京:中信出版社,2018.
[92] 圣吉.第五项修炼:学习型组织的艺术与实务[M].2版.郭进隆,译.上海:上海三联书店.1998.
[93] 石中英.教育哲学[M].北京:北京师范大学出版社,2007.
[94] 斯科特.制度与组织:思想观念与物质利益[M].3版.姚伟,王黎芳,译.北京:中国人民大学出版社,2010.
[95] 宋萑.新教师专业发展:从师徒带教走向专业学习社群[J].外国教育研究,2012,39(4):77-84.
[96] 孙名符,李保臻.信息技术支持下的数学教师专业发展策略探讨[J].电化教育研究,2009(11):113-117.
[97] 孙兴华,马云鹏.MPCK视角下的小学数学教师专业发展[J].学术探索,2014(9):147-152.
[98] 唐松林.公共性:乡村教师的一个重要属性[J].大学教育科学,2008(5):61-64.
[99] 田良臣,王燕芳.教师专业知识转化新探[J].课程·教材·教法,2017,37(6):94-99.
[100] 童莉.数学教师专业发展的新视角:数学教学内容知识(MPCK)[J].数学教育学报,2010,19(2):23-27.
[101] 王宏,史宁中.基于教师专业发展视角的数学教学内容知识研究[J].东北

师大学报(哲学社会科学版),2015(6):244-248.
[102] 王洁,顾泠沅.行动教育:教师在职学习的范式革新[M].上海:华东师范大学出版社,2007.
[103] 王洁.课例研究:理论转化为实践的中介:以课例为载体的校本教学研修[J].教育发展研究,2006(23):50-53.
[104] 王敬,于伟.复杂学习观:国外教师专业学习研究的新视角[J].外国教育研究,2018,45(4):3-14.
[105] 王坦.合作学习的理念与实施[M].北京:中国人事出版社,2002.
[106] 王晓芳,侯舒艨.组织学习视角下教师学习过程中知识的多层次转换:一项个案比较研究[J].全球教育展望,2019,48(9):114-128.
[107] 王晓阳.教育社会学知识论发展:从斯宾塞到扬[J].教育研究,2021,42(6):49-61.
[108] 王甦,汪安圣.认知心理学[M].北京:北京大学出版社,1992.
[109] 王玉山.专业化背景下数学教师专业发展研究综述:兼议优秀数学教师发展成长路径选择[J].宁夏大学学报(人文社会科学版),2019,41(5):172-178.
[110] 魏戈.教研组活动中教师实践性知识发展路径探析:基于文化—历史活动理论的案例研究[J].教育学术月刊,2019(7):70-77.
[111] 魏天祥.什么是知识者的使命:卢梭"说真话"的启示[J].理论视野,2008(12):50-51.
[112] 吴亮奎.乡村教师专业发展的矛盾、特质及其社会支持体系构建[J].教育发展研究,2015,35(24):47-52.
[113] 吴庆麟.教育心理学:献给教师的书[M].上海:华东师范大学出版社,2003.
[114] 吴晓义.国外缄默知识研究述评[J].外国教育研究,2005(9):16-20.
[115] 吴颖康.美国数学教育的是是非非:思考与启示[J].数学教育学报,2019,28(6):33-36.
[116] 吴颖康.如何贯彻落实数学课程标准:美国《行动原则:确保所有学生的数学成功》评介[J].数学教育学报,2018,27(2):16-23.
[117] 吴正宪.坚守初心　执着探索[J].基础教育课程,2021(17):30-37.
[118] 吴正宪.聚焦核心素养　理解儿童　理解数学[J].基础教育课程,2017(10):26.

[119] 吴正宪,李兰瑛.引导教师在“案例研修”中思考“真问题”:吴正宪数学团队通州支教的故事[J].小学教学(数学版),2008(9):8-10.
[120] 吴正宪,武维民.好课堂,儿童充满期待[J].教学月刊小学版(数学),2022(z1):1.
[121] 吴正宪,张秋爽.数学学科核心素养的内涵、价值与落实建议[J].基础教育课程,2016(17):8-12.
[122] 夏正江.不宜过分夸大实践性知识在教师专业发展中的作用[J].中国教育学刊,2020(2):72-77.
[123] 肖财姑.从几个案例看优秀数学教师应有的教育理念[J].中学数学,2013(20):50-52.
[124] 肖红,宋乃庆.实施课程标准对数学教师专业发展的要求[J].西南师范大学学报(自然科学版),2003(2):337-340.
[125] 谢泉峰,刘要悟.具身模拟:人工智能赋能的学习变革[J].课程·教材·教法,2020,40(12):116-122.
[126] 徐伯钧.我国中小学教研组建设研究述评[J].教育研究,2016,37(9):73-82.
[127] 徐良君.教研组的改进与教师专业发展:基于心理资本理论视角[D].武汉:华中师范大学,2015.
[128] 徐章韬.数学课堂教学两种知识基础比较研究[J].中国教育学刊,2013(4):69-73.
[129] 许禄,邵学广.化学计量学方法[M].2版.北京:科学出版社,2004.
[130] 杨军,热西达·艾海提.反思型数学教师的教学特质:课例视角[J].数学教育学报,2019,28(1):69-73.
[131] 杨玉东.课例研究国际动向及其对教师教育政策研究的启示[J].教育参考,2019(5):5-10.
[132] 杨玉东,王兄.运用关键性教学事件分析支撑中国式数学课例研究[J].数学教育学报,2015,24(3):40-47.
[133] 杨跃.教师教育学科制度建设:内涵、目标、困境与行动:基于新制度主义社会学的视角[J].教育发展研究,2018(22):52-59.
[134] 姚建欣,郭玉英.学习进阶:素养的凝练与范式的演变[J].教育科学,2018,34(4):30-35.
[135] 应方淦,高志敏.情境学习理论视野中的成人学习[J].开放教育研究,

2007(3):10-13.

[136] 于晓娟,王家铧,李忠海.发展数学教师知识结构的若干策略[J].数学教育学报,2006(2):32-34

[137] 袁丽,胡艺曦.课例研究对促进教师专业发展的作用、不足与改进策略:基于文献的考察[J].教师教育研究,2018,30(4):99-105.

[138] 曾文婕.从"教学目标"到"学习目标":论学习为本课程的目标转化原理[J].全球教育展望,2018,47(4):11-19.

[139] 曾文婕.教学改革的中国逻辑[J].全球教育展望,2018,47(8):3-8.

[140] 张奠宙,宋乃庆.数学教育概论[M].2版.北京:高等教育出版社,2009.

[141] 张刚要,梁青青.人工智能的教育哲学思考[J].中国电化教育,2020(6):1-6,64.

[142] 张虹,何宇恒,朱惠莲.国内外课例研究述评(2009—2019):现状与展望[J].中国外语,2020(3):55-62.

[143] 张敏.教师学习策略结构研究[J].教育研究,2008,29(6):84-90.

[144] 张晓蕾.什么样的教师学习是有效的?:对西方学界三种教师学习理论及实践的思考[J].比较教育研究,2016,38(9):92-98.

[145] 赵桂霞.从名师的成长经历看教师培养[J].基础教育,2007(3):10-12.

[146] 郑晨,李淑文.中国数学教师学科知识研究的现状与展望[J].数学教育学报,2018,27(4):62-67.

[147] 郑毓信."数学深度教学"的理论与实践[J].数学教育学报,2019,28(5):24-32.

[148] 郑毓信.数学思维教学的"两阶段理论"[J].数学教育学报,2022,31(1):1-6,78.

[149] 钟建林.问题解决与元认知训练在数学教学中的意义[J].教学与管理,2006(15):87-88.

[150] 钟启泉.学力目标与课堂转型:试析"新课程改革"的认知心理学依据[J].全球教育展望,2021(7):14-27.

[151] 周彬.教师教育专业知识:生成、积累与课程转化[J].教育研究,2021,42(7):37-47.

[152] 周仕荣.美国数学教师学科知识研究的概述和启示[J].教育学报,2006(5):79-83.

[153] 朱宁波,秦丽楠.新时代中小学教学名师的培养策略[J].教育科学,2020

(1):35-42.

[154] 朱文辉.理论知识是可有可无的赘物吗?:对“实践优先”教师专业发展路径的质疑与反思[J].课程·教材·教法,2018,38(1):126-131.

[155] 朱旭东.教师专业发展理论研究[M].北京:北京师范大学出版社,2011.

[156] 兹纳涅茨基.知识人的社会角色[M].郏斌祥,译.南京:译林出版社,2000.

[157] 左敬亮,方勤华,程垚松.美国“数学教师TPACK标准和发展模型”:数学教师有效使用技术的新焦点[J].数学教育学报,2016,25(2):44-48.

[158] 佐藤学.学习的快乐:走向对话[M].钟启泉,译.北京:教育科学出版社,2004.

[159] 佐藤学.学校的挑战:创建学习共同体[M].钟启泉,译.上海:华东师范大学出版社,2010.

[160] ABBOTT A. The system of professions: an essayon the division of expert labor[M]. Chicago: University of Chicago Press, 1988.

[161] BERLINER D C. A personal response to those who bash teacher education[J]. Journal of teacher education, 2000, 51: 358-371.

[162] BISHOP J, DARLING-HAMMONDL, JAQUITH A. Maximizing the use of new state professional learning investments to support student, educator, and school system growth[EB/OL]. (2015-11-01)[2020-01-14]. https://learning policy-institute. org/sites/default/files/product-files/Maximizing_Use_New_State_Professional_Learning_REPORT_0. pdf.

[163] CARTER M, COOPER T, ANDERSON R. Teachers' use of a pedagogical framework for improvement in mathematics teaching; case studies from YuMi Deadly Maths [C]. Opening up Mathematics Education Research, Adelaide, 2016.

[164] COY L J. A case study of a professional development initiative focused on novice teacher menatoring [M]. New Mexico: New Mexico State University, 2004.

[165] DEWEY J. How we think: a restatement of reflective thinking to the educative process[M]. Boston: Health, 1933.

[166] DUBINSKYED, MICHAEL A. APOS: a constructivist theory of

learning in undergraduate mathematics education research [J]. The teaching and learning of mathematical at university level, 2002, 7: 275-282.

[167] ENGELBRECHT W, ANKIEWICZ P. Criteria for continuing professional development of technology teachers' professional knowledge: a theoretical perspective [J]. International journal of technology and design education, 2016, 26(2): 259-284.

[168] ENGESTRÖM Y. Studies in expansive learning: learning what is not yet there [M]. Cambridge: Cambridge University Press, 2016: 9.

[169] FAN LH. Investigating the pedagogy of mathematics: how do teachers develop their knowledge [M]. London: Imperial College Press, 2014: 1-366.

[170] FENWICK T J. Teacher learning and professional growth plans: implication of a provincial policy [J]. Journal of curriculum and supervision 2004, 19(3): 259-282.

[171] FULLAN M. Change the terms for teacher learning [J]. National staff development council, 2007, 28(3): 35-36.

[172] HILL H C, BALL L D , SCHILLING S G. Unpacking, pedagogical content knowledge: conceptualizing and measuring, teachers' topic-specific knowledge of students[J]. Journal for research in mathematics education, 2008, 39(4): 372-400.

[173] HORD S M. Professional learning communities: communities of continuous inquiry and im-provement [M]. Austin, Texas: Southwest Educational Development Laboratory, 1997: 3-8.

[174] HORD S M, SUMMERS W A. Leading professional learning communities: voices from research and practice [M]. Thousand Oaks CA: Corwin Press. 2011.

[175] INGRAM J. Mathematics teacher knowledge-in-interaction: a discursive psychology approach [C]//CSÍKOSC, RAUSCHA, SZITÁNYIJ. Proceedings of the 40th conference of the international group for the psychology of mathematics education. Szeged, Hungary: PME, 2016: 11-18.

[176] JENNINGS J F. Why national standards and tests?: Politics and the quest for better schools[M]. London:SAGE Publications Inc. ,1998.

[177] LIN R F,YAN P S,LIN Y K. Observation culture of peer coaching[M]. Hong Kong:Hong Kong Association of Educational Assessment,1999.

[178] NATIONAL ASSOCIATION FOR THE STUDY OF EDUCATIONAL METHODS. Lesson study in Japan[M]. Tokyo: Keisuisha Co. , Ltd. , 2011:1-15.

[179] PALMER P J. Good talk about teaching: improving teaching through conversation and community [J]. Change magazine,1993,11/12.

[180] POLANYI M. The tacit dimension [M]. London: Routledge & KeganPaul,1966:4.

[181] ROSEMAN J E,CALDWELL A,GOGOS A,et al. Mapping a coherent learning progression for the molecular basis of heredity [C]. San Francisco, CA: The annual meeting of the national association for research in science teaching,2006:3.

[182] SCHWARZ C V,REISER B J,DAVIS E A,et al. Developing a learning progression for scientific modeling:making scientific modeling accessible and meaningful for learners[J]. Journal of research in science teaching, 2009,46(6):632-654.

[183] SHULMAN L S , SHULMAN J H. How and what teachers learn: a shifting perspective[J]. Journal of curriculum studies,2004,36 (2):257-271.

[184] SMITH C L, WISER M, ANDERSON C W, et al. Implication of research on children's learning for standards and assessment: a proposed learning progression for matter and the atomic molecular theory[J]. Measurement,2006,4(1-2):1-98.

[185] TRIWARANYU C. Models and strategies for initial implementation of lesson study in schools[J]. International forum of teaching & studies, 2007,3(3):48-62.

[186] VILLANI S. Mentoring programs for new teachers:models of induction and support[M]. Thousand Oaks,CA:Corwin Press,2002.

[187] VOCLKCL R H,CHRISPCCLS J H. Understanding the link between

professional learning communities and teacher collective efficacy[J]. School effectiveness and school improvement,2017(4):505-526.

[188] WALLACE M. Training foreign language teachers:a reflective approach [M]. Cambridge:Cambridge University Press,1991.

[189] YANG YD. How a Chinese teacher improved classroom teaching in teaching research group:a case study on Pythagoras theorem teaching in Shanghai[J]. ZDM,2009,41(3):279-296.

[190] YOUNG M. Education,globalization and the "voice of knowledge" [J]. The knowledge economy and lifelong learning,2012,4:335-347.

[191] YOUNGM, et a1. Knowledge and the future school: curriculum and social justice[M]. London:Bloomsbury,2014.

[192] YOUNG M, MULLER J. Curriculum and the specialization of knowledge[M]. London & NewYork:Routledge,2016. 116-119.

[193] ZACHARYL J. The mentor ' s guide: facilitating effective learning relationships [M]. San Francisco,CA:Jossey-Bass Publishers. 2000.